蒋介石

文墨密档

章大工　必宇真◎选编

团结出版社

图书在版编目（CIP）数据

蒋介石文墨密档/章大工、必宇真选编．—北京：团结出版社，2011.1
ISBN 978-7-5126-0308-0

Ⅰ．①蒋…　Ⅱ．①章…②必…　Ⅲ．①蒋介石（1887—1975）－手稿　Ⅳ．① K827=7

中国版本图书馆CIP数据核字（2010）第243706号

出 版：团结出版社
（北京市东城区东皇城根南街84号　邮编：100006）
电 话：(010) 65228880　65244790
网 址：http：//www.tjpress.com
Email：65244790@163.com
经 销：全国新华书店
印 刷：北京彩虹伟业印刷有限公司

开 本：210×285毫米
印 张：16
印 次：2012年5月第3次印刷

书 号：978-7-5126-0308-0/K.607
定 价：260.00元
（如有印装差错，请与本社联系）

黄埔精神

蒋中正题

1924 年黄埔军校建校后蒋介石的题字。

北伐前期，蒋介石为东征、北伐阵亡将士的题词。

知廉恥
辨生死
負責任
重氣節
蔣中正題

蒋介石北伐时期所书。

1938 年春，中日在台儿庄决战，我军大胜。但王铭章师长战死殉国，蒋介石为他题字：死重泰山。

抗战时斯所题。

蒋介石为抗战将士所写的作战要领。

堅苦卓絕

蔣中正

抗战中，蒋介石所书箴勉条幅。

陣中必讀

嚴守紀律 服從命令

遵守時間 盡忠職務

愛護人民 實行主義

驅除倭寇 完成革命

蔣中正手書

抗战中蒋介石手书“阵中必读”。

禮義廉恥
國之四維
四維既張
國乃復興
蔣中正題

蒋介石对中国国民道德的总纲领。

明禮義 知廉恥
負責任 守紀律
蔣中正

蒋介石对国民意识的四项基本要求。

蒋介石在台湾期间，所书的一副对联。

1960 年前后，蒋介石经过台北东南的桃园县大溪时，看中此地山水类似其故乡，于是在此建了一个小四合院，定名“慈湖”纪念母亲。

蒋介石早年所书的“家训”。

觀

中正題

得

中正題

蒋介石晚年自励的题词。

生活的目的在增進人類全體之生活
宇宙繼起之生命
生命的意義在創造

蔣中正

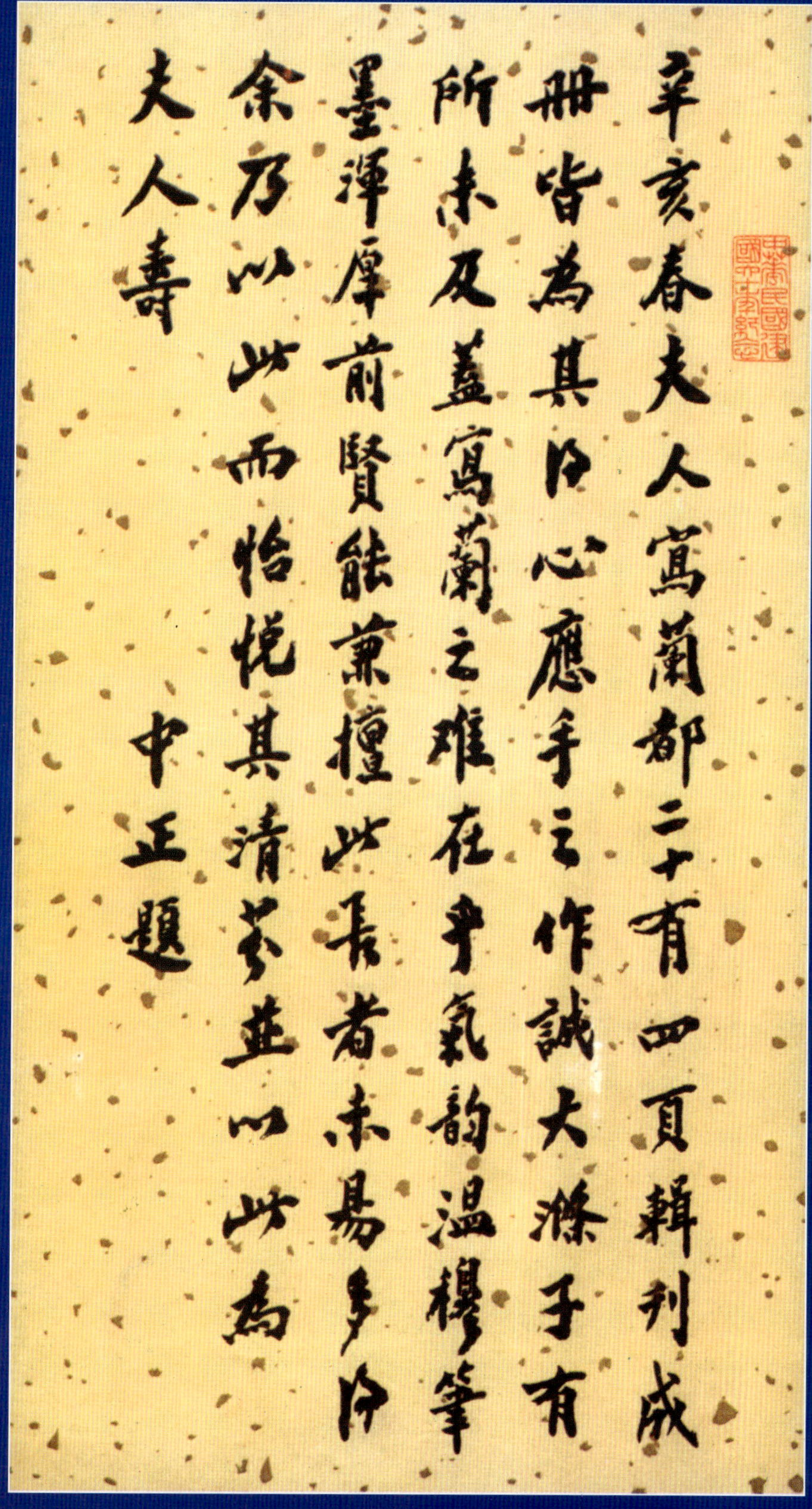
辛亥春夫人寫蘭都二十有四頁輯刊成冊皆為其得心應手之作誠大滌子有所未及蓋寫蘭之難在其氣韻溫穆筆墨渾厚前賢能兼擅此長者未易多得余乃以此而怡悅其清芬並以此為夫人壽

中正題

蒋介石为宋美龄的画册《兰册》题词，并以此为夫人贺寿。

蒋介石为宋美龄的山水画题词“云山耸翠”。

蒋介石为夫人宋美龄的松竹图题词：“夫人归自美国久未作画，此为近年第一帧松竹图也。”

蒋介石为夫人的画作题词：“丙申九月　夫人为余生日而作。笔墨苍浑，兴趣勃发，欣对久之，不觉烟霞由坐上生也。”

蒋介石题赞宋美龄这幅纪念蒋母王太夫人一百零三岁诞辰的画作“雄健浑厚酷肖雪窦中峰”（即故乡奉化溪口的雪窦山），落款用的是“瑞元敬题”，怀乡思亲之情跃然纸上。

蒋介石为宋美龄画作题词："风清时觉香来远，坐对浑忘暑气侵。乙未仲秋，夫人画荷第一幅。"

蒋介石为这幅牡丹图题道："夫人写牡丹秾艳之神而以清腴出之不易得也。"

序

蒋介石是中国近代史上过时的人物，但也是一个重要的人物。他一生最大的成功之处，就是领导了中国人民的抗日正面战场；他的失败在于他冥顽不化地反共，这不仅使人民饱受战乱，也使自己老死孤岛，了此一生。

蒋介石出生于浙江奉化溪口镇。其父是乡里一位盐商，母亲早年守寡。他自幼顽皮倔强。及长，加入孙中山的革命队伍。渐被信任后，被任命为国民党黄埔军官学校校长。后主持北伐，建立南京国民政府，实施清除共产党及削弱地方军阀的总政策，导致了军阀混战及十年“剿共”内战。民不堪其扰。

七七事变之后，在八年抗日战争之中，他实行了正确的国内和国际的结盟政策，战胜了日本帝国，取得了最后胜利，使中国成为世界“五强”之一。战后，他坚持独裁，在内战中遭到惨痛失败，最后为历史淘汰。

蒋介石出生于旧中国，他对中国旧学终生兴趣不减。他留学日本，受过比较严格的军事教育。几十年的戎马生涯和多年的“领袖”职务，使他的思想、行为都比较复杂，评价他的一生，不是本书内容。在此，我们只是选录了此人在各个不同历史时期的墨文原件的照片，供读者观览。他终身使用墨笔，即使在战场也不例外。他每日的日记，五十七年都不断使用墨笔。他喜欢到处题字题词，更喜欢为其下属师友写文字，以资鼓励和拉拢。

蒋介石的书法，大都认为它是欧体的延伸，没什么创造性，规规矩矩。贬抑它的人说，三年就可以达到这个水平；褒奖的人则说它严谨规矩，堪作典范，且其行书兼备米（芾）王（羲之）的特征。这些都是见仁见智，各说各话而已。

蒋介石的墨迹，就是蒋介石的墨迹，由于蒋氏的历史地位，我们录此存照，以充实史料，仅此而已。

编者

2010.9.

目　录

一、家乡·家世·求学

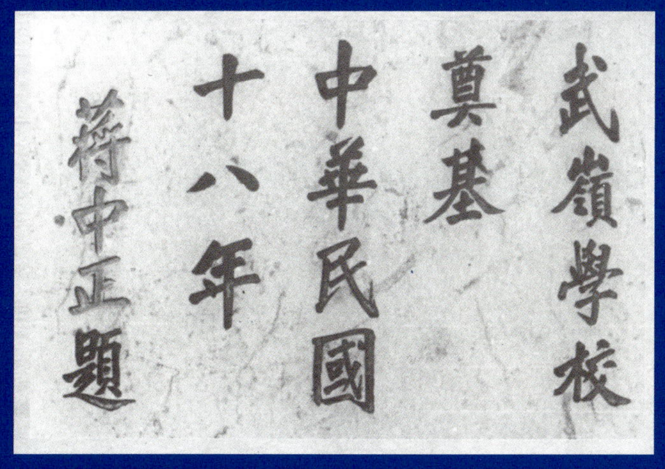

蒋中正，字介石，学名志清，谱名周泰。他是旧中国 1927–1949 年的最高领导人，他一生的功过，史家自有评论。他出身于浙江省奉化县溪口镇一个农商家庭，早年丧父，后留学日本，追随孙中山革命，并逐渐进入领导层。自 1927 年以后，蒋氏实际已夺得国民党领导权，于是出资在家乡大兴土木，修老宅，建学校，建农场，建医院，到处题字。

以上是蒋氏题字、建立的“武岭医院”和“武岭农场”。

蒋介石就出生在他家的“玉泰盐铺”的楼上。

1927年，蒋介石通过北伐的胜利，实质上已成为国民党的首领。司马迁说："富贵不归故乡，如锦衣夜行。"于是他衣锦还乡，并为家乡四明山中的雪窦寺题字，以彰显自己。

按照封建礼仪，蒋氏也大修祖坟，除重修其先父的墓以外，对其生母、外祖母之墓也修葺一新。对此，他或亲自题词、书写，或由其“同志”（孙中山、张静江）题书。

1931 年 9 月，蒋介石故乡奉化县溪口蒋氏宗祠重修。他亲题“忠孝传家”横额于正门上方，并往祭祀。后来他又主持重修家谱（右上角小图），他的谱名：蒋周泰。这是抗战胜利后蒋氏父子在家乡的照片。

先系考序

左氏傳云凡蔣邢茅胙祭周公之胤我蔣氏出於周公信而有徵惟譜牒散佚世系闕略常以文獻不足為憾民國三十二年十一月先太夫人八十生辰紀念適長兒經國遣人從故鄉倭寇重圍中密攜宗譜間道入贛展轉送達於重慶余三復循誦幾忘寢食追惟

武嶺蔣氏宗譜　卷一　先系考序　一

（一）

1948年，蒋介石书写的“先系考序”，是颂扬蒋氏历代先祖的文字。（共8页）

武嶺蔣氏宗譜　卷一

先太夫人慈德之隆益切不肖報本之思舊譜列敘世次自五代時延恭公始由是而上或云來自天台或言舊居梧蒼未能詳也自抗戰勝利還都以來乃假集江浙各地同宗譜牒參校研覈仍苦無端緒蓋年湮代遠書闕有間久矣嗣有天台宗人以家藏舊鈔本龍山蔣氏家譜相示龍山者在寧海與

一

（二）

天台諸蔣統系不相屬不知其譜何由入天台譜中則有摩訶公全紫公一支且載全紫公以下數世葬奉化禽孝鄉三嶺余大喜慰惜其纂例未嚴非出學者之手所系世次亦有羼入旁支及時代顛倒之誤孤本傳鈔未敢遽以為信久之乃從鄞縣橫山蔣氏奉化莪陽蔣氏兩譜中發見延恭公摩訶公

（三）

兩世之名而延恭公之父諱顯嘗為四明監鹽官實始遷明州大父諱達兄弟四五人皆用走旁為名校以臨海黃巖仙居諸蔣之譜皆有此兄弟之名雖其間序次略有出入而諸譜纂例較優且各本符合宜較龍山譜為可信於是參互鈎稽詳加考訂上起漢兗州刺史元卿公下與舊譜相銜接確有世

（四）

次可考者凡得三十有三世系明緒正覆覈無稍遺誤足慰平生溯源追本之志乃復進而探索我世居與遷徙之迹其有史籍可證者周初始封蔣國後為楚期思邑劉宋改稱樂安趙宋為光州仙居縣即今河南固始縣境漢時蔣氏子孫遷居杜陵追元卿公四世孫函亭鄉侯少明公始遷陽羨八傳至

武嶺蔣氏宗譜　卷一　先系考序　二

（五）

晉吳郡太守伯機公轉遷台州又二十傳乃遷明州其大較如此自元鄉公以上距周初始封之世又千餘年宜興臨海天台諸譜詳載世系名爵完整無闕顧於史無徵未敢苟同謹附闕疑之例以待異日之續訂嗚呼自五季亂後故家右族譜牒淪亡歐陽氏為唐書宰相世系表稱述先代大抵近引梁

（六）

陳魏周而止更不遠溯漢晉我蔣
氏猶能及今考尋先系上逮漢世
二千年来一脉相承間有闕失何
幸如之夫民族之學我國所重雖
幾更亂離舊籍舛互而留心考索
則本源固自可溯也今歲戊子吾
族重修宗譜特聘武進吴先生為
總裁主其事慈谿陳君布雷鄞縣
沙君文若為編纂襄其成余敬覽

武嶺蔣氏宗譜 卷一 先系考序

（七）

先系考脈絡分明考訂精審竊喜
其能發前人所未發得償余多年
之宿願爰為之序詩有之夙興夜
寐無忝爾所生書曰黍稷匪馨明
德維馨我蔣氏世世子姓其念之
哉
中華民國三十七年六月十一日
還四明第二十八世孫周泰謹序
并書於南京

（八）

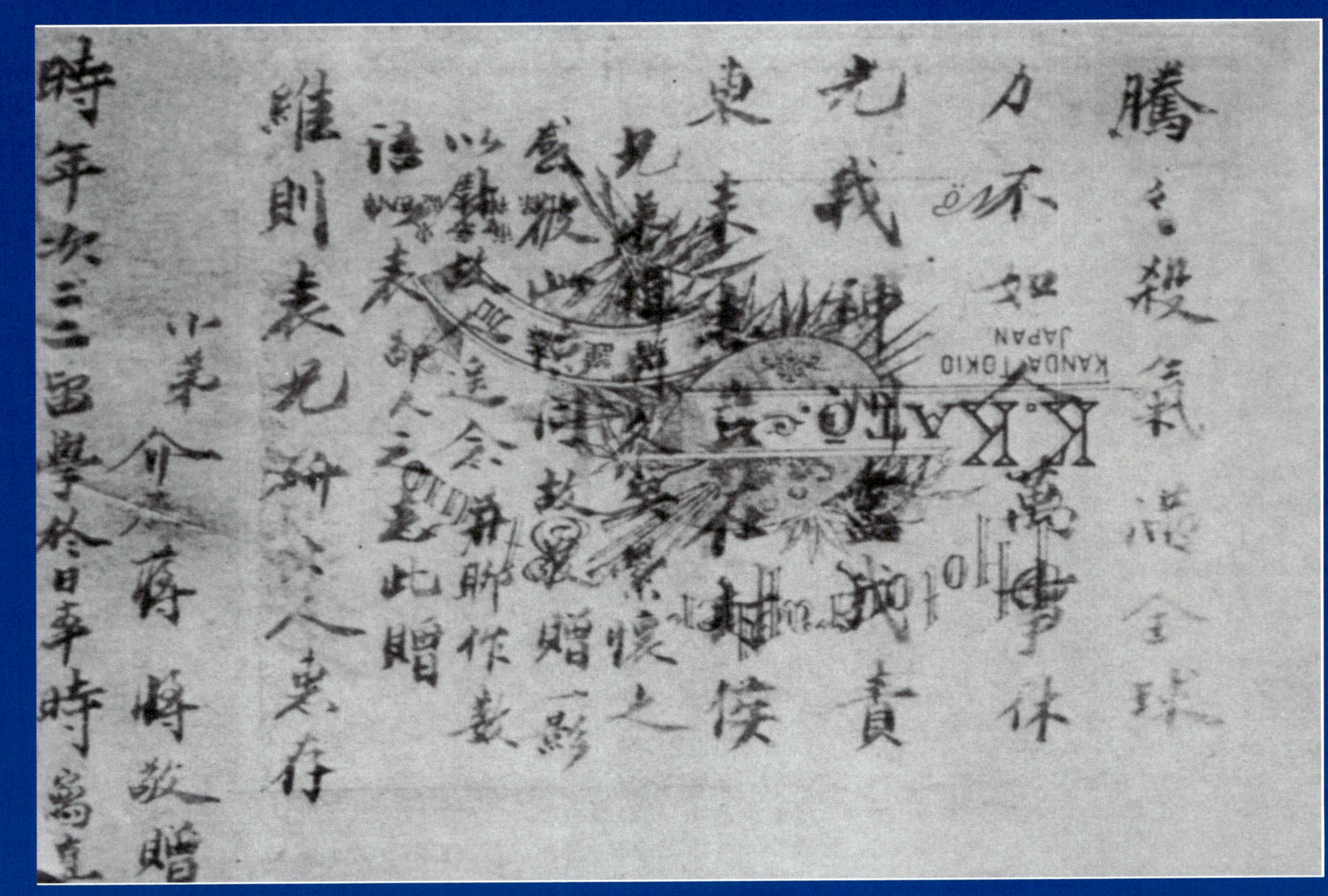

1909 年，蒋介石 22 岁在日本振武学校留学时，将照片寄赠表兄单维则，并在照片反面题字述志。“腾腾杀气满全球，力不如人万事休。光我神州尽我责，东来志在岂封侯。”

1927 年 9 月，蒋介石重访日本，为其老师长冈师团长和当年房东梅屋夫人题词留念。

二、追随孙中山·北伐

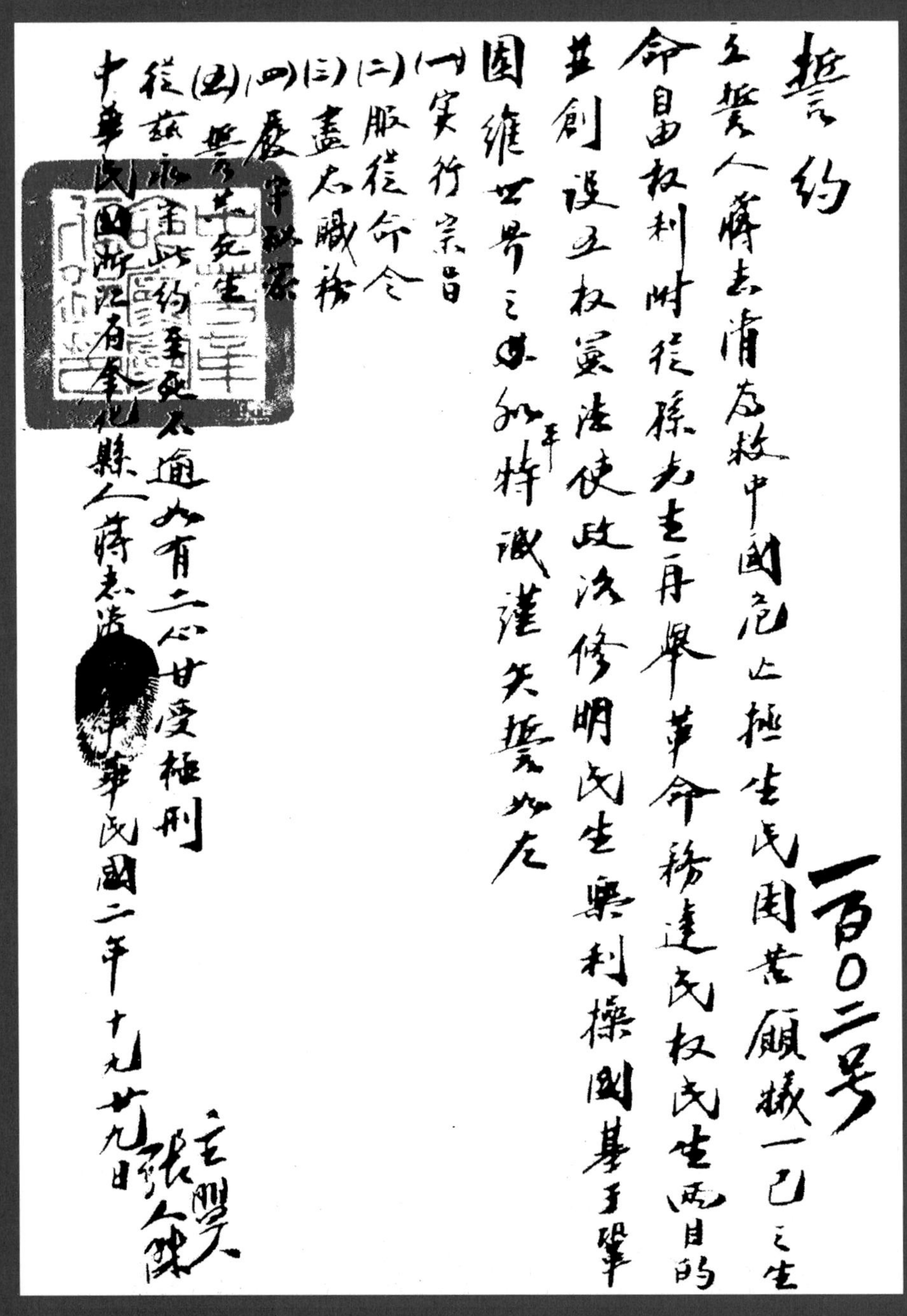

誓約

立誓人蔣志清為救中國危亡拯生民困苦願犧牲一己之生命自由權利附從孫先生再舉革命務達民權民生兩目的並創設五權憲法使政治修明民生樂利措國基於鞏固維世界之和平特誠謹矢誓如左

(一)實行宗旨
(二)服從命令
(三)盡忠職務
(四)嚴守秘密
(五)誓共生死

從茲永守此約至死不渝如有二心甘受極刑

中華民國浙江省奉化縣人蔣志清

中華民國二年十月廿九日

主盟人 張人傑

一百〇二號

1913年，孙中山为反对袁世凯再度筹组“中华革命党”。蒋介石经张静江（张人杰）介绍加盟，此为誓约原件。按手印处的签名是蒋氏的学名蒋志清。

七月卅一日 晴

接北京曲同丰及总统府秘书来电各一件。午後總司令出發晋京，許先生到司令部，代理總司令辦公。接日本守備隊電話，因有本軍在南流站鐵道附近，與敵軍對陣。該處果有本軍隊伍否，要求查覆等因。即查孟九、陳軍隊駐紮該處附近。承退，該隊為本軍所統是實。復接濟南鍾達山東致總司令來函，以本軍有在南流附近之村莊搶劫焚掠等事，似與守備隊今日通報情況相近。即函第一師長查辦。六時許接守備隊電話。晚間有該守備隊派斥候於附城牆附近練習，請總司令通令各團隊，不致彼此誤會。晚間介石出城巡查，自南關過白狼河至東園子操場附近一帶視察後，即由東園子過白狼河，回城。十一時回總司令部。

今日所發命令如左。

一、總司令部各處每日須派一員值日。

一、總司令部每日辦公時間。

一、催造各師旅花名册。

今日所見擬改正之件如左。

（一）

1916年夏，蒋介石奉孙中山之命，去山东潍县，出任中华革命军东北军参谋长。这是他当时的日记手迹。（共4页）

一、見各處衛兵、口號不明，以後對答者，須唱当晚口號。

一、見各處外表名稱，仍有未照改編名稱張帖者，須限期一律改換。

一、槍匠須趕緊雇用，廢槍迅即修理。

一、測繪人員須整頓。

一、衛兵勤務細則，須修訂。

今日伊東知也過潍，來司令部參觀。

八月一日 晴

午前，介石奉許先生命，往第一師及第一第二各旅司令部視察，及往會各司令官。午後，滿鐵副揔裁國澤氏過潍，派巴參謀赴站迎迓。

今日所見擬改正之件如左：

一、擔槍有向左及向右者，以後當下令皆改為向右，以歸統一。

一、騎兵乘馬時須用皮鞋，宜飭因糧局發給。

一、徵兵身材之長短及年齡格，多有不及者，宜令各團隊長認真選擇，因体裁減。

一、揔司令部之獲兵及小使，須認真裁減。

二日 午前陰，午後雨。

（二）

今日接第二師長吕子人报告，攻擊景紫鎮之敵軍，已被擊退，而膠州方面敵軍在百尺河附近，亦有襲擊我之勢。當時由代理撫司令電質張懷芝，限其廿四時内答覆。午後濰縣商會、又紳士千餘人來謁代理撫司令，未見。頤壽圭、與前張知事通同作弊，有錢項之嫌，令經因樘局傳問。

今日由參謀處所發通報如左。

一、通報第一師長以大局未定，对于寒亭及流飯橋各處敵軍當作警備，令其東至于河頭，西至王家楊樓、楊家庄一帶地形要隘偵察，每晚派小哨監視。

一、通報第一師長、各營各連分紮地點，限于初六日以前報告。

今日所見擬改正之件如左。

一、軍械局須整頓。

一、副官處外賓及屬員擬選擇。

一、軍隊衛生宜注意。

一、紅十字會醫院，開支太大，院址當遷入城内，且須與該會另訂規章。

（三）

一、城外通訊處可撤銷。

三日 晴。

今日接總司令由濟南所發手諭，囑以竭力整頓軍隊為首要。今日當可晉京，拜佐田中尉來，告山東曹軍署派其任某往高密方面調查戰況，未知其用意如何。午後飭第一師偵察龐家方面敵情，及警備一切。

今日所見擬改正之件如左：

一、總司令部應添偵探員數名，以便臨時派遣。參謀處當設諜報一科。

一、總司令部擬添總值日員一名，由參謀、副官各處長輪流擔任。

一、各團隊所有軍械軍裝，擬令其限日呈報。

一、警衛騎兵、步兵隊當改為騎兵衛隊、步兵衛隊騎兵為是。

今日參謀處所發通報。

一、催軍械科造表冊。

一、催經理局造表冊。

四日 晴。

代理總司令派介石至西操場觀操飛行机試

（四）

1916年，袁世凯病逝，讨袁军事结束。蒋介石致信朱执信，嘱其由孙中山致函上海镇守使，领回1913年（5名）和1914年（4名）被害的革命烈士棺木。

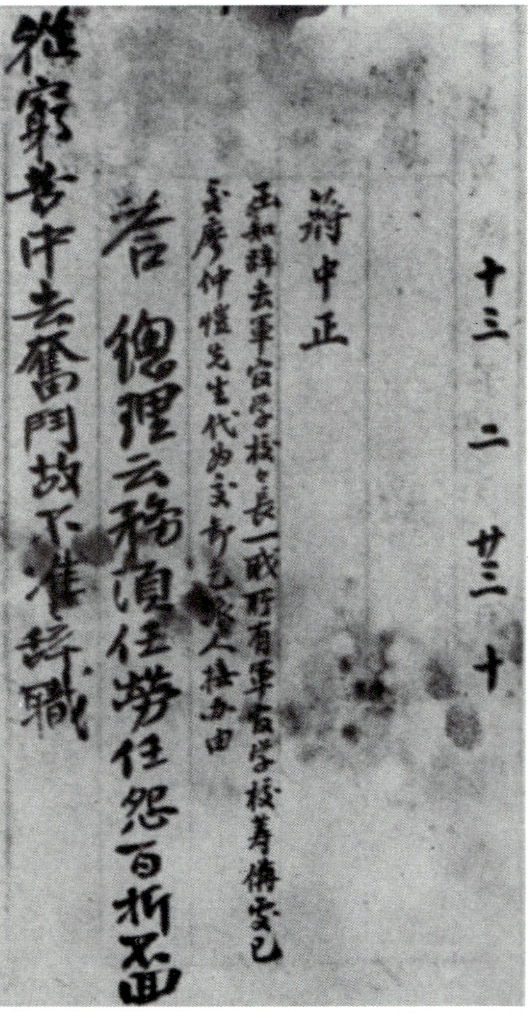

十三 二 廿三 十

蔣中正

函知辭去軍官學校校長一職，所有軍官學校籌備處已交廖仲愷先生代為交卸，乞派人接辦由

着總理云務須任勞任怨百折不回從窮苦中去奮鬥故不准辭職

中央執行委員會諸公均鑒：中正駑駘庸材，難胜重任，前蒙總理委任中正為軍官學校校長一職，自惟愚陋，不克勝任，務請另選賢能，以資進行。所有軍官學校籌備處已交廖仲愷先生代為交卸，尚乞派人接辦，以免延誤而利黨務。耑此敬辭，並請公安。

蔣中正敬上

二月廿一日

1924年初，孙中山决定创立国民党的武装力量，建立黄埔军校。蒋介石在被任命为黄埔军官学校校长后，由于经费困难等原故，请求辞职的原信。孙中山总理批复："务须任劳任怨，百折不回，从穷苦中去奋斗，故不准辞职。"

校訓

親愛精誠

蔣中正

1924 年，蒋介石所书黄埔军校校训。小图为孙中山（右）与蒋介石在军校的合影。

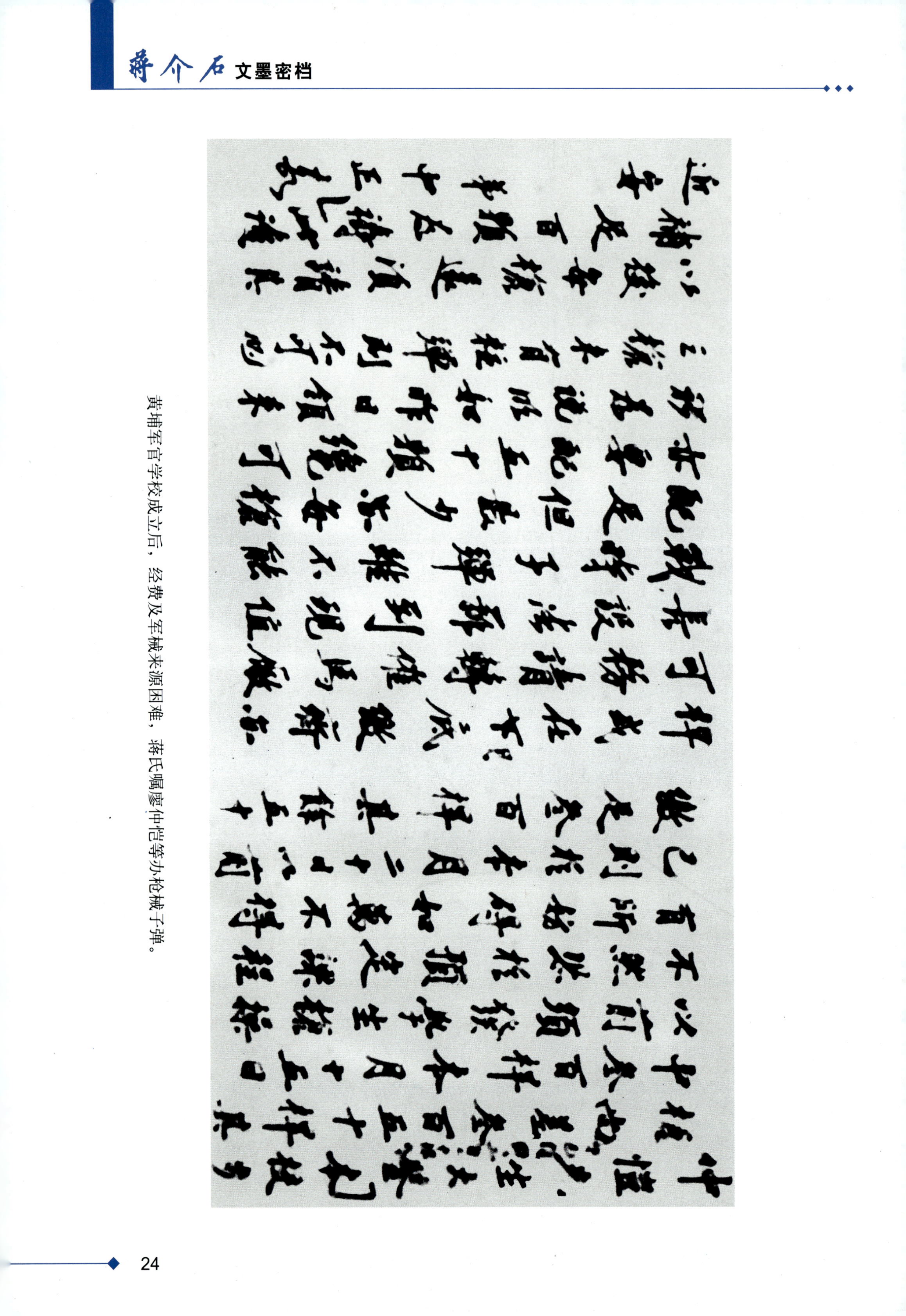

黄埔军官学校成立后，经费及军械来源困难，蒋氏嘱廖仲恺等办枪械子弹。

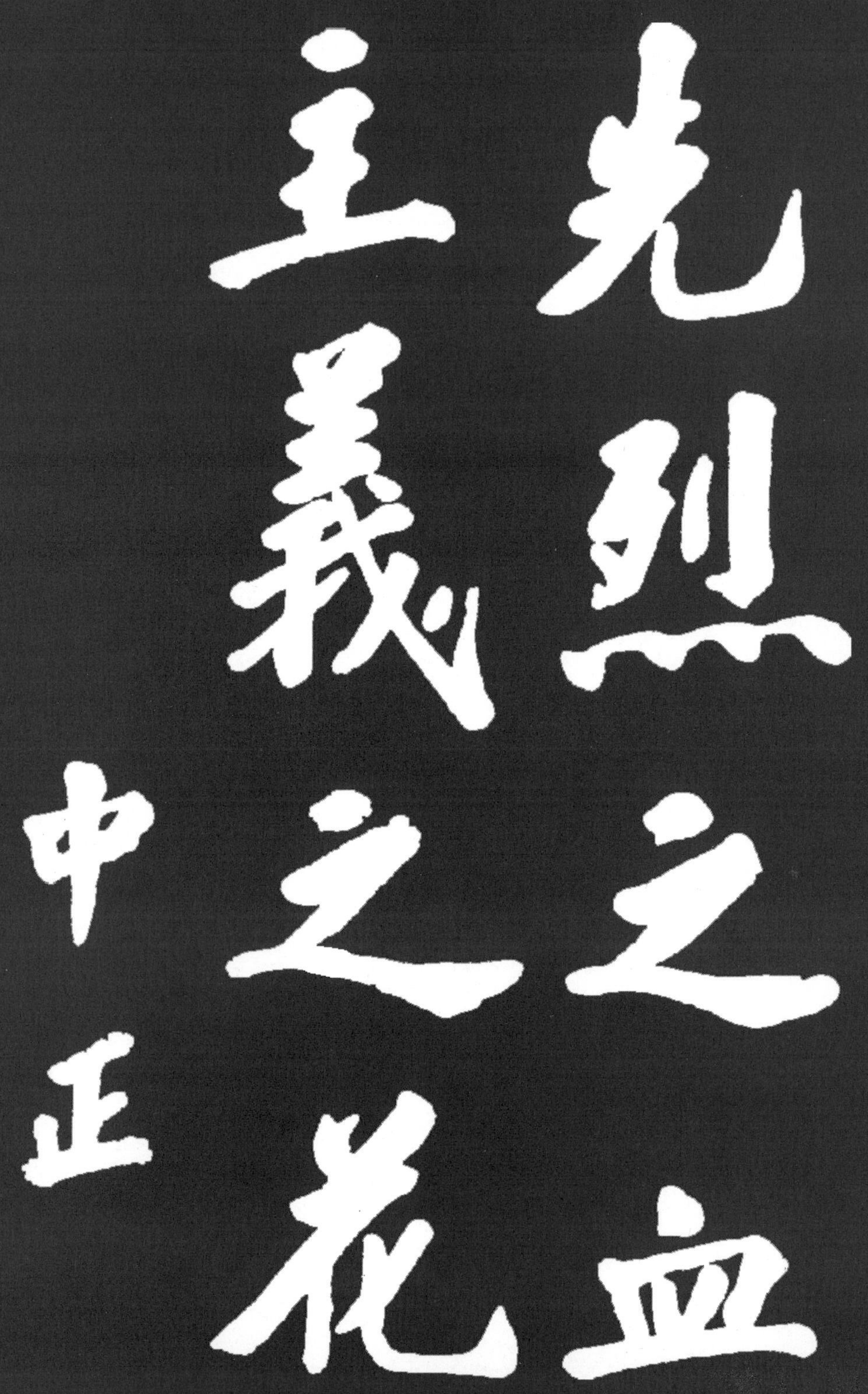

北伐前期，蒋介石为东征、北伐阵亡将士的题词。

國民革命軍人「四要」

一、要對得起已死的將士

二、要對得起總理的靈魂

三、要對得起生我的父母

四、要對得起痛苦的民眾

蔣中正手書

北伐时期蒋介石手书的国民革命军人“四要”。

革命軍在去年死傷了三萬人，肅清鄂湘贛閩四省反革命軍隊，還不能統一長江流域。今年已是民國十六年了，革命軍應該如何努力奮鬭，繼承已死同志犧牲精神，廓清中原，痛飲黃龍，完成總理所遺交我們的革命責任？

革命軍週刊出世應有感自問

以問全軍同志

蔣中正 十六年元旦

1927 年元旦，蒋介石为《革命军周刊》的题词。

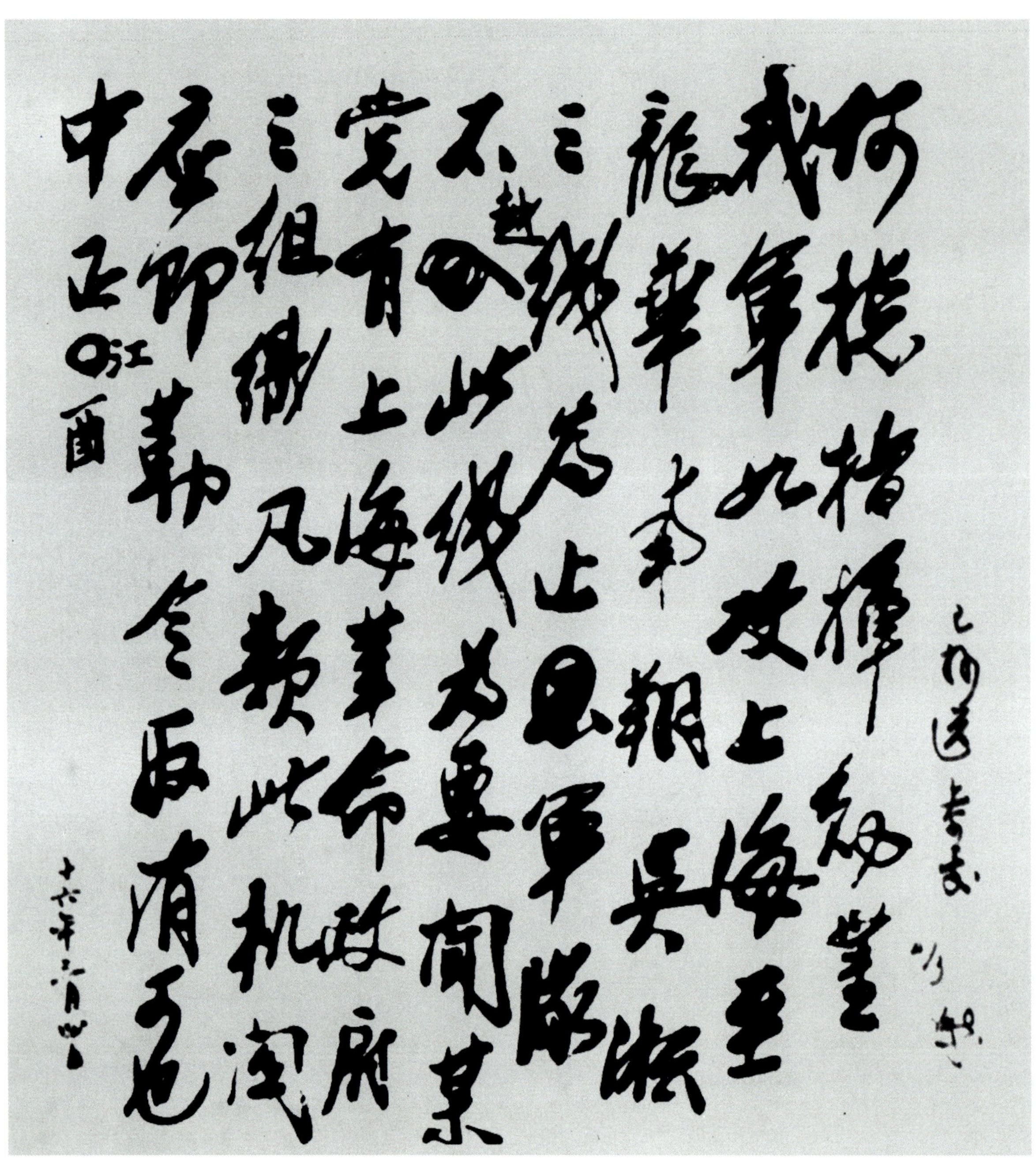
何揔指揮勳鑒
我軍如攻上海至
龍華奉報與淞
之綫為止且軍路
不越此綫為要聞某
党有上海革命政府
之組織凡類此機關
應即勒令取消可也
中正〇江酉
十六年三月四日

1927 年 3 月 4 日，北伐军进入上海前夕，蒋介石给第一军总指挥何应钦的密信，指令他“勒令取消”某党的“上海革命政府之组织”，此为发动“四一二”政变的证据。

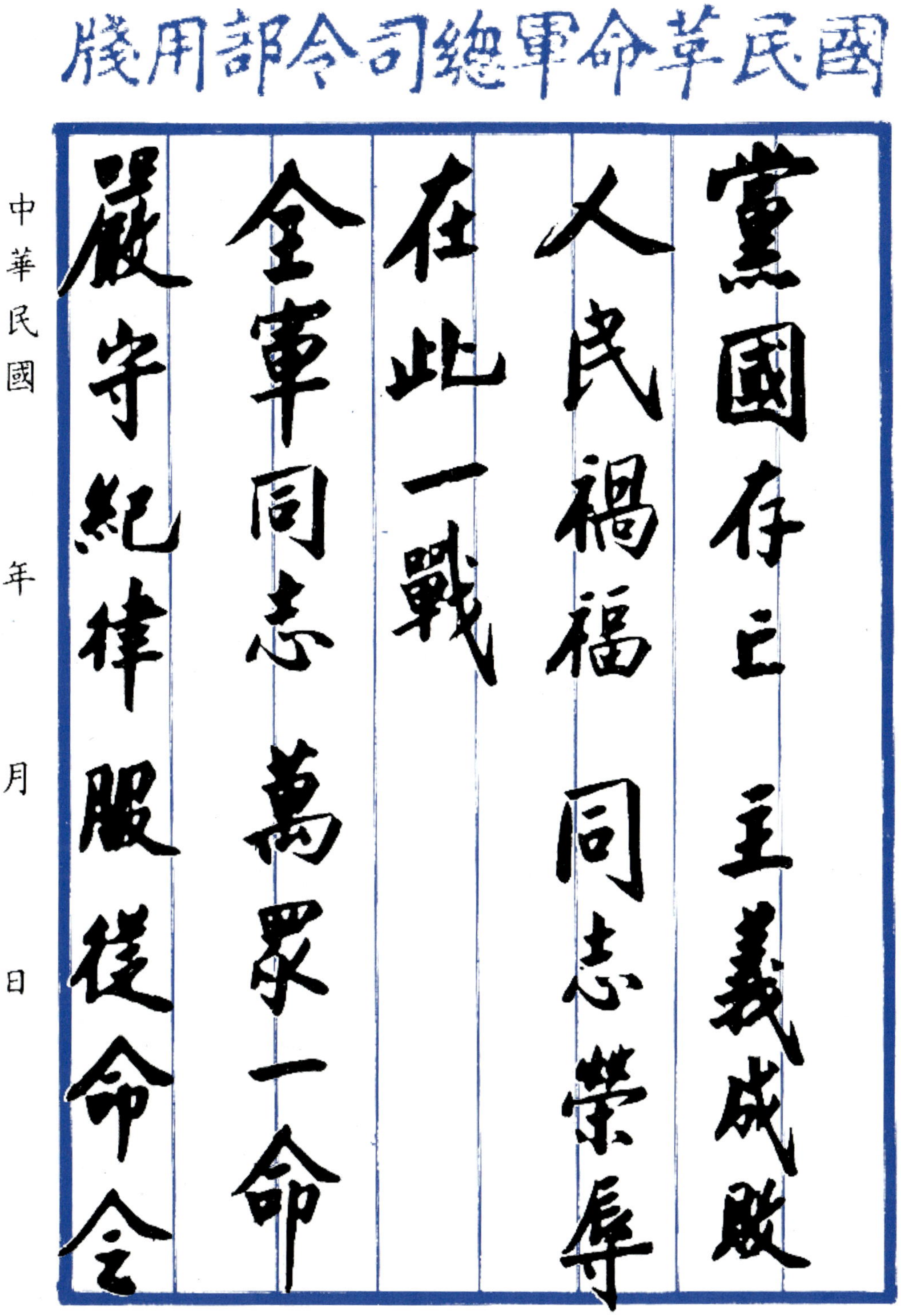

國民革命軍總司令部用牋

黨國存亡 主義成敗
人民禍福 同志榮辱
在此一戰
全軍同志 萬衆一命
嚴守紀律 服從命令

中華民國　年　月　日

（一）

1928 年 4 月，蒋介石再度誓师“北伐”时，所书训命，勉励全军将士。（共 3 页）

國民革命軍總司令部用牋

不惜犧牲 竭盡責任
發揚精神 達到使命
誓除奉魯軍閥
完成國民革命
實行三民主義

中華民國　年　月　日

（二）

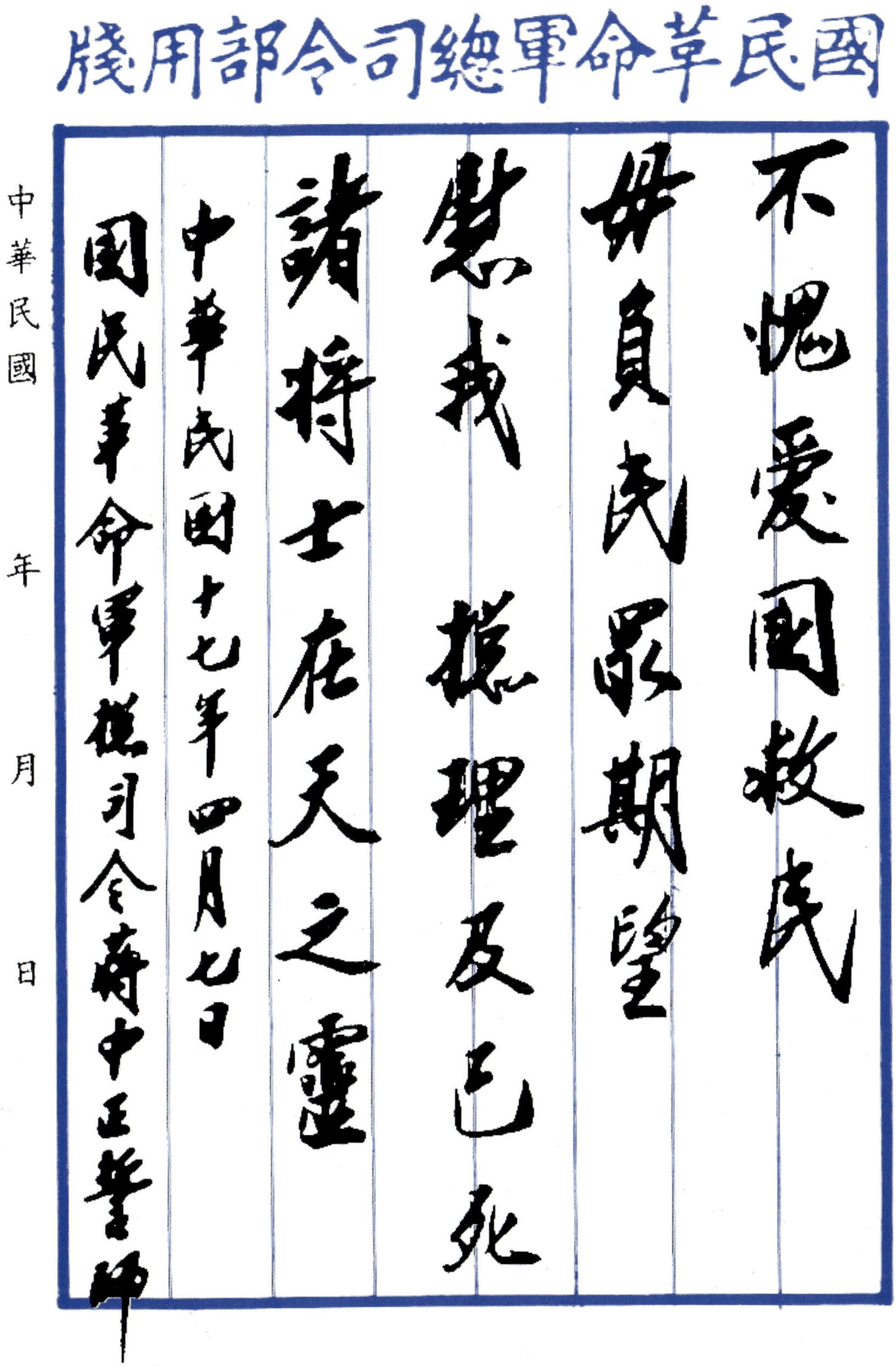

國民革命軍總司令部用牋

不愧爱国救民

毋负民众期望

慰我总理及已死

诸将士在天之灵

中華民国十七年四月七日

国民革命军总司令蒋中正誓师

中華民國　年　月　日

（三）

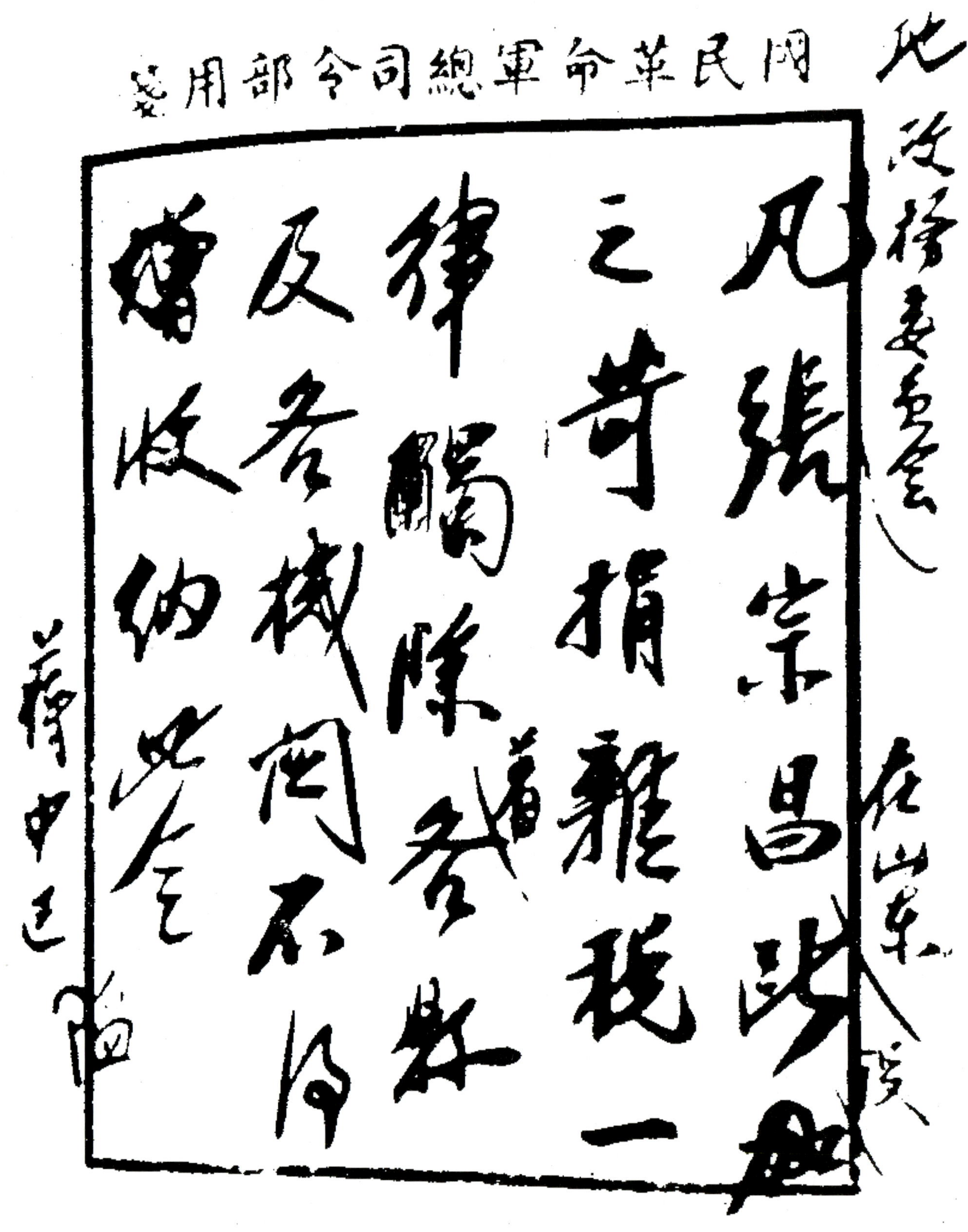

國民革命軍總司令部用箋

批政務委員會

凡張宗昌在山東所加之苛捐雜稅一律豁除登報及各機関不得再收納此令

蔣中正

1928 年 5 月，北伐军进入山东。蒋介石令战地政务委员会废除北洋政府之张宗昌的苛捐杂税手谕。

國民革命軍總司令部用箋

禮卿先生勛鑒：敬

濟南事件為中華

民族之國恥，北方將領必

有血性，深表我方同情

者，可否乘此國危之際，與（請兄進行）

北方將領聯合救國，此間

惟一方針為推倒聯日

賣國之張作霖，其他無

不可商之事，祇要同心救國，則

我方軍隊願與北系諸公願與 [illegible]

[illegible]

1928 年 5 月济南惨案后，蒋介石要求吴忠信策反北洋将领的密函。

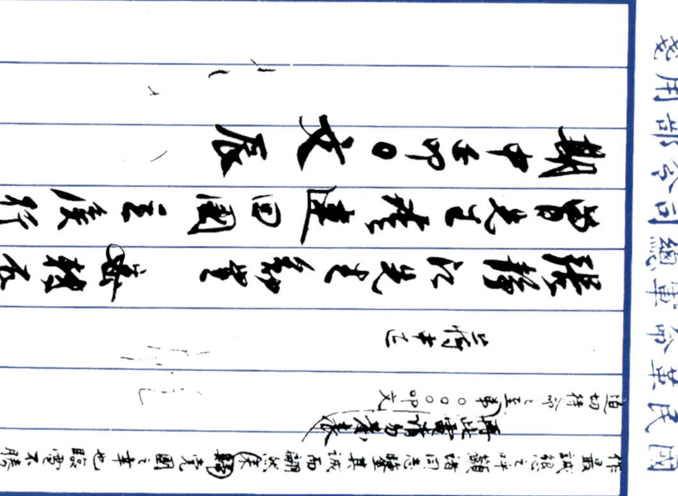

蒋介石关于济南惨案给南京国民政府领导人的函件及其批注手迹。

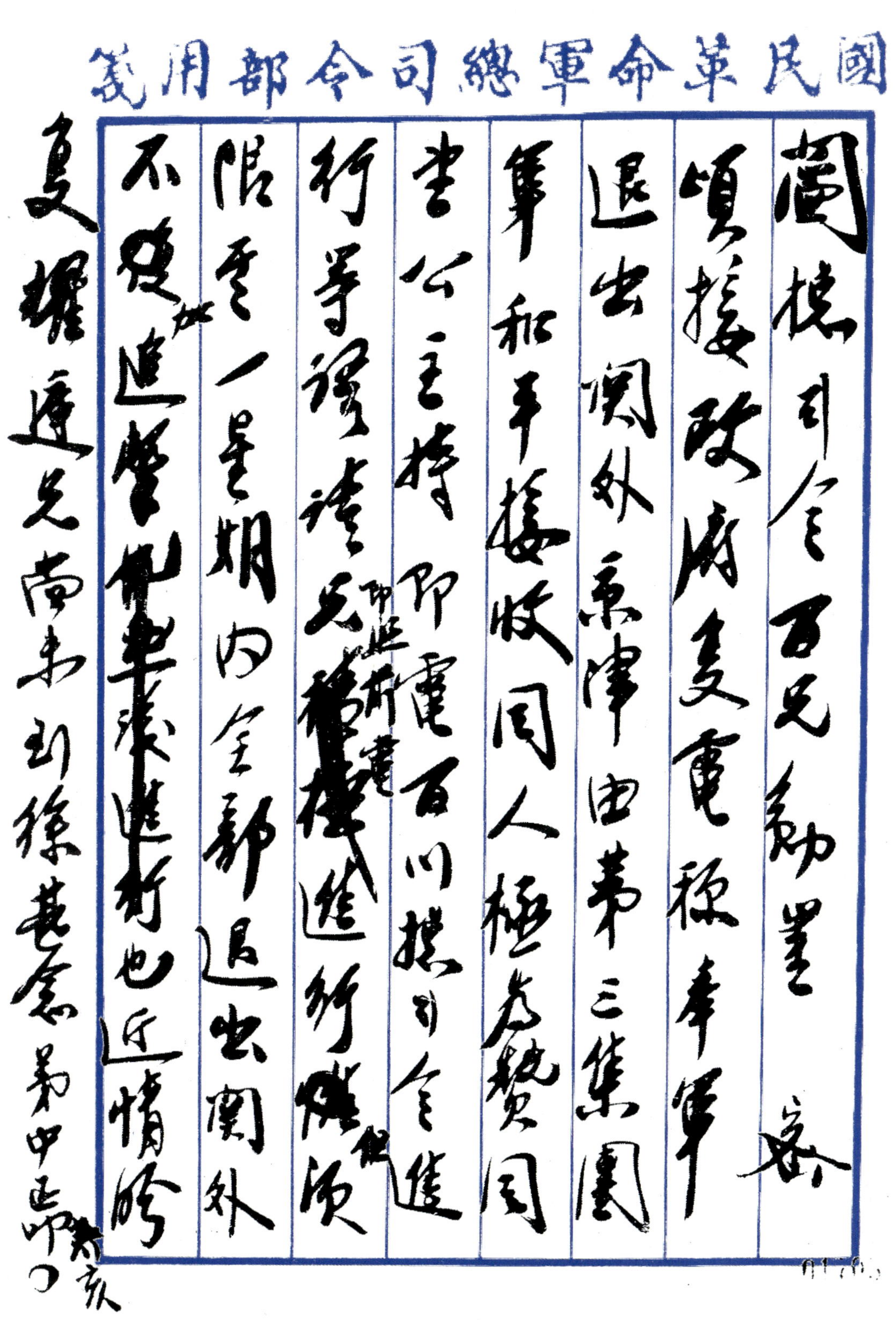

國民革命軍總司令部用箋

閻總司令百川兄勛鑒 密

頃接政府支電稱奉軍

退出關外京津由第三集團

軍和平接收同人極爲贊同

望公主持即電百川總司令進

行等語請兄

限定一星期內全部退出關外

不使

1928 年 6 月，北洋政府奉军首领张作霖，通电称奉军自动退出关外。据此蒋介石令第三集团军总司令阎锡山和平接收北京、天津。此系蒋氏给阎密电原稿。

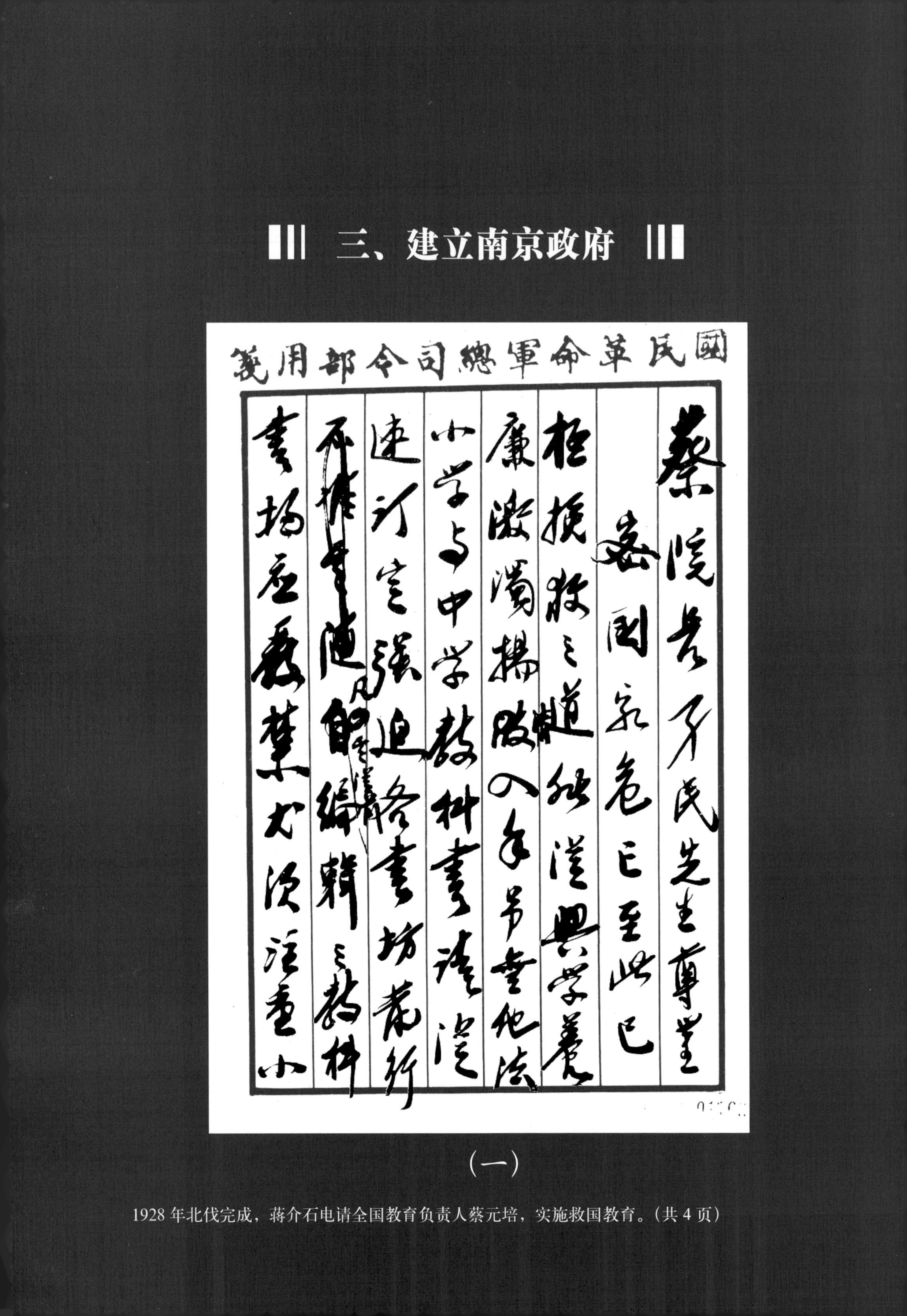

三、建立南京政府

國民革命軍總司令部用箋

（一）

1928 年北伐完成，蒋介石电请全国教育负责人蔡元培，实施救国教育。（共 4 页）

國民革命軍總司令部用箋

學教科書與小學教師必須具有愛國雪恥之血心而後方能任其為教師其教科書之精神須一節為國恥而尤須注重膠東與遼東之恥辱其次及為三民主義與主權篇底每必創為本黨之歷史與國民革命之意義至於戒私拜門當親發

（二）

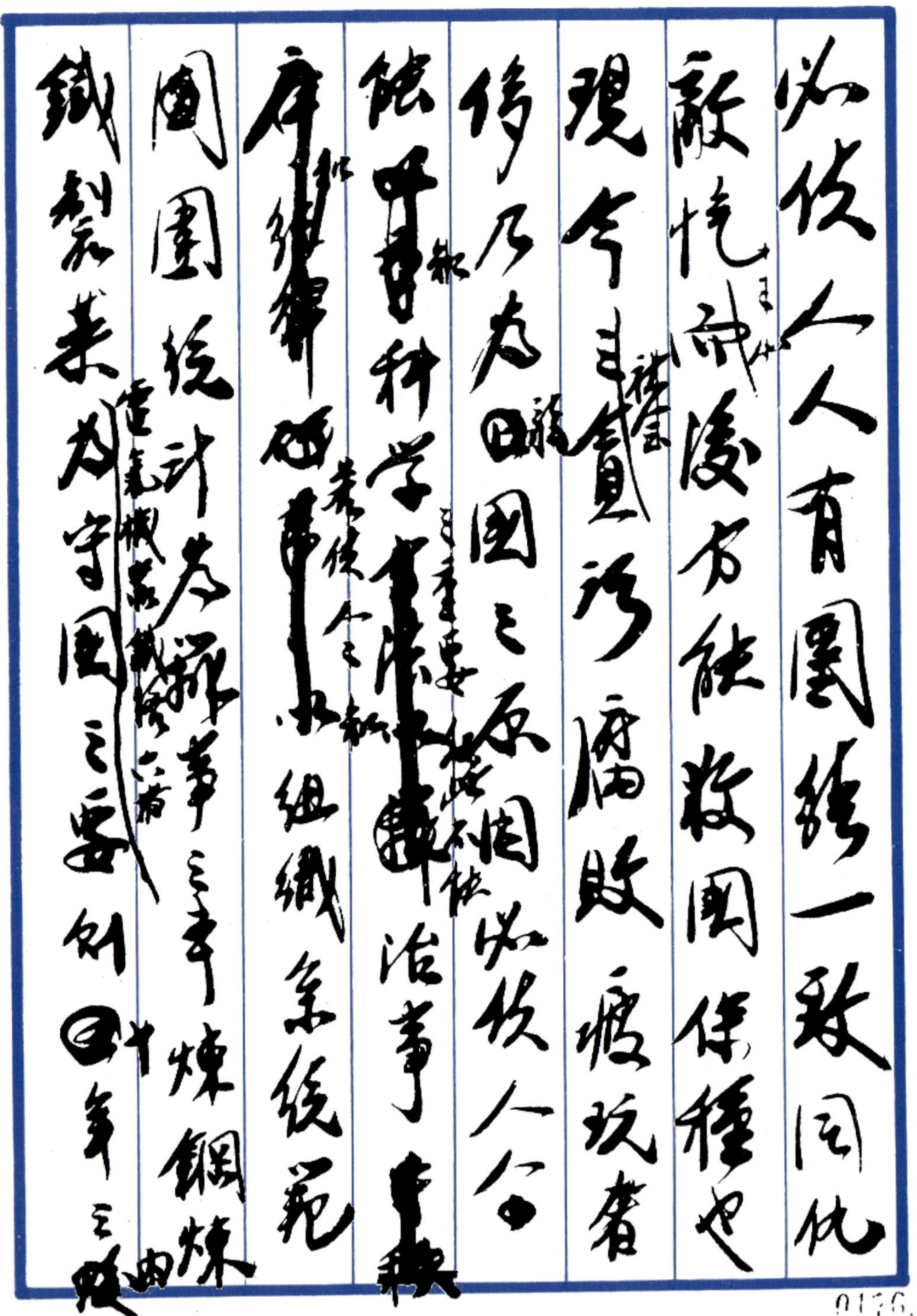
國民革命軍總司令部用箋

0176

（三）

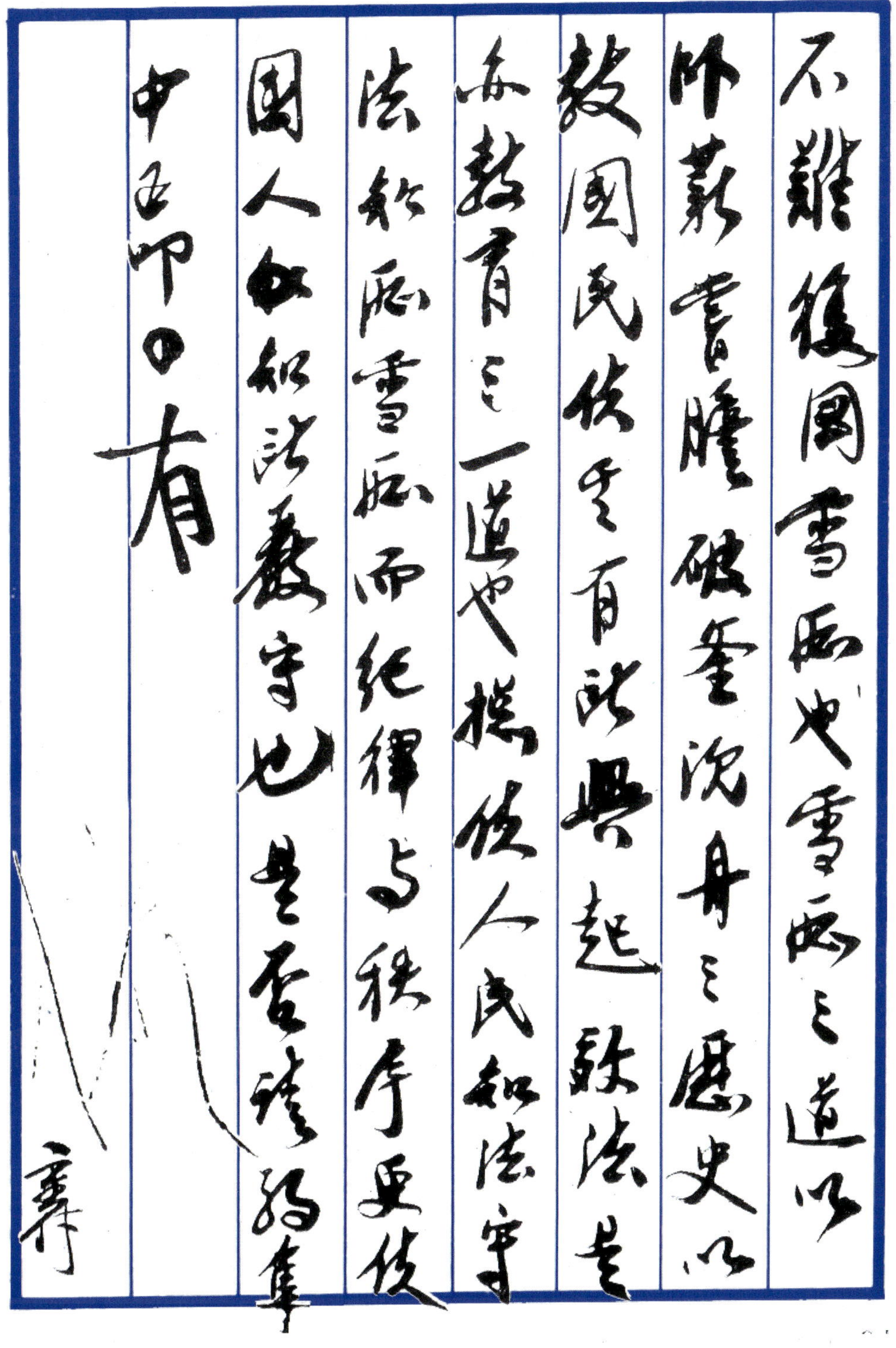

國民革命軍總司令部用箋

不難復國雪恥也雪恥之道以
卧薪嘗膽破釜沉舟之歷史以
教國民使之有所興起效法是
亦教育之一道也擬使人民知法守
法知恥雪恥而紀律與秩序更使
國人知所發奮也是否請酌奪
中正叩 有
壽

（四）

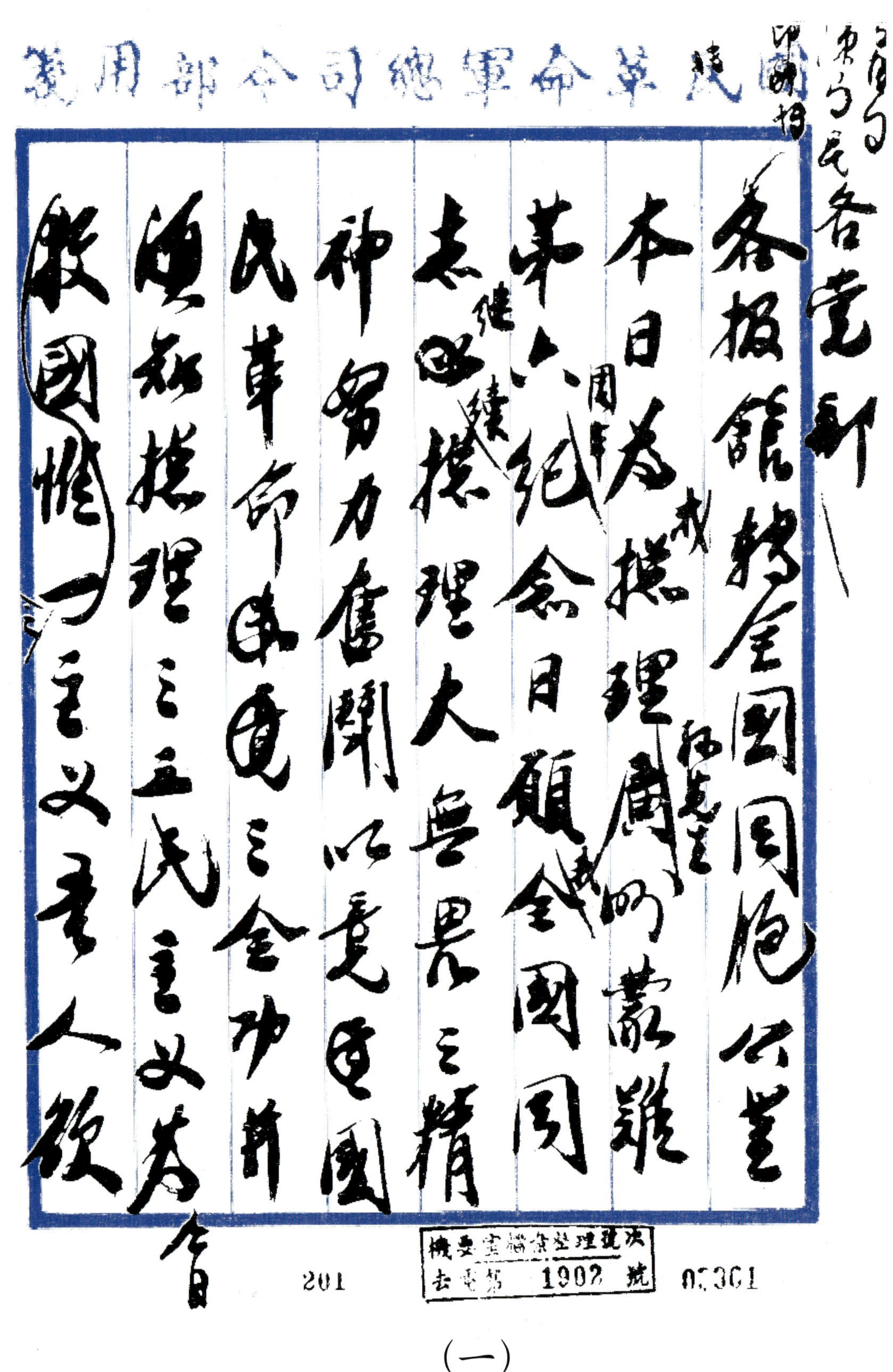
國民革命軍總司令部用箋

各報館轉全國同胞公鑒：本日為我總理廣州蒙難第六周年紀念日，願全國同志以繼續總理大無畏之精神，努力奮鬭，以竟國民革命與建國之全功，并須知總理之三民主義為救國惟一之主義，吾人欲

201 03361

（一）

1928年6月16日，蒋介石呼吁全国，以孙中山先生创立的三民主义统一中国人的思想。（共3页）

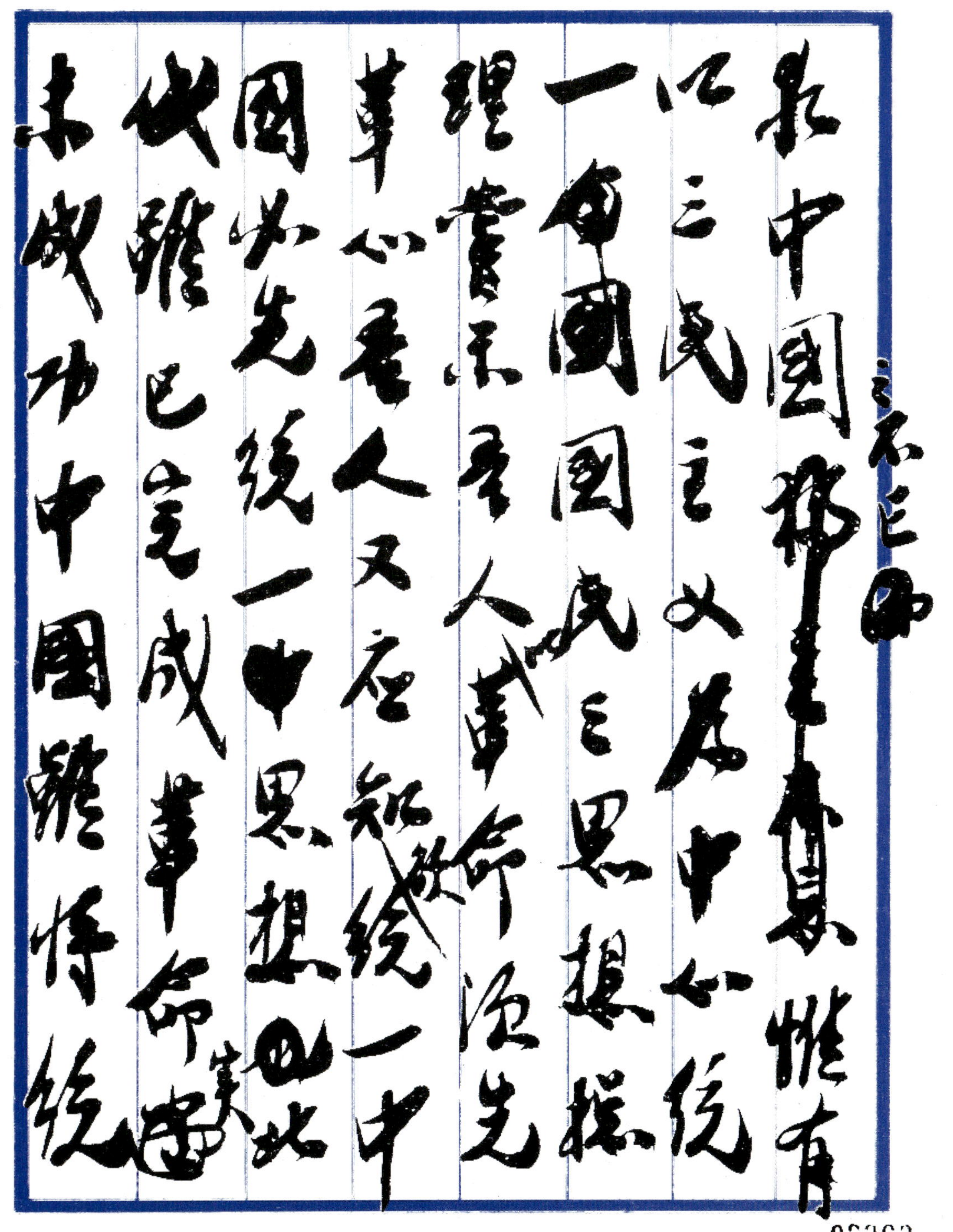

國民革命軍總司令部用箋

救中國之不二法門惟有以三民主義為中心統一全國國民之思想據理實示吾人革命須先革心吾人又在統一中國必先統一思想此雖已完成革命事業未成功中國難得統

202　　02362

（二）

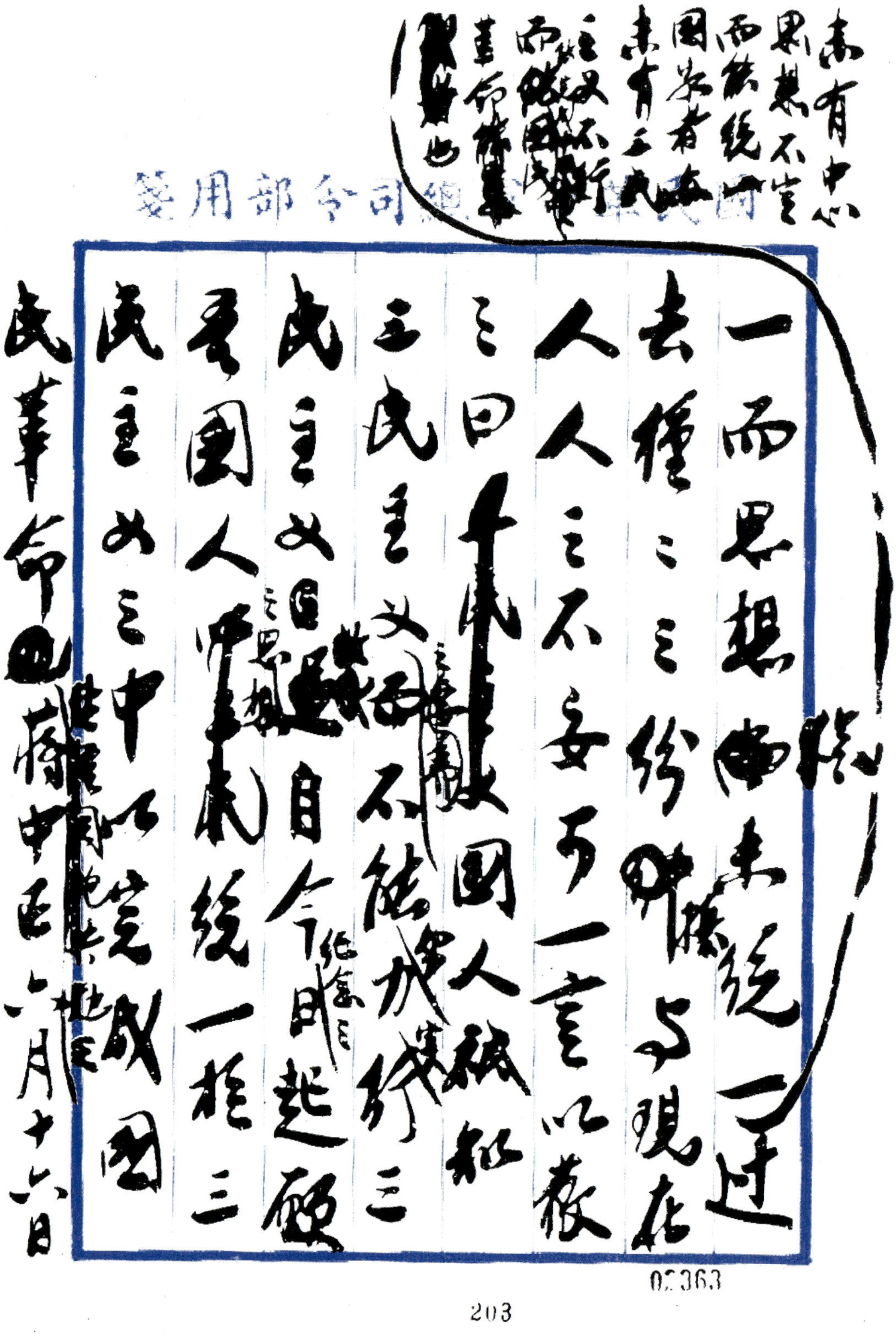

国民革命军总司令部用笺

02363

203

（三）

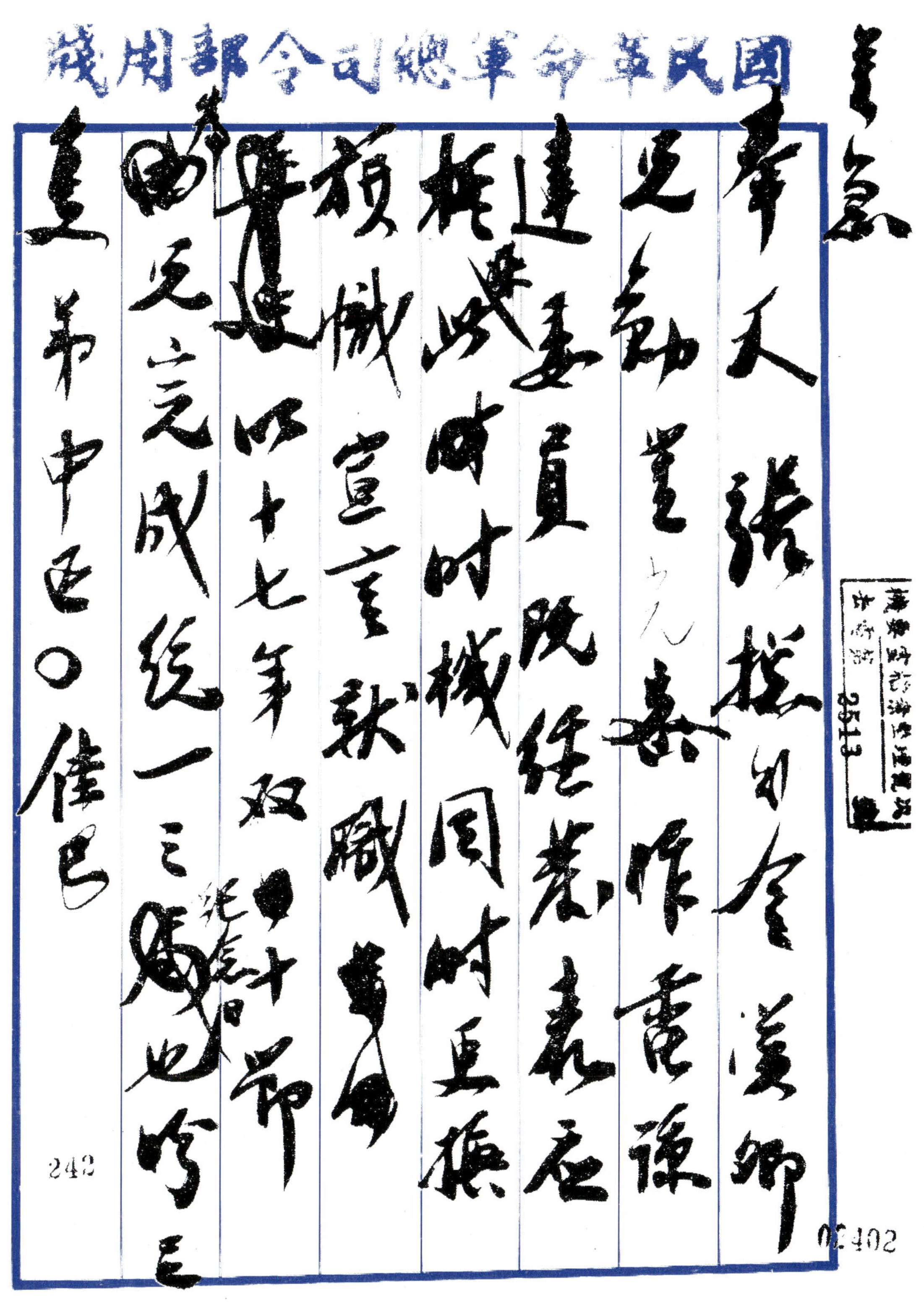

國民革命軍總司令部用箋

急

奉天張總司令漢卿

兄勛鑒：[illegible]電誦悉。

[illegible]委員既經發表，應

於此時同時[illegible]

旗幟，宣言就職。[illegible]

以十七年雙十節[illegible]

俾見完成統一[illegible]

弟中正。佳巳

1928 年 10 月，蒋介石致电张学良，敦请东北易帜并就职国民政府。张氏 10 月 11 日回电许诺。

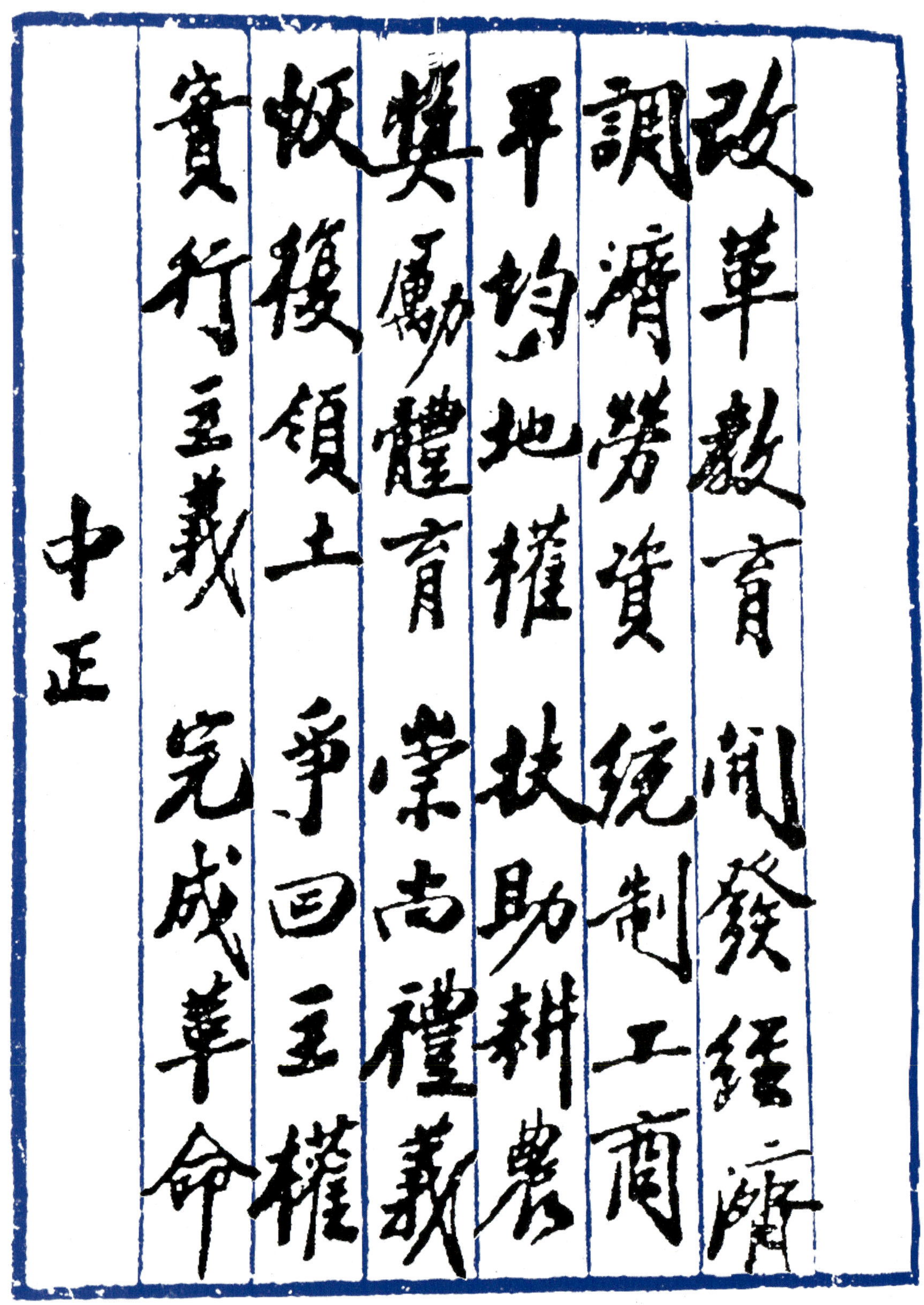
改革教育 開發經濟
調濟勞資 統制工商
平均地權 扶助耕農
獎勵體育 崇尚禮義
收復領土 爭回主權
實行主義 完成革命
中正

1929年1月，南京政府成立建设委员会，由张静江负责；至1933年10月改为全国经济委员会，由宋子文任主席。这是蒋氏提出的总方针。

陸海空軍總司令部用箋

中央軍校與中央政校為本黨教育幹部之基本工作課程雖有不同而精神則

（一）

南京政府成立后，蒋介石军校、党校一把抓。这是他指令两校领导人，注意使学员们相互学习，打成一片，以期文武兼备，但又各有所重。（共 7 页）

陸海空軍總司令部用箋

無二致蓋軍事與政治必須體用兼備然後革命方能收效如此必須二校切實聯絡

（二）

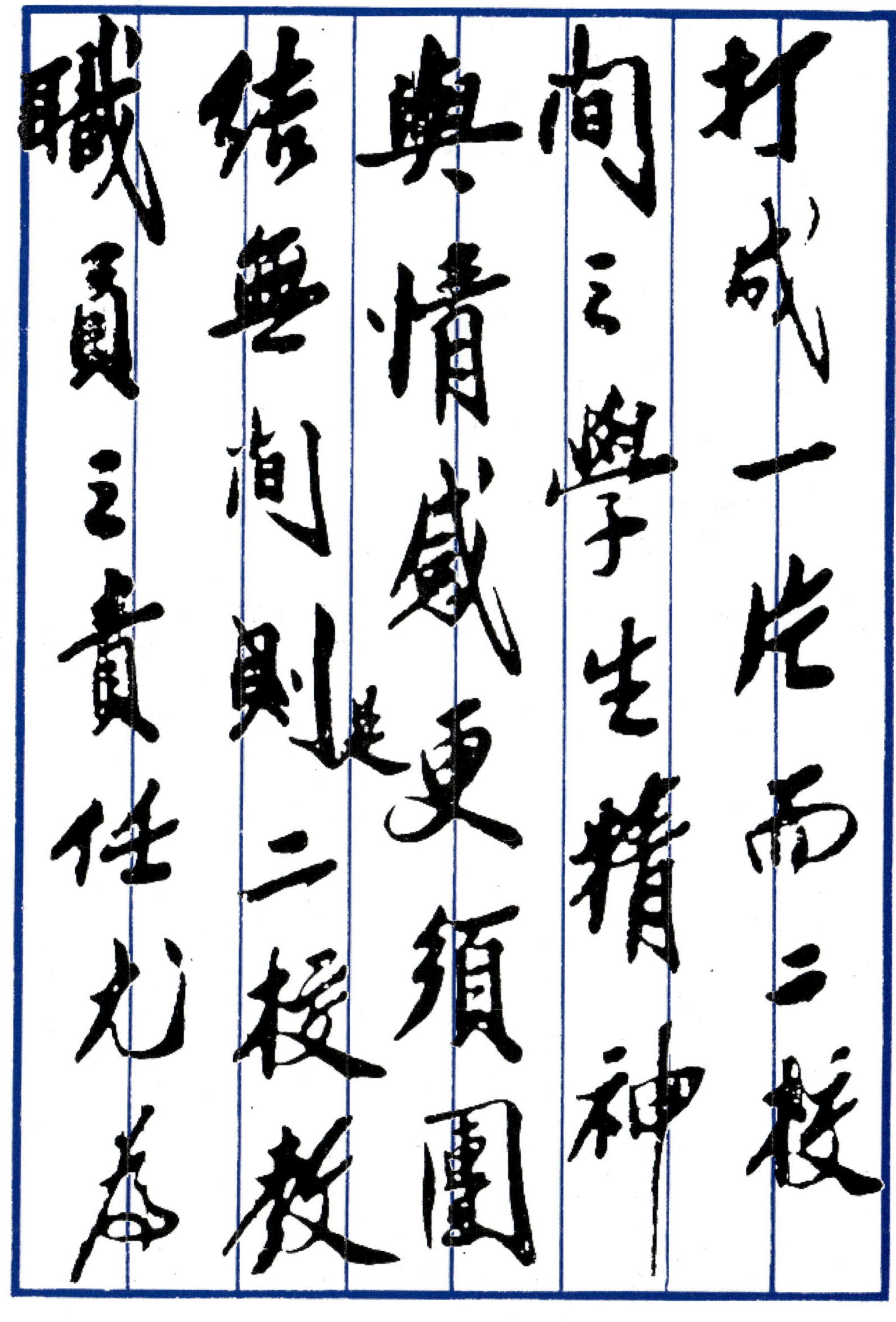
陸海空軍總司令部用箋

打成一片而二校
間之學生精神
與情感更須團
結無間則是二校教
職員之責任尤為

（三）

陸海空軍總司令部用箋

重大非先由政治
學校派選員生來
軍校指導小組訓
練及政治工作而
軍校派選員生

（四）

陸海空軍總司令部用箋

最有影學經驗者
輔助政治學校
主軍事訓練每
月并分組開會討
論會體育會遊藝

（五）

陸海空軍總司令部用箋

會華以濟艱難
廣求人才匯萃
軍政一貫之基礎
乃得實現也希
二校各派三人先

（六）

陸海空軍總司令部用箋

行擬於期推即

日施行也此致

果夫

立夫諸同志均鑒

力餘

蔣中正手啟

四月十九日

（七）

四、内战·九一八·对日妥协

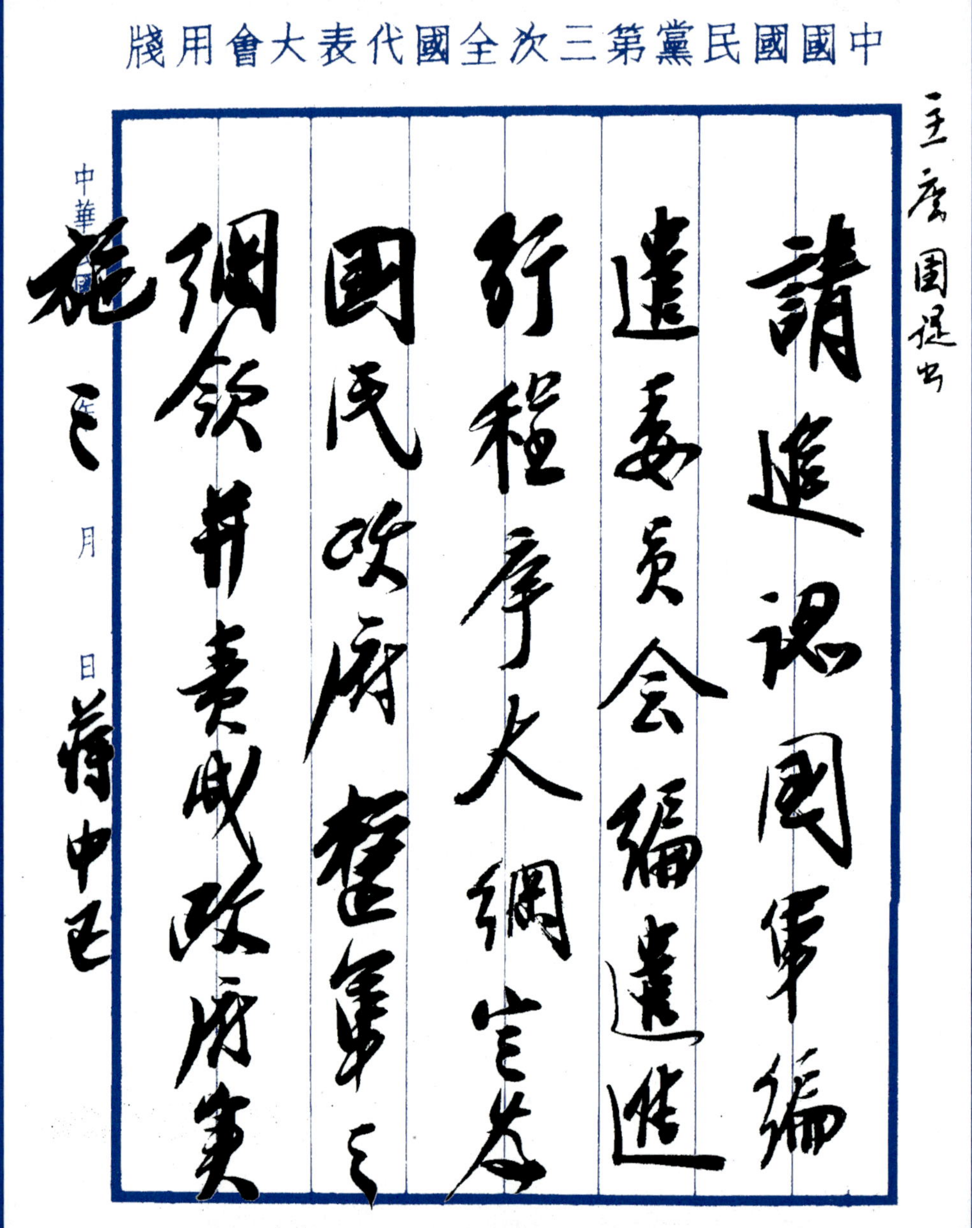

中國國民黨第三次全國代表大會用箋

主席團提出

請追認國軍編遣委員會編遣進行程序大綱定為國民政府整軍之綱領並責成政府實施

中華民國 年 月 日 蔣中正

1929 年 3 月，国民党举行“三全大会”，蒋介石向主席团提出：“追认编遣委员会编遣进行程序大纲定为国民政府整军之纲领，并责成实施”，即削弱地方军实力派，于是很快引起军事冲突。

倭寇深入赤匪猖獗
吾人攘外必须安内
救中国之大本乃在人
心复兴发扬精神
萎靡不振而又不能
忍苦耐劳乃致寇
深匪祸亟我政治
宣传之同志刻苦
耐劳坚定工作尽
奋负责打破目前
之难关克服新
来之使命有厚
望焉此致
宣传诸同志
蒋中正 五月十日

南京国民政府成立后，它执行的不是团结各党派、各地方，一致对付日本帝国的步步紧逼，而是搞“攘外必须安内”，这是其此一政策的证据原件。

这是当年为就近指挥“剿共”，蒋介石在南昌百花洲设立的行营。

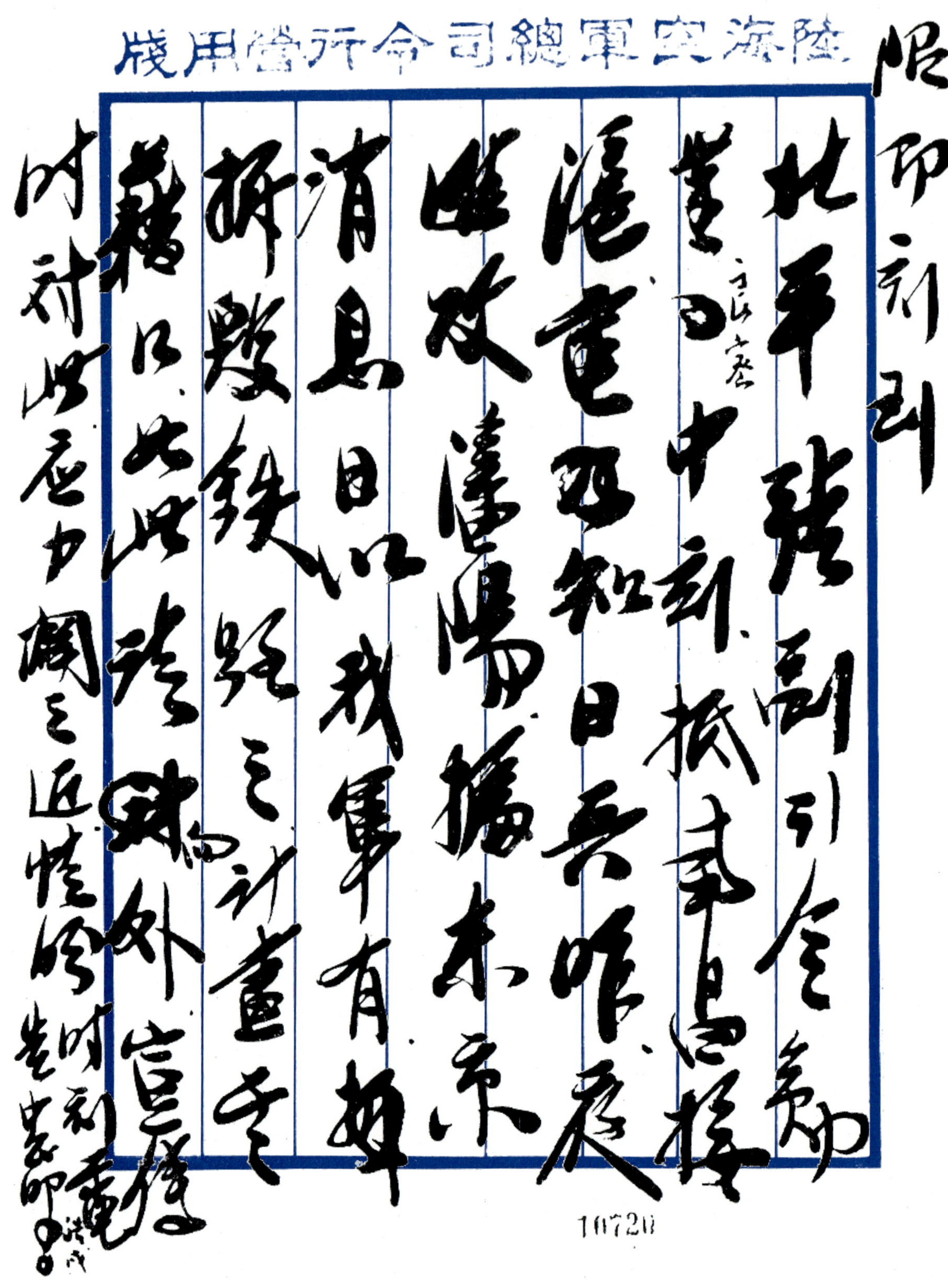
陸海空軍總司令行營用箋

限即刻到

北平張副司令勛鑒皓電悉中刻抵潯讀滬電知日兵昨夜襲攻瀋陽據東京消息日以我軍有擬拆毀鐵路之計畫竟藉以此為口實對外宣傳時對此應力闢之近情如何盼時刻電告中正叩

10720

1931 年“九一八事变”次日，蒋氏电告张学良：在对外宣传时，应力避日军侵略借口。

國民政府用箋

持其復仇之志毋暴
雪恥之氣凡我闔
牆外侮其禦願我
同胞團結一致在
中國國民黨領導
指揮之下堅忍刻苦
生聚教訓嚴守秩
序遵守紀律期於

國民政府用箋

十年之內湔雪今
日無窮之恥辱完
成國民革命之大
業 中華民國萬歲
三民主義萬歲
中國國民黨萬歲
蔣中正 九月廿八日

“九一八事变”之后，蒋介石希望全国同胞，团结在国民党的领导下，守法自强。

陸海空軍總司令部用箋

救國之道在和平統一
禦侮之要在守法奮鬭
統一為和平之基
守法為奮鬭之本
望我全國同胞
共同一致努力於
和平統一守法自強二
語以達救國禦侮之目

陸海空軍總司令部用箋

的永為
中華民國雙十節之誓
詞共矢勿渝
中華民國二十年雙十節
蔣中正

这是蒋介石在1931年双十节（10月10日），手书的救国誓词，誓言“十年雪耻”。

4824

陸海空軍總司令部用牋

季新 勤勤 哲生
諸兄并轉各同志
黨國不幸天災人
禍相逼至此最近
東北横被侵掠師

陸海空軍總司令部用牋

黨國處危亡之會
本黨承
總理之遺教受國民
之付托坐致全國在
此水深火熱之中而

（一）

1931 年 2 月，蒋介石因“约法之争”将胡汉民软禁于南京汤山。拥胡派在广州成立政府与南京政府对抗以逼迫蒋释放胡汉民。“九一八事变”发生后，蒋介石请蔡元培等携其致汪精卫（字季新）、古应芬（字勷勤）、孙科（字哲生）等亲笔信赴广州，以求和解。不久在各方压力下，蒋介石第二次下野。（共 5 页）

陸海空軍總司令部用箋

團令剛且不保羅
虞蔚重何以對
總理何以對國人環
顧黨內方激於意
氣糾紛錯迕各

738

陸海空軍總司令部用箋

走極端漢成今日
已國局之慘禍變
兼盡極當今全國
同胞涕泣相告
謂非共同心

（二）

陸海空軍總司令部用箋

愆尤叢集過去
之是非曲直弟願
一人承之讒責之
加何心復我護節
惟願諸同志以黨

7293

陸海空軍總司令部用箋

協力壹以挽救危
亡況吾輩共負革
命使命有何不可
犧牲一切共赴國
難弟吉國
三年

（三）

陸海空軍總司令部用箋

國本垂念危之在
即各自反省者
相見以誠不復以
平時之齟齬為
芥蒂處此漏

陸海空軍總司令部用箋

舟覆巢之慘禍
會使三千年神
明之胄自我輩而
斬毋使已國之史
將為　中山黨從

（四）

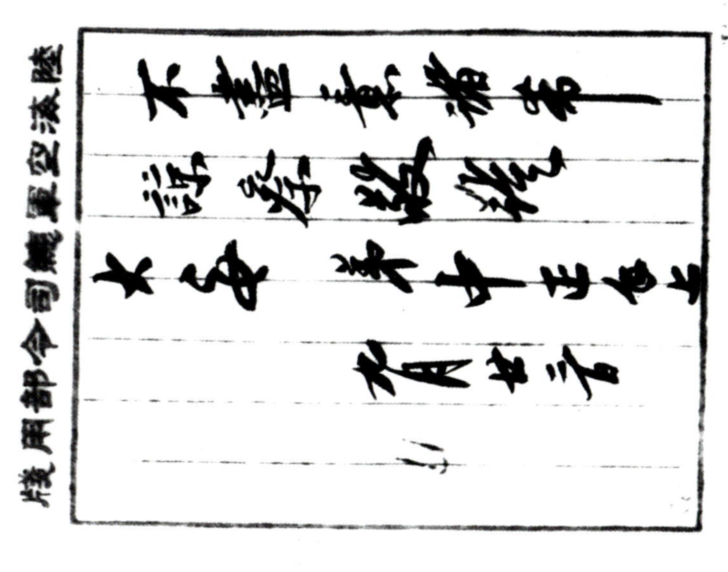

（五）

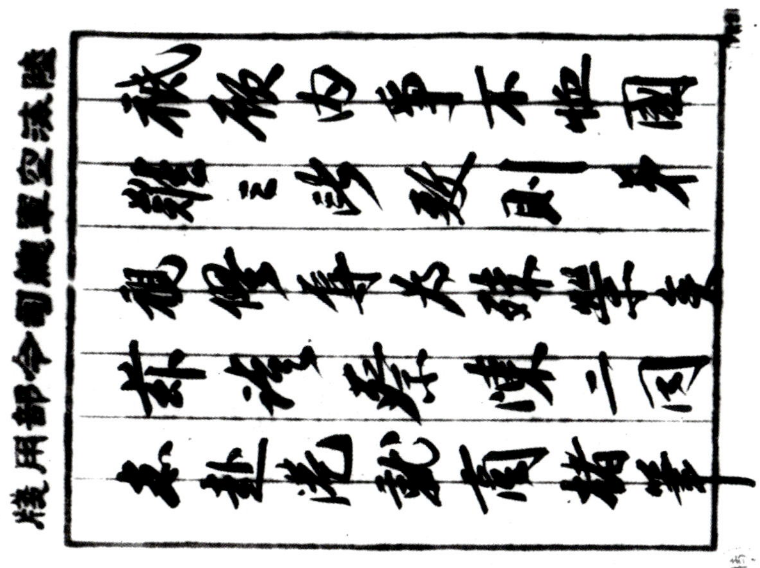

國民政府用箋

一

戰爭不僅限於有
形之軍事凡農工
商業之戰與乎科
學經濟之戰實較
軍事武力之戰爭
其效更大而外交
上無形之戰爭其
成敗勝負之價值

國民政府用箋

十二

日惟一至當之方鍼顧
署部長當深體此
意懍乎遺教布展
其抱負發揮其長
才俾我國外交得
以轉敗為勝轉危
為安庶不負政府
與國民期望之殷也

蔣中正 二十年十月廿日

军事不如人，蒋介石希望能通过外交，幻想“国联”能制止侵略，这是他要求外交部长顾维钧“发挥长材”“转败为胜”。这是信函中的首尾两页。

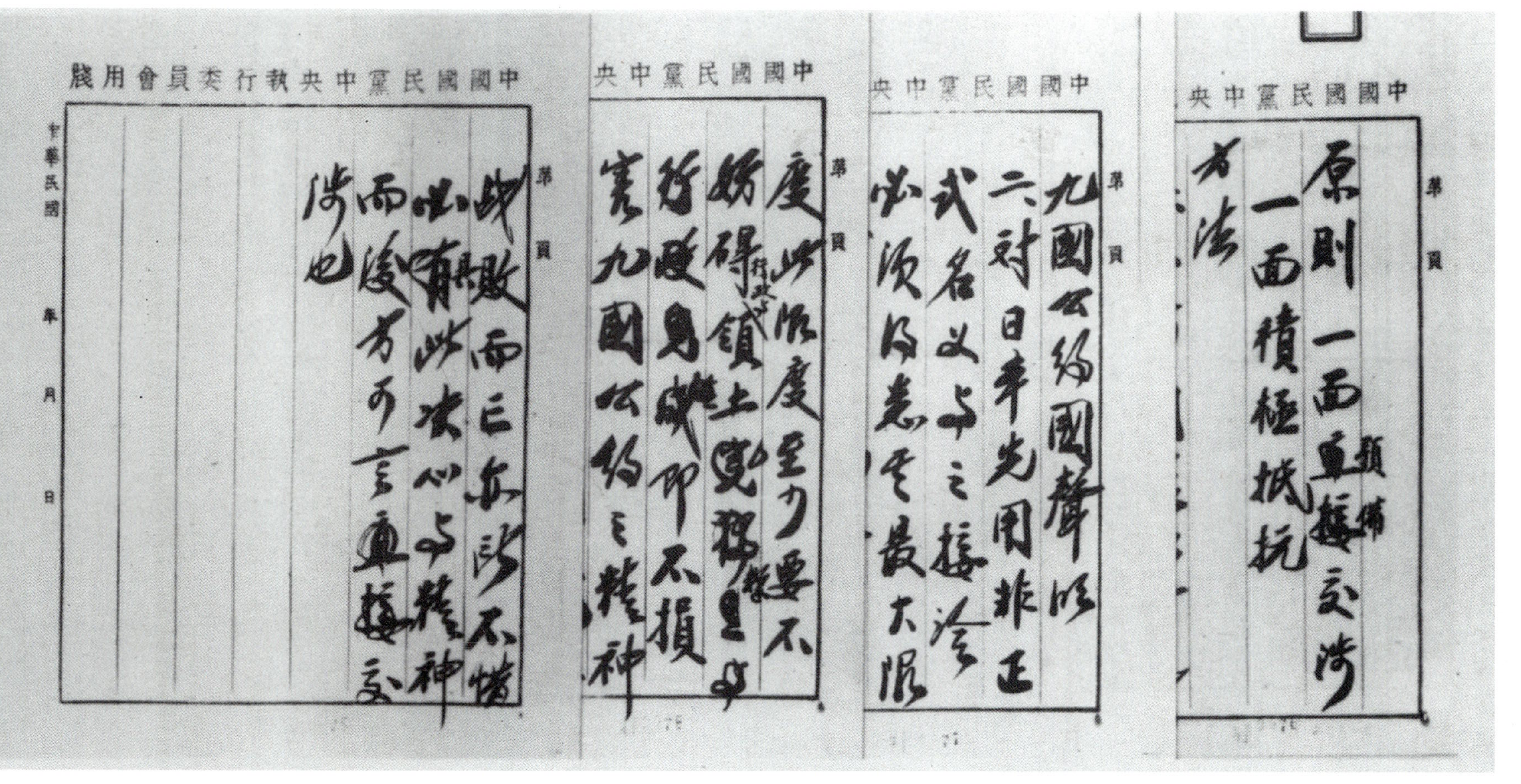

1932 年上海“一·二八事变”第二天，蒋介石手书的对日交涉原则。

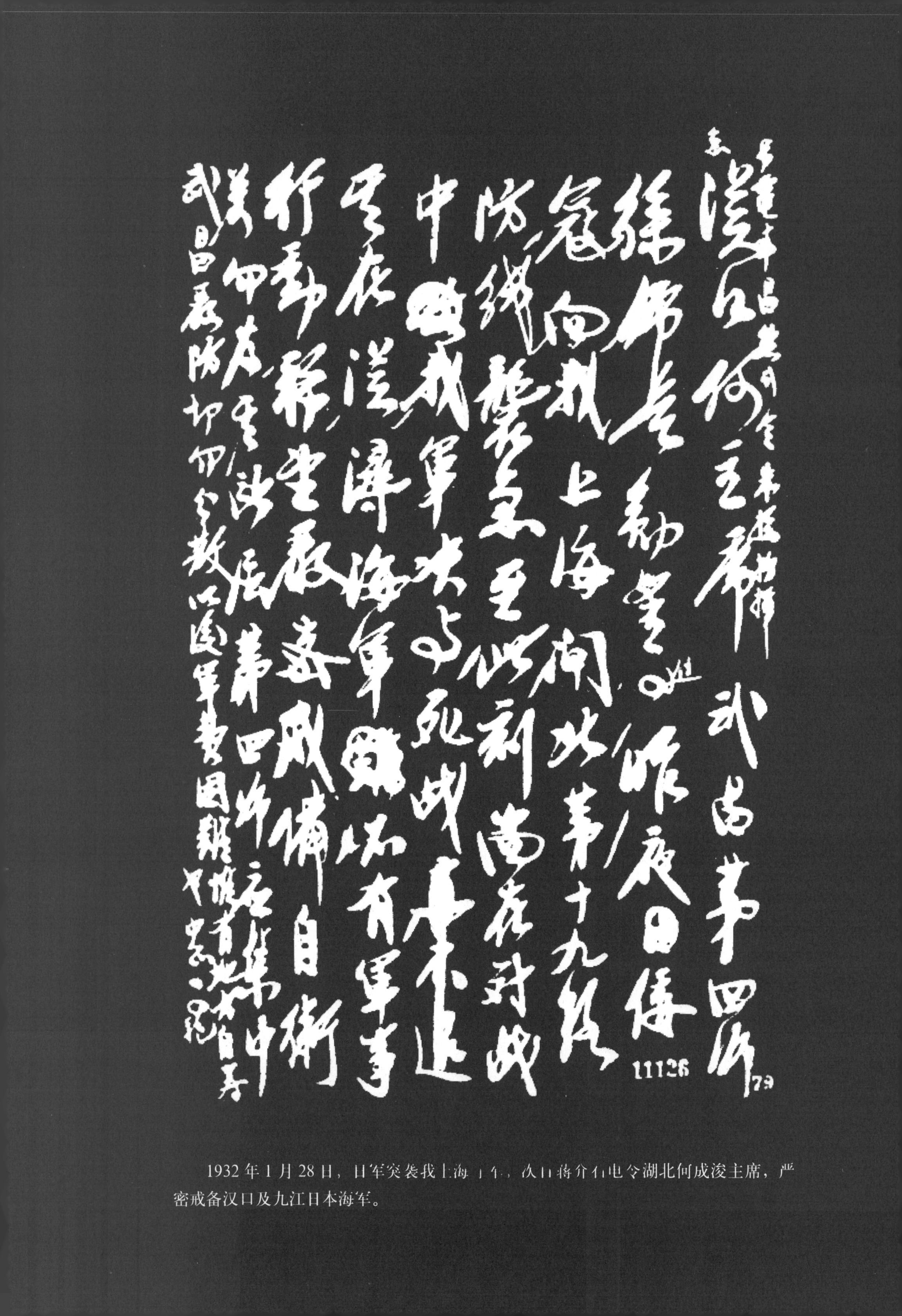

1932年1月28日，日军突袭我上海守军，次日蒋介石电令湖北何成浚主席，严密戒备汉口及九江日本海军。

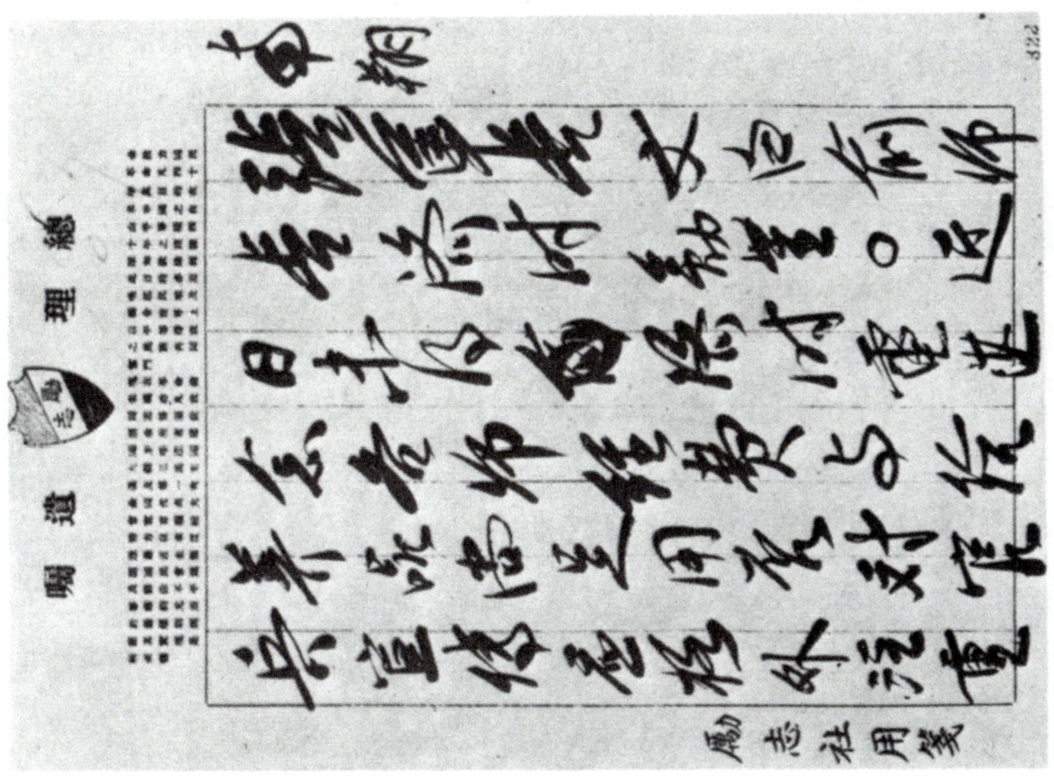

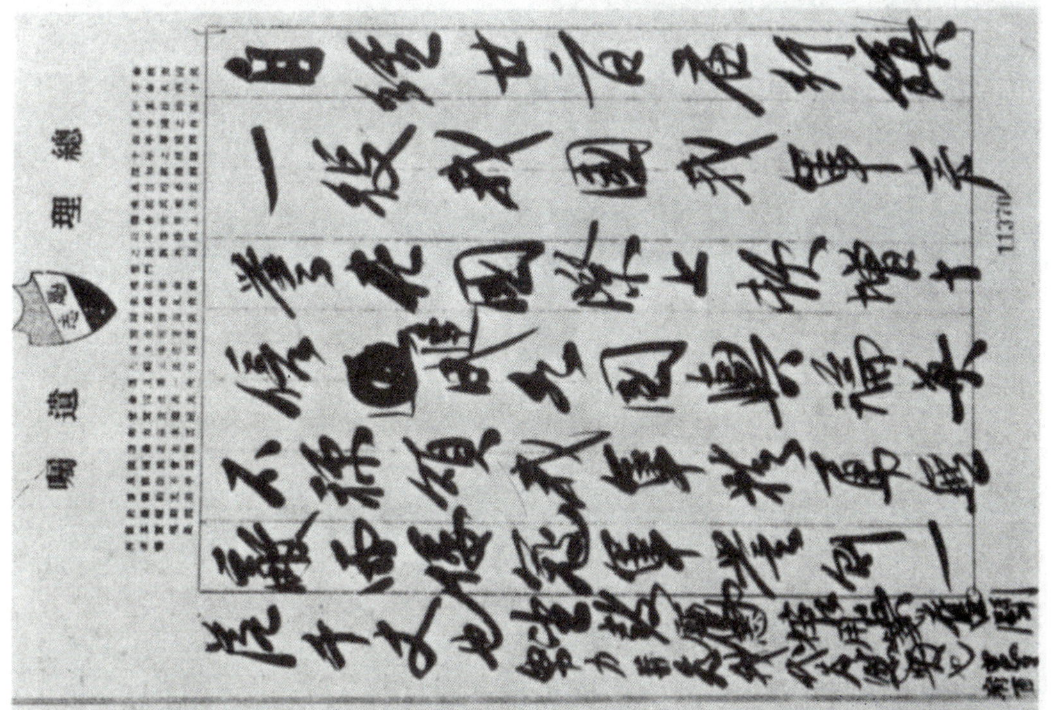

1932年1月28日，日军企图一举占领淞沪进迫南京，中国军队奋起抵抗。这是蒋介石给守军张治中部的指令电。

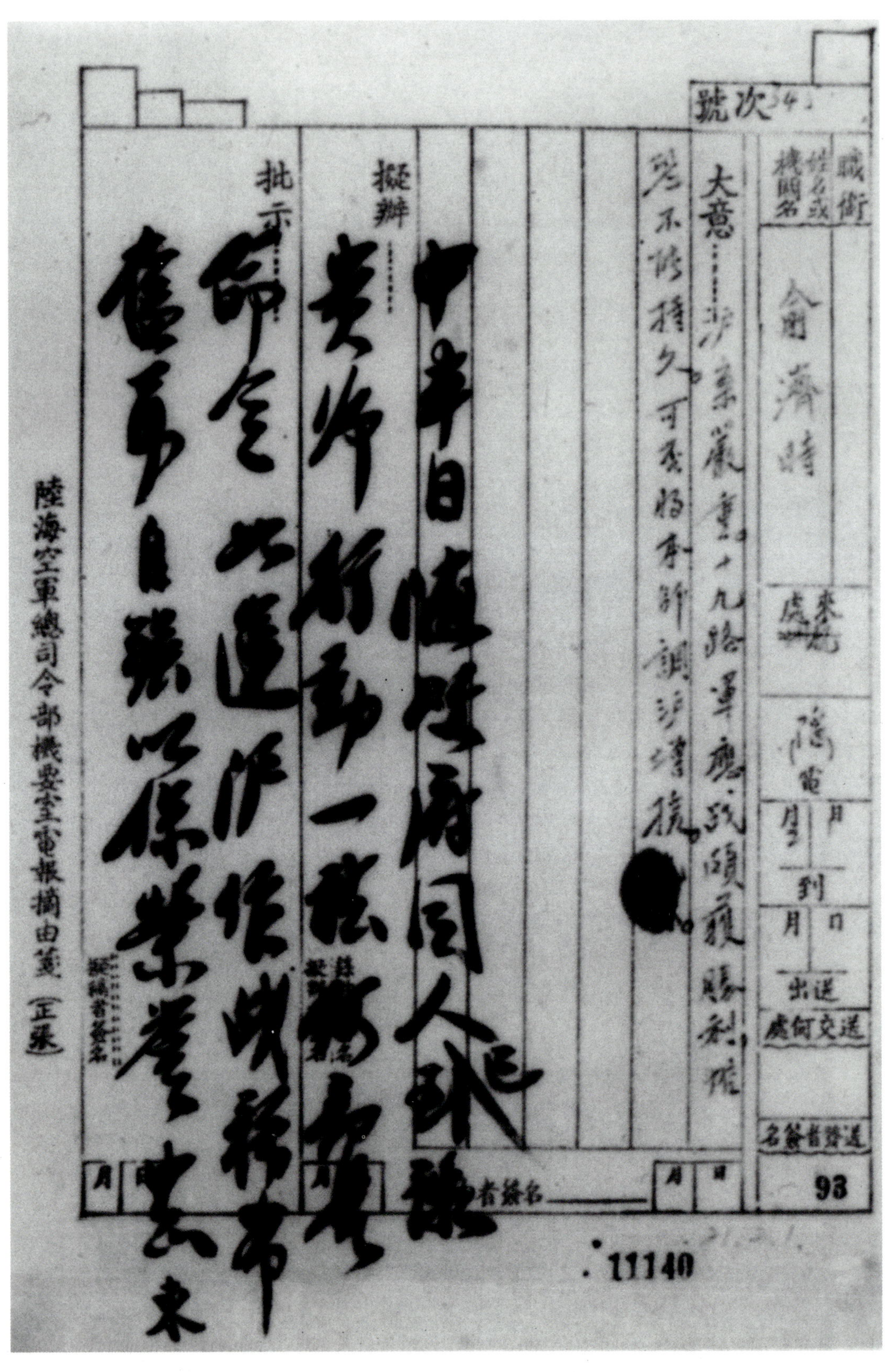
陸海空軍總司令部機要室電報摘由箋（正張）
號次
職銜姓名或機關名：俞濟時
大意：滬案嚴重，十九路軍應戰頗獲勝利，恐不能持久，可否將本師調滬增援。
擬辦
批示：奮勇自強以保榮譽
擬稿者簽名
送件者簽名 93
11140

蒋介石电令八十八师师长俞济时，调沪作战，应“奋勇自强，以保荣誉”。

蒋介石致电财政部长宋子文，筹拨军费。

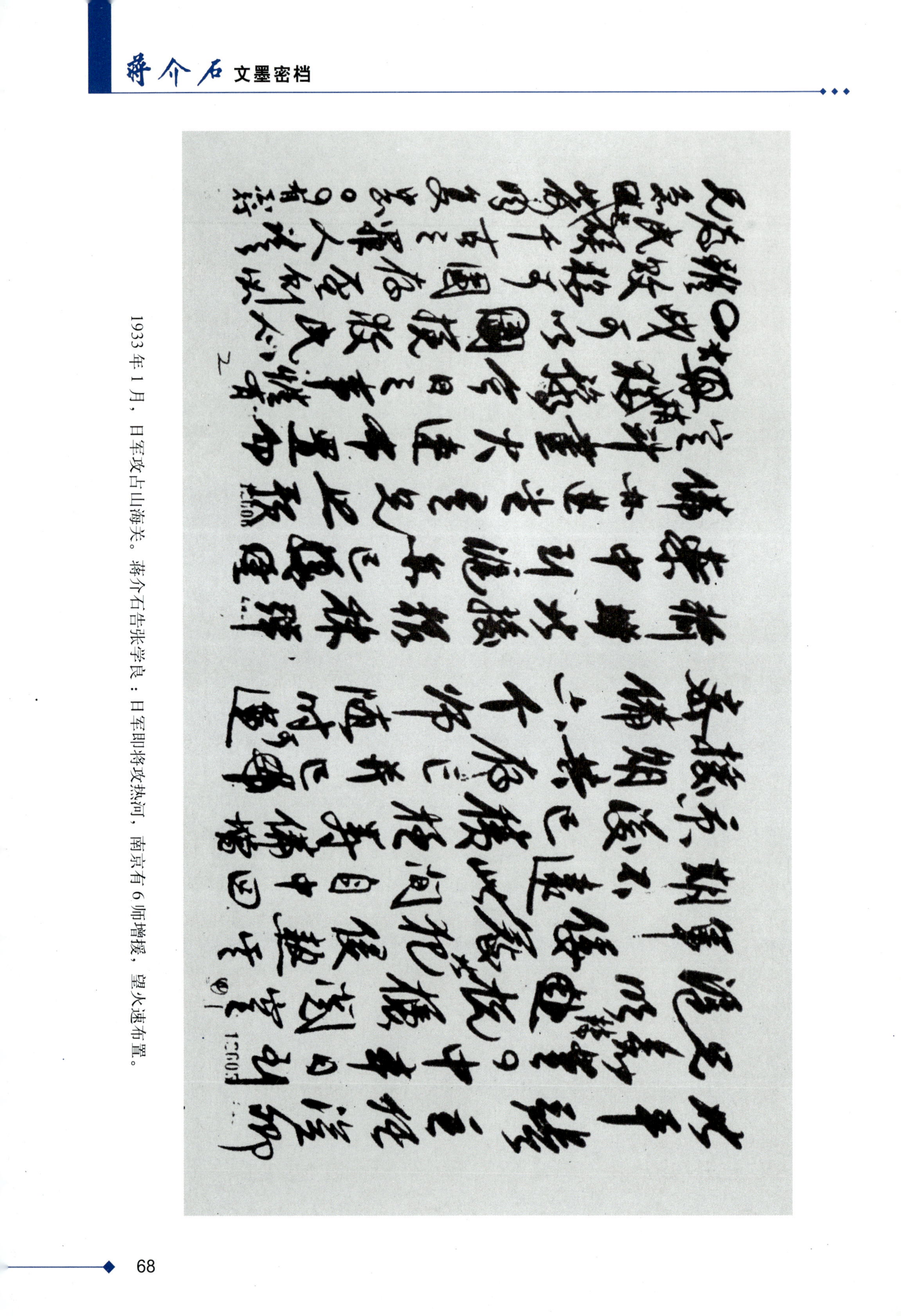

1933年1月，日军攻占山海关。蒋介石告张学良：日军即将攻热河，南京有6师增援，望火速布置。

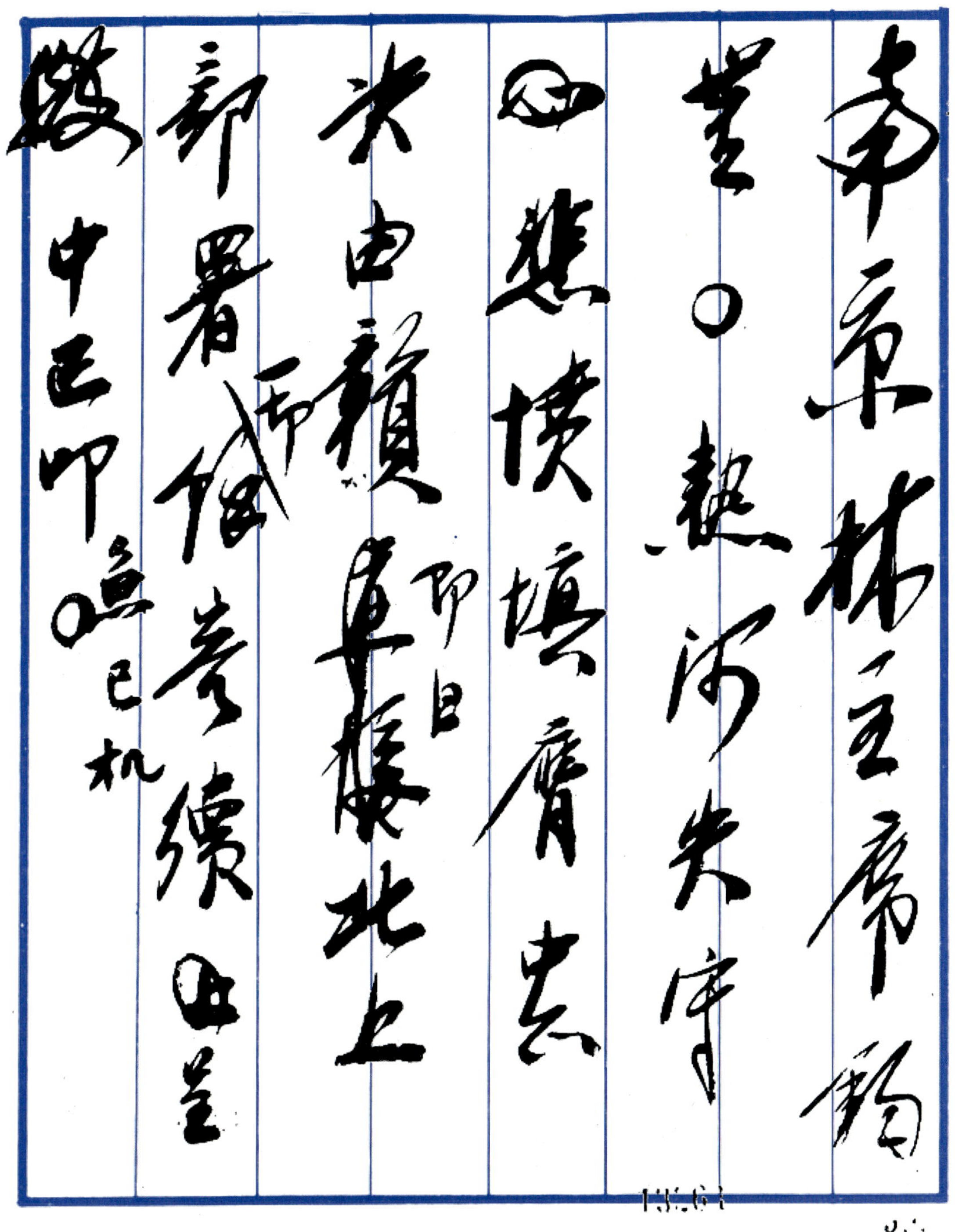
國民政府軍事委員會用箋

南京林主席鈞鑒。熱河失守。悲憤填膺，志決由贛直接北上，即日部署，餘容續電呈。職中正叩。虞巳機

1933年3月，热河失陷，蒋介石向南京政府主席林森报告。

國民政府軍事委員會用箋

北平楊委員既先轉張代
委員長勛鑒。請密轉各
前方各總指揮、副司令、指揮、軍長、
師旅團長均鑒：倭寇攻熱[illegible]
[illegible]
軍人為國家與民族爭人
格，為[illegible]盡責任
惟有犧牲一切以報黨國中

13151

（一）

1933 年蒋介石致信张学良（杨杰转），要他代为鼓励前方将士，为国牺牲。（共 3 页）

國民政府軍事委員會用牋

正來贛剿共布置後方已具端倪緒最齊諸務由之存焉待一俟後援之處展抽身北上與我諸將士共矢生死以償平生區區之願現因前方緊急星夜抽調劉峙勁旅先行北來就日推進務望諸同志本平日救國保種之赤忱

畢卿吉印

487

131-2

（二）

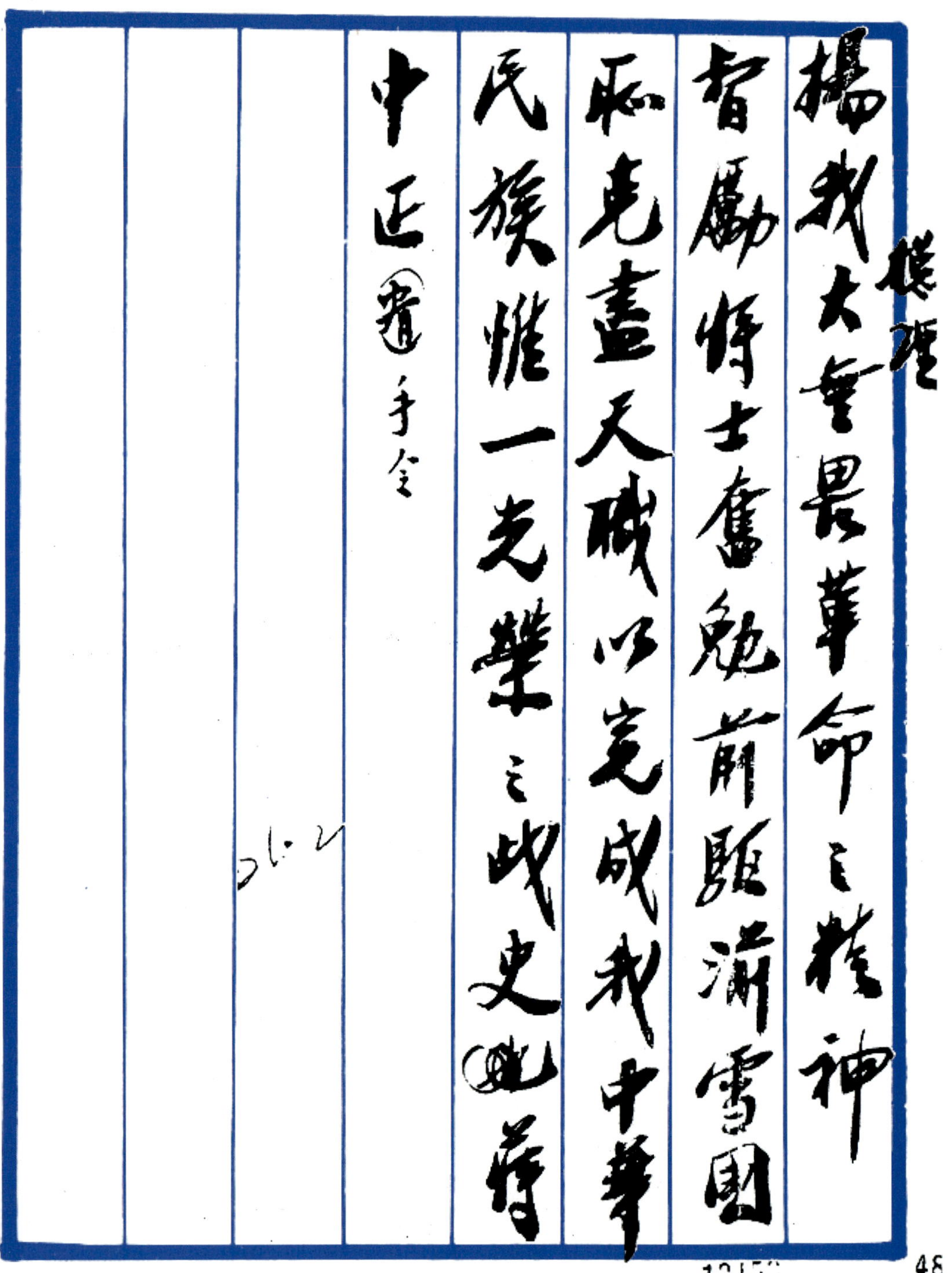
國民政府軍事委員會用箋

揚我大無畏革命之精神督勵將士奮勉前驅湔雪國恥克盡天職以完成我中華民族惟一光榮之戰史 蔣中正 手令

21.2

13150　48

（三）

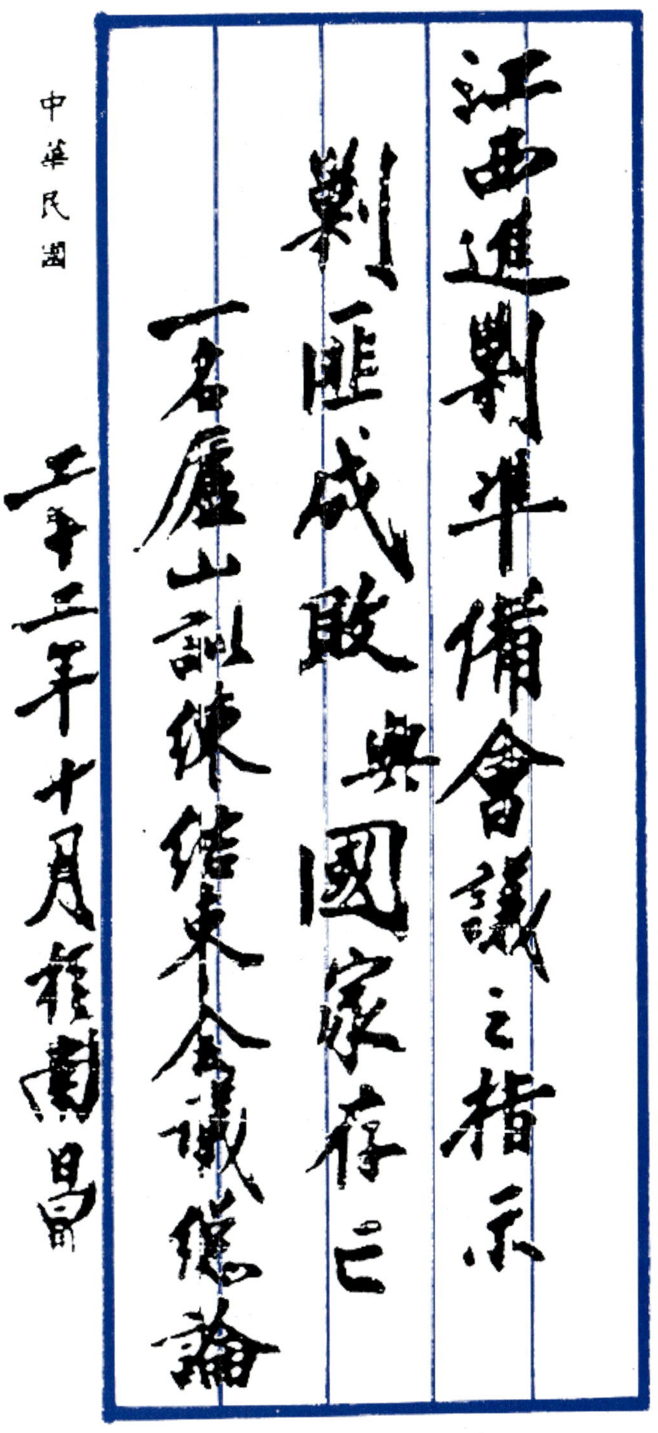

江西進剿準備會議之指示
剿匪成敗與國家存亡
一召廬山訓練結束會議總論
中華民國二十二年十月講南昌

安內攘外定主張
廬山集訓士氣強壯
先掃赤氛固邊方
戰術主守戰略攻
赤匪魄落又膽喪

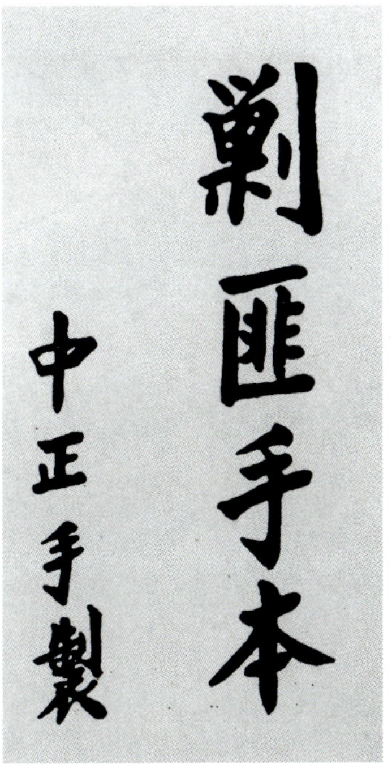

剿匪手本
中正手製

1932 年日寇入侵后，蒋介石仍坚持反动的“剿共”政策，这是留下的有力证据。

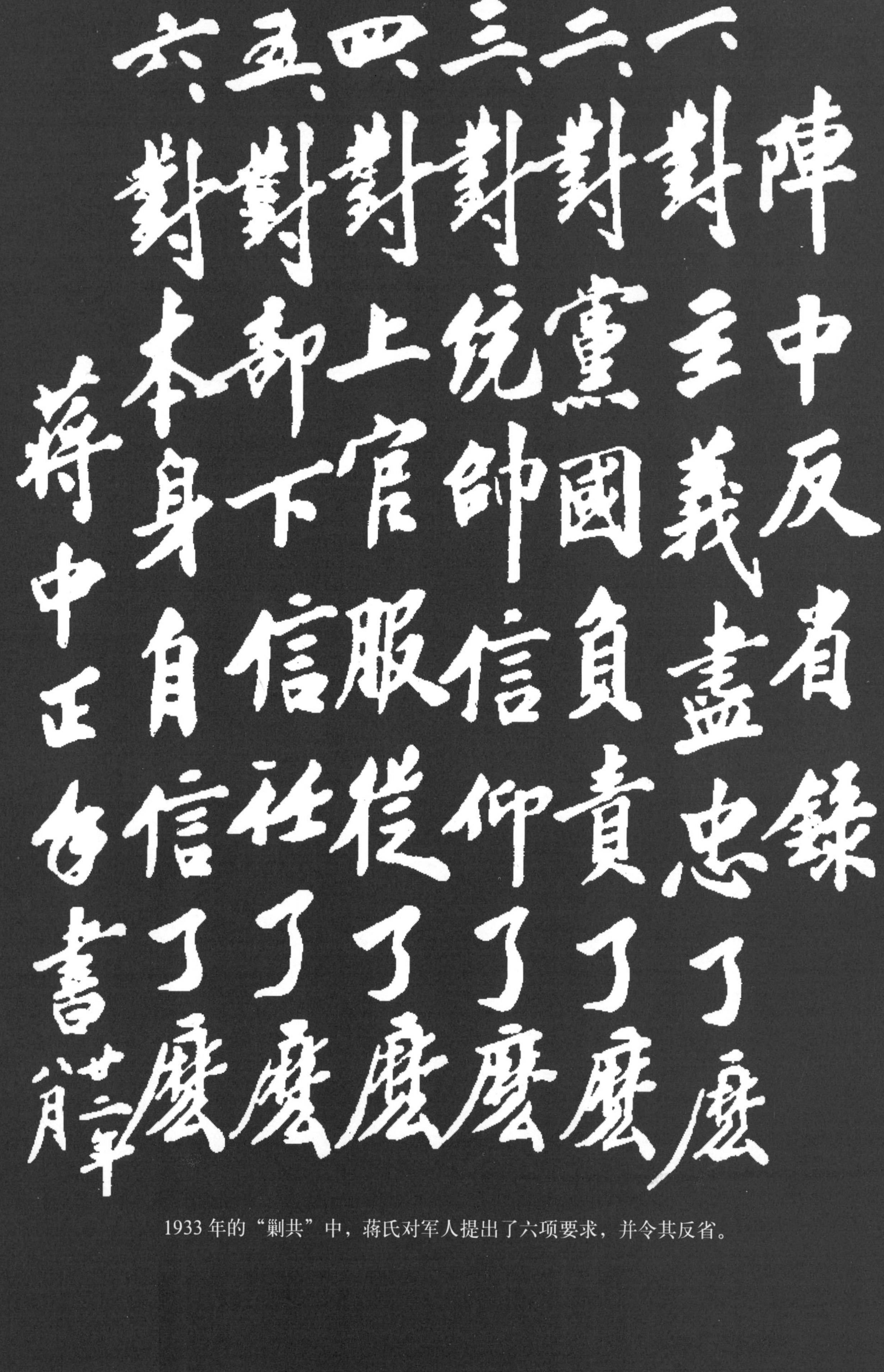

陣中反省錄

一、對主義盡忠了麼

二、對黨國負責了麼

三、對統帥信仰了麼

四、對上官服從了麼

五、對部下信任了麼

六、對本身自信了麼

蔣中正自書

廿二年八月

1933 年的“剿共”中，蒋氏对军人提出了六项要求，并令其反省。

豫鄂皖三省勦匪總司令部用箋

北平黃委員長膺白兄：梗電敬悉。兄忍辱周旋，為國苦心，實深感佩。惟弟始終不信倭寇有停戰誠意，尤在使其威脅委人做之自動撤退，俾委員會而收北平也。至於協定一節，總須避免文字

13772

（一）

蒋介石要北平的黄郛（时任行政院驻北平政务整理委员会委员长，负责与日交涉），对于与日方的协定，不能形诸文字，以免留下把柄。（共 3 页）

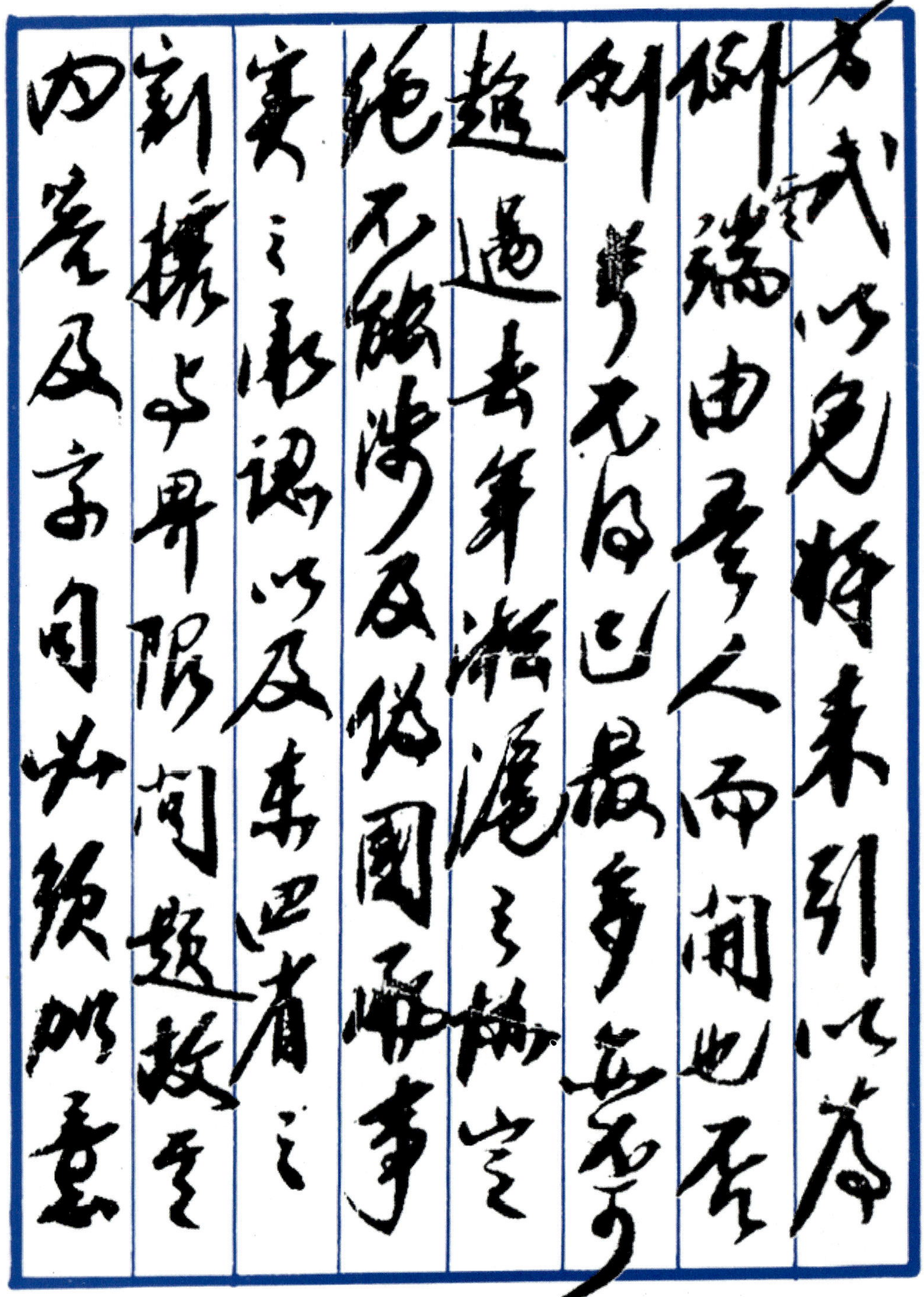
豫鄂皖三省剿匪總司令部用箋

方式以免將來引以為例端由吾人而開也吾兄對于元首已最多無窮超過去年淞滬之協定絕不能涉及偽國承認事實之承認以及東三省之劃擬與界限問題故吾內容及字句必須加意

13773

（二）

豫鄂皖三省剿匪總司令部用箋

害慎部長政及於昨稟

兄等議定業已詳述之

惟賴兄匠心獨運仗之

以當局以後周折必多

應付甚難故於設料時

期城防守設備大應加

緊最為要塞上之次以不

可須臾忽略尤以能有

一戰年死戰決不動搖堅定之志

而不能以個人諒解也

稽信

13774

（三）

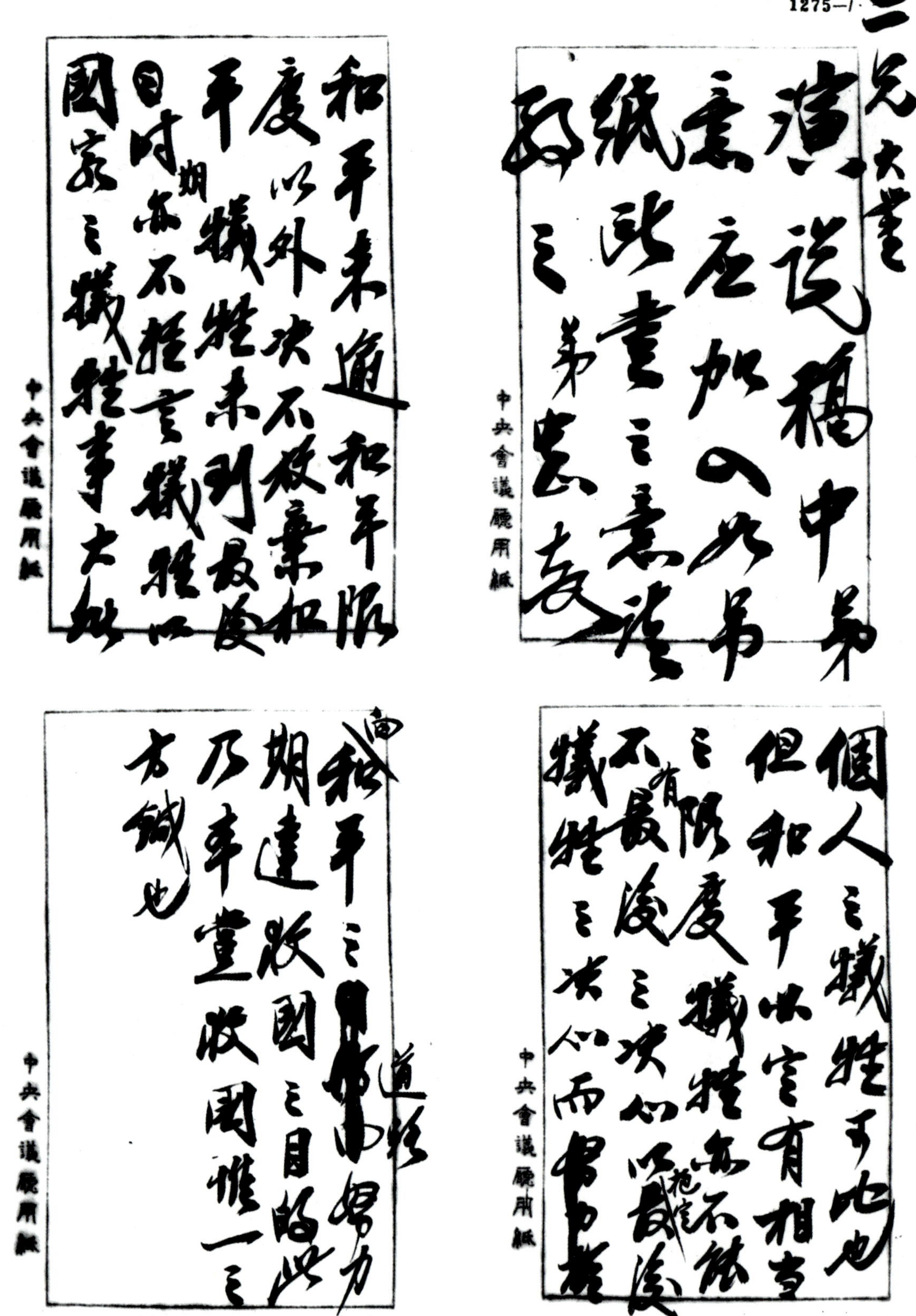
1275—1
二兄大鑒
演說稿中弟意應加入如弟紙所書之意請裁之 弟中正

和平未到和平限度以外決不放棄和平犧牲未到最後時期決不輕言犧牲以國家之犧牲事大於個人之犧牲可也但和平必定有相當之限度犧牲亦不能不有最後之決心以抱最後犧牲之決心而盡力和平之道以期達救國之目的此乃本黨救國唯一之方針也

1935 年 11 月国民党第五次全国代表大会在南京举行，蒋介石致函黄郛（两人是结拜兄弟，故称“二兄”），认为在大会的演讲稿中，应加入关于“和平限度”和“牺牲之决心”等内容。

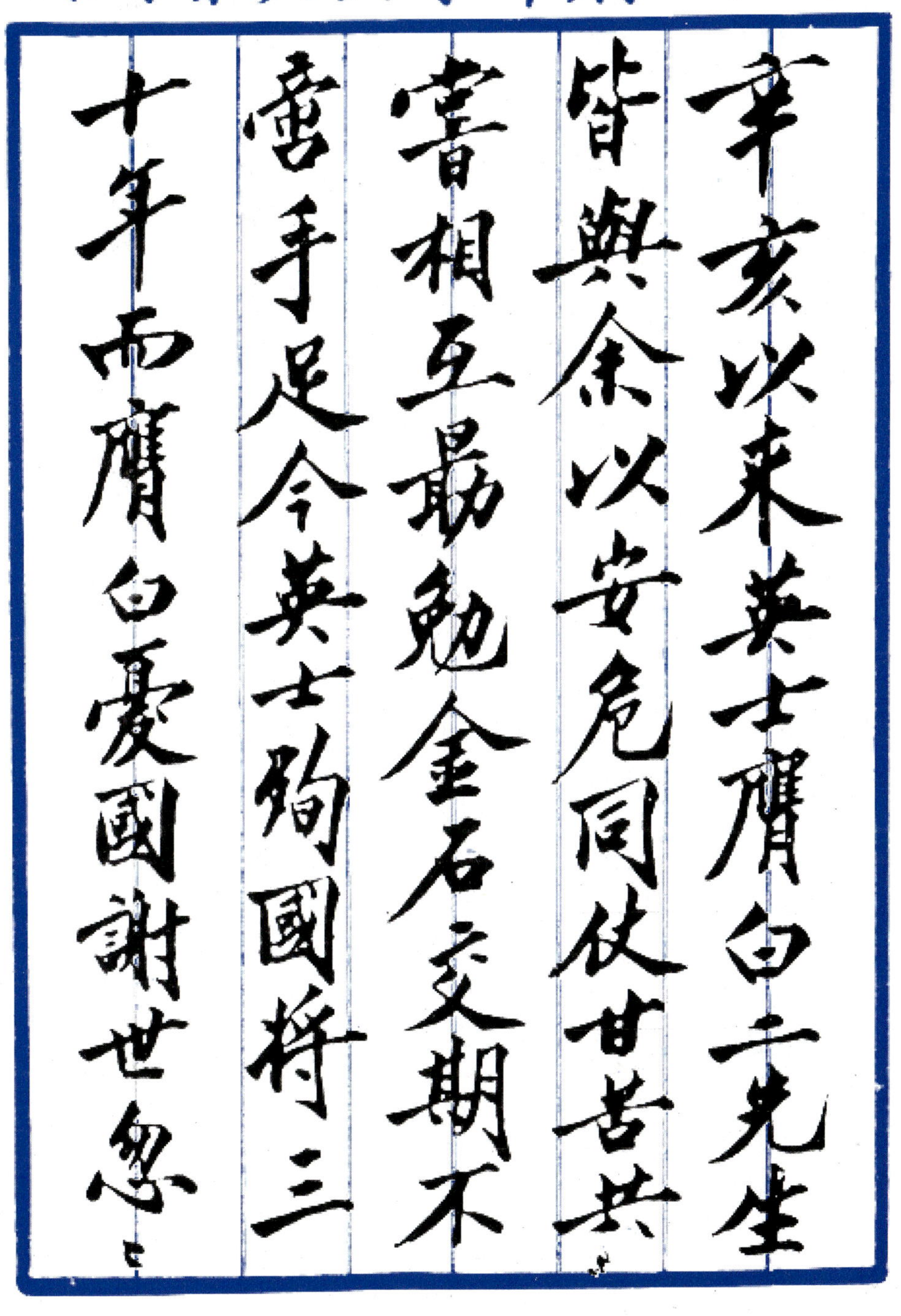

國民政府軍事委員會用牋

辛亥以來英士膺白二先生皆與余以安危同仗甘苦共嘗相互勗勉金石交期不啻手足今英士殉國將三十年而膺白憂國謝世忽忽

（一）

抗战胜利后，蒋介石为其早年的金石友人黄郛家传（由黄夫人沈亦云撰）作序，指其“见危授命，志足以慑强寇”，且能“受疑谤而不辞”（因黄郛被指为对日妥协派），称其“大智大勇”，其为国之忠勇，于“抗日胜利，及克大白天下，可哀亦可庆也”。（共5页）

國民政府軍事委員會用牋

亦已十年矣宿草頻凋
精誠弥厲回溯膺白許
身報國見危授命志
足以懾强寇之氣而勢
不能弭鑠金之口其忍辱

（二）

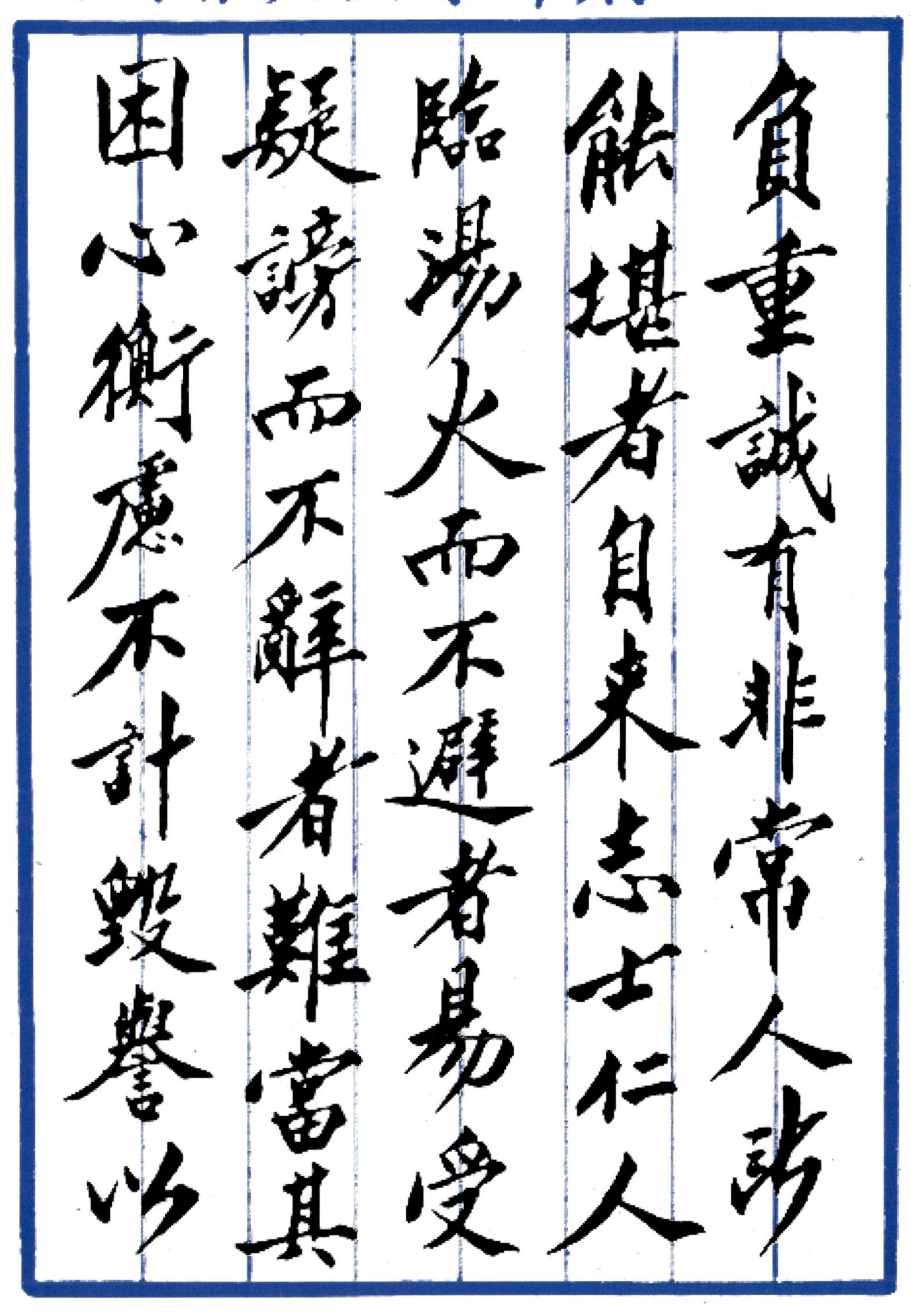

國民政府軍事委員會用牋

負重誠有非常人所
能堪者自來志士仁人
臨湯火而不避者易受
疑謗而不辭者難當其
困心衡慮不計毀譽以

（三）

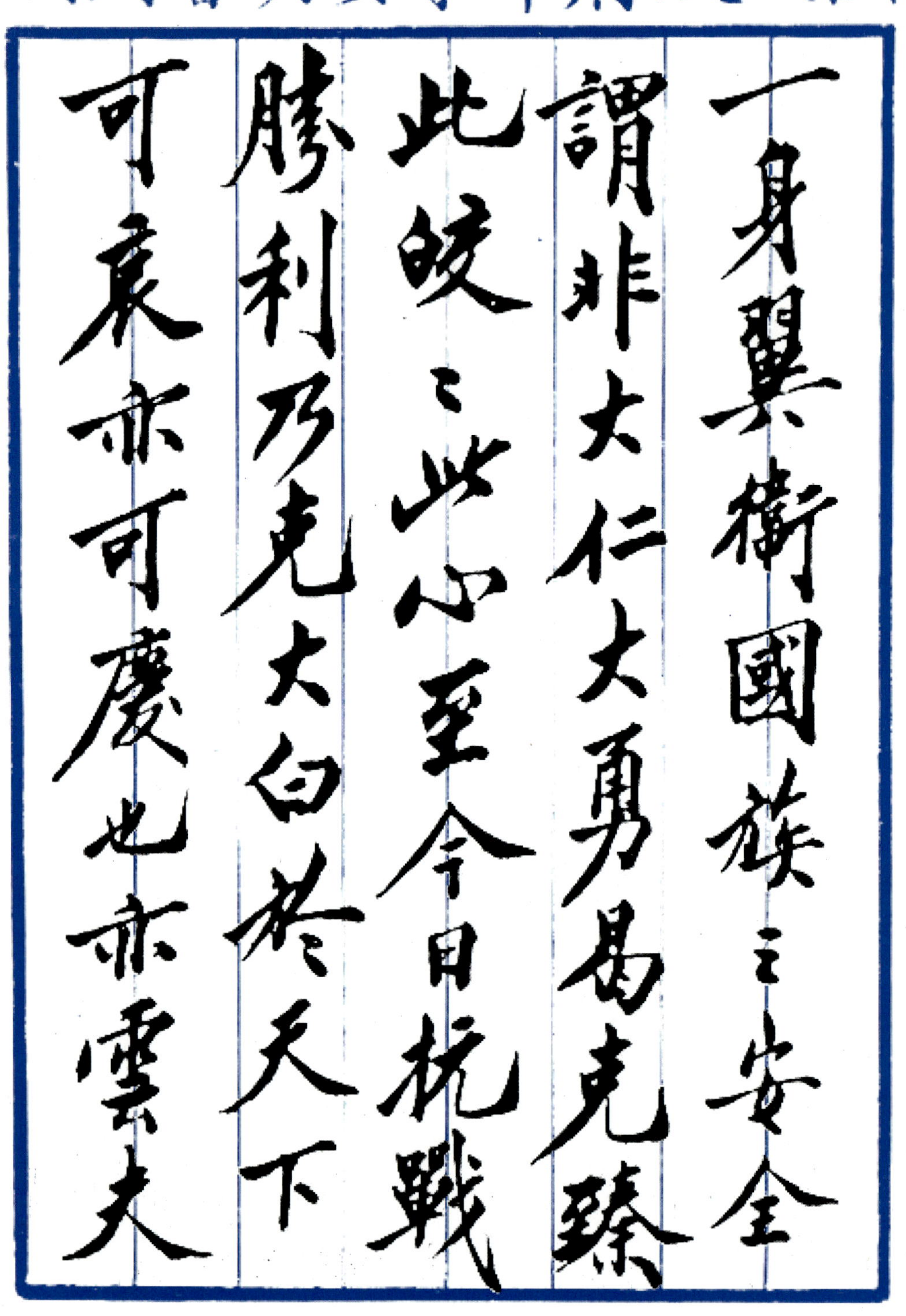

國民政府軍事委員會用牋

一身翼衛國族之安全
謂非大仁大勇曷克臻
此皎皎此心至今日抗戰
勝利乃克大白於天下
可哀亦可慶也亦云大

（四）

國民政府軍事委員會用牋

人撰此家傳其於逝者
心事實能推見至隱者
覽斯編曩昔憂患共同
之史實歷歷在目惟此足
慰亡友膺白於九泉已爾

卅四年十二月二十八日中正序

（五）

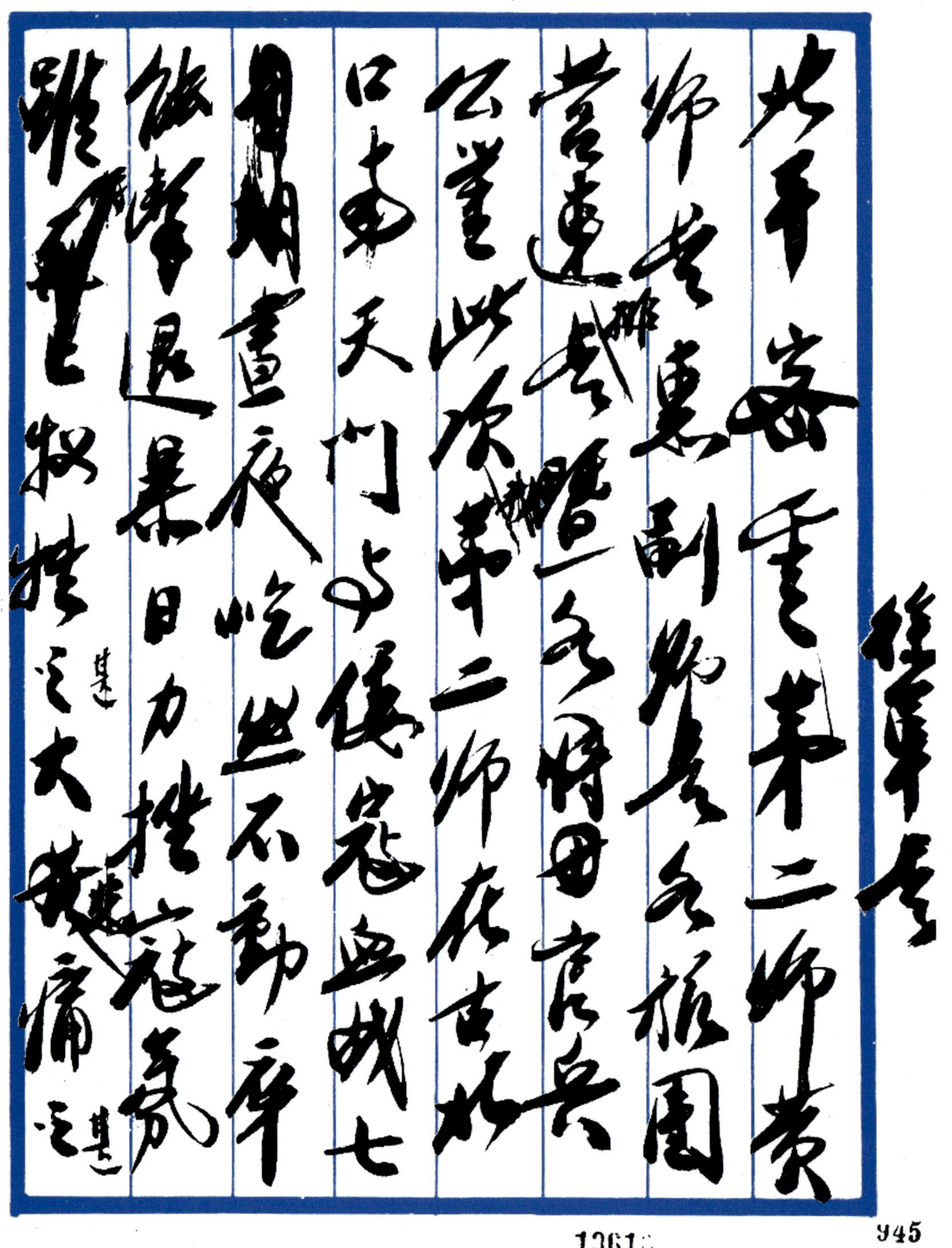

國民政府軍事委員會用牋

1361[illegible] 945

（一）

继热河失守，日军又猛攻长城古北口、南天门，我军英勇抵抗。这是蒋介石嘉奖守军的函电。（共 2 页）

國民政府軍事委員會用牋

13611　　946

（二）

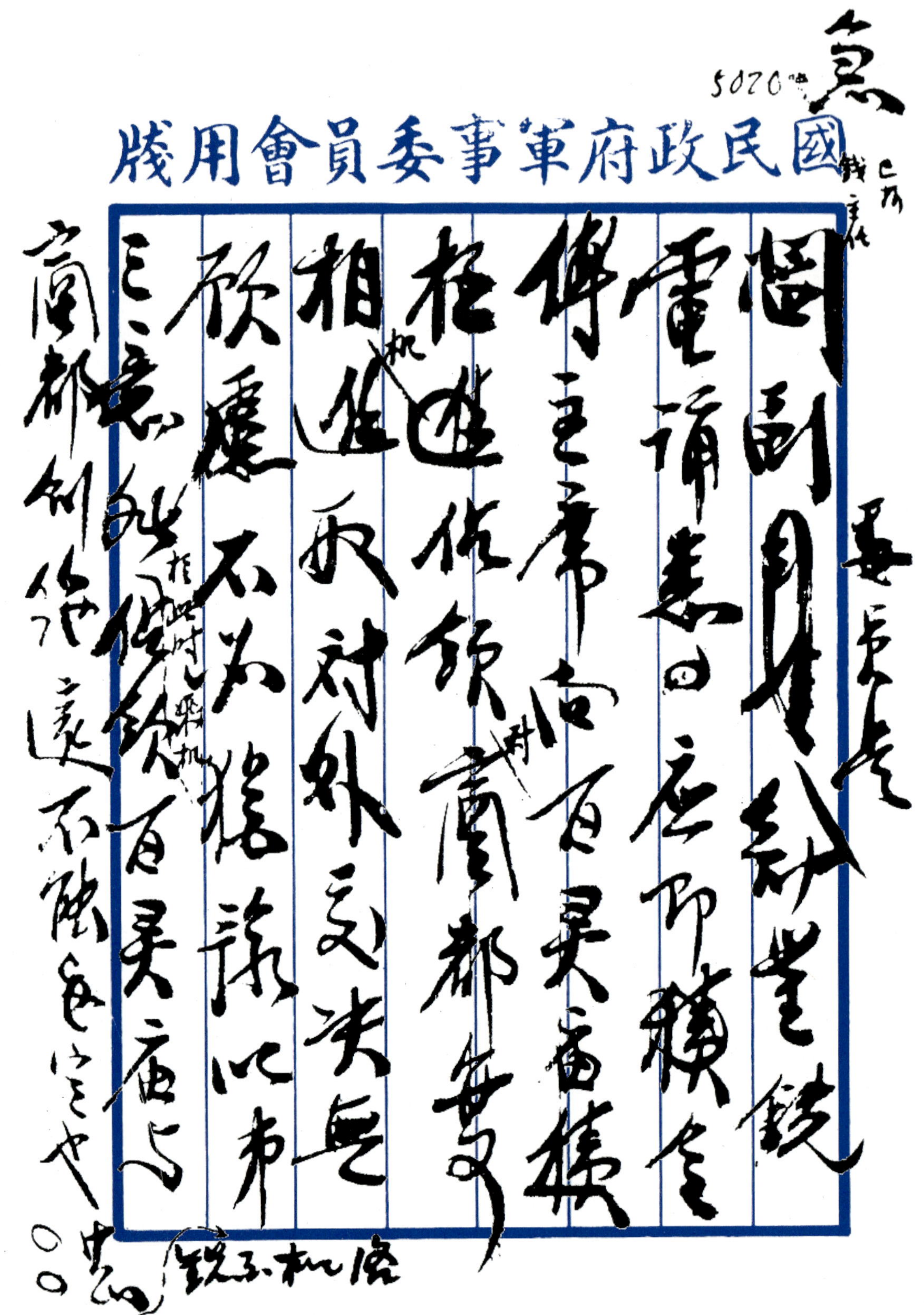

急 5020

國民政府軍事委員會用牋

閻副司令長官鈞鑒：電誦悉。應即轉令傅主席向百靈廟積極進佔領商都及相機進取。對外交決無顧慮，不必猶豫，以免三、五日後[illegible]百靈廟[illegible]商都則綏遠不[illegible]矣。

中正。銑亥機京

将介石电阎锡山：令傅作义进取百灵庙及商都。后，百灵庙大捷。

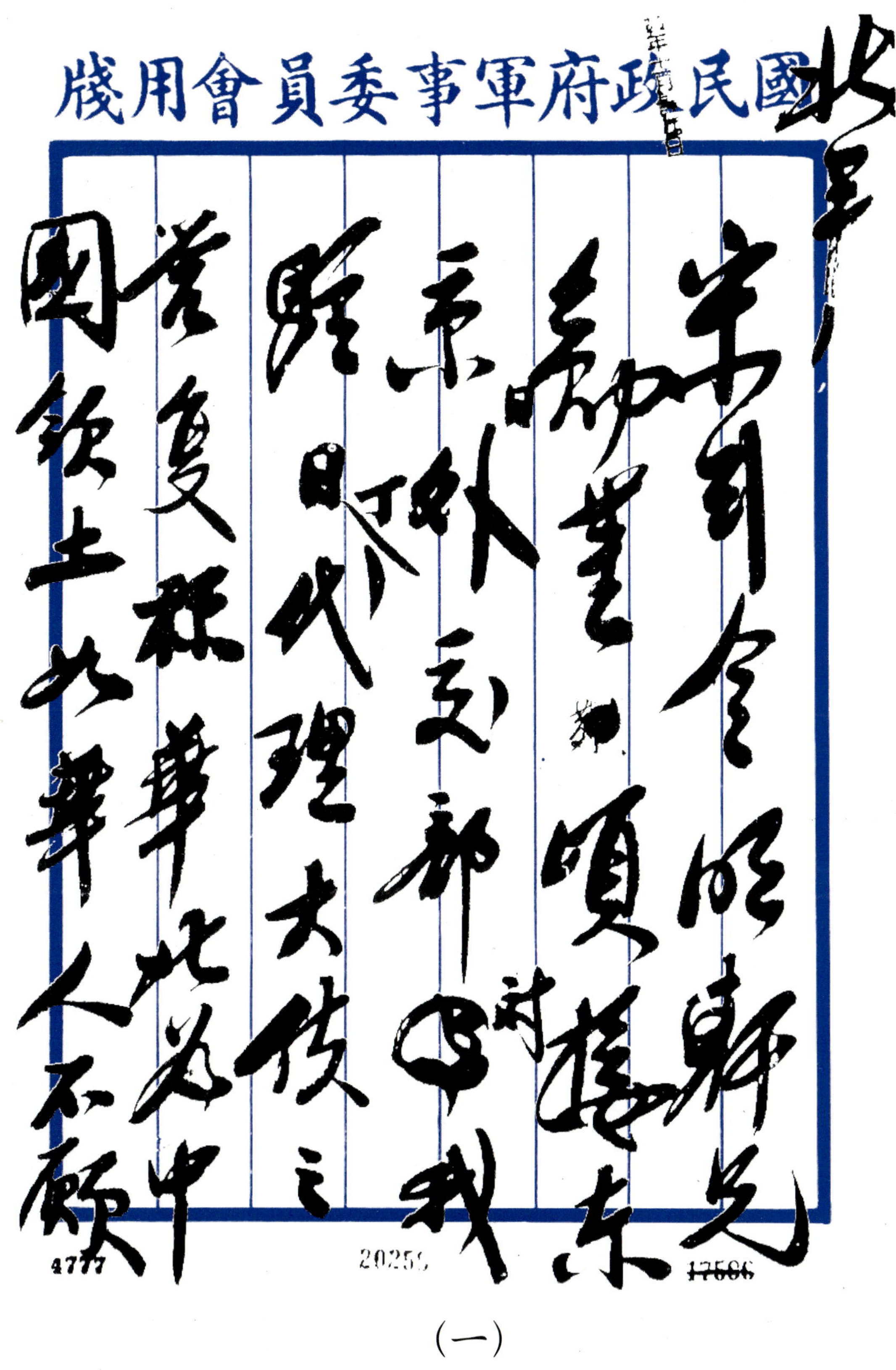
國民政府軍事委員會用牋

北平

宋司令明轩兄

勤鉴：顷接东

京外交部对我

驻日代理大使之

警告，复称华北为中

国领土，如华人不顾

4777　20253　17566

（一）

华北的汉奸军阀，挟日自重，为日本强占华北领土，提供依据。蒋介石令宋哲元详察敌情，坚忍主持，此为原电稿。（共 2 页）

國民政府軍事委員會用牋

（二）

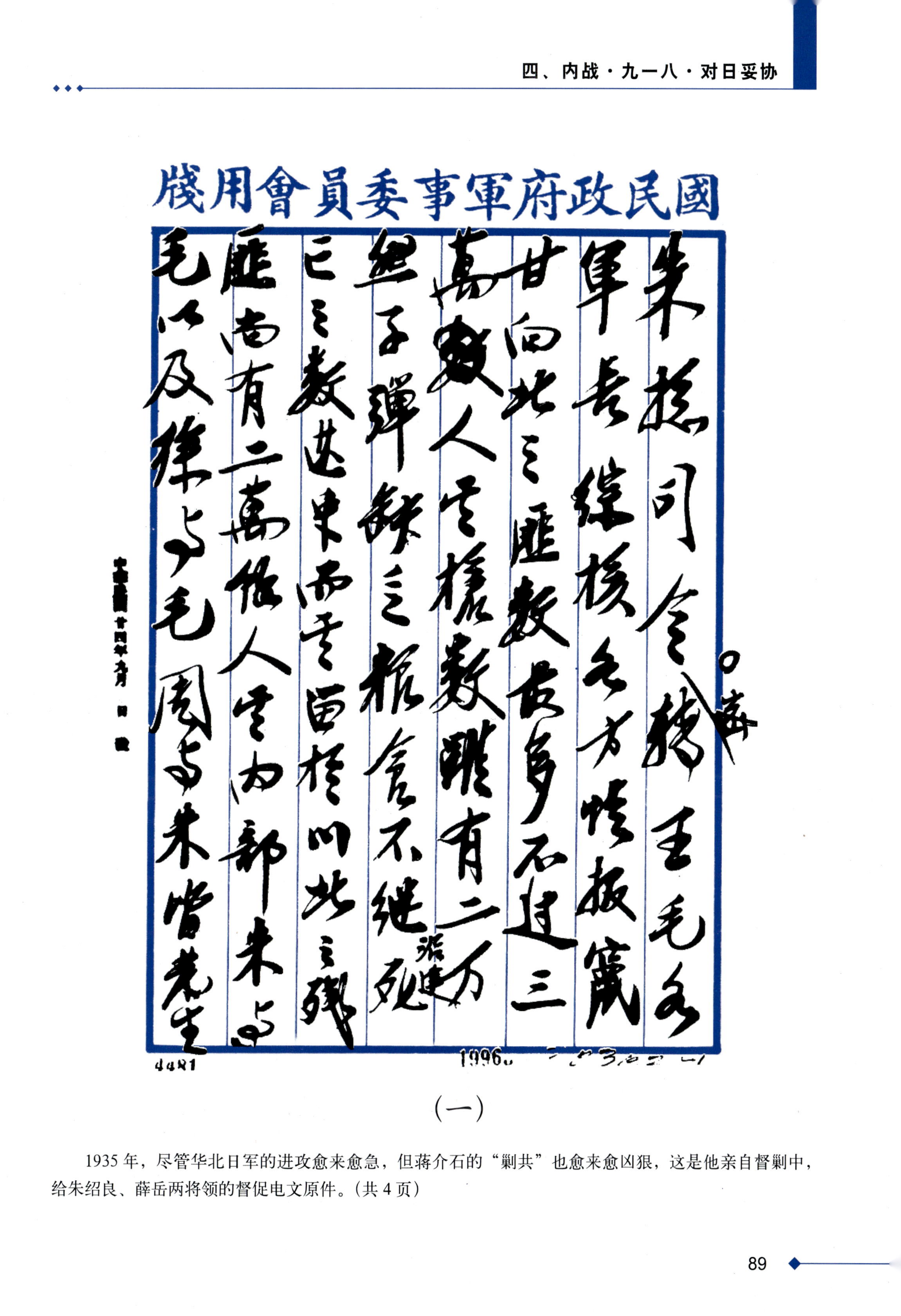

國民政府軍事委員會用箋

中華民國廿四年九月　日發

(一)

1935年，尽管华北日军的进攻愈来愈急，但蒋介石的“剿共”也愈来愈凶狠，这是他亲自督剿中，给朱绍良、薛岳两将领的督促电文原件。(共4页)

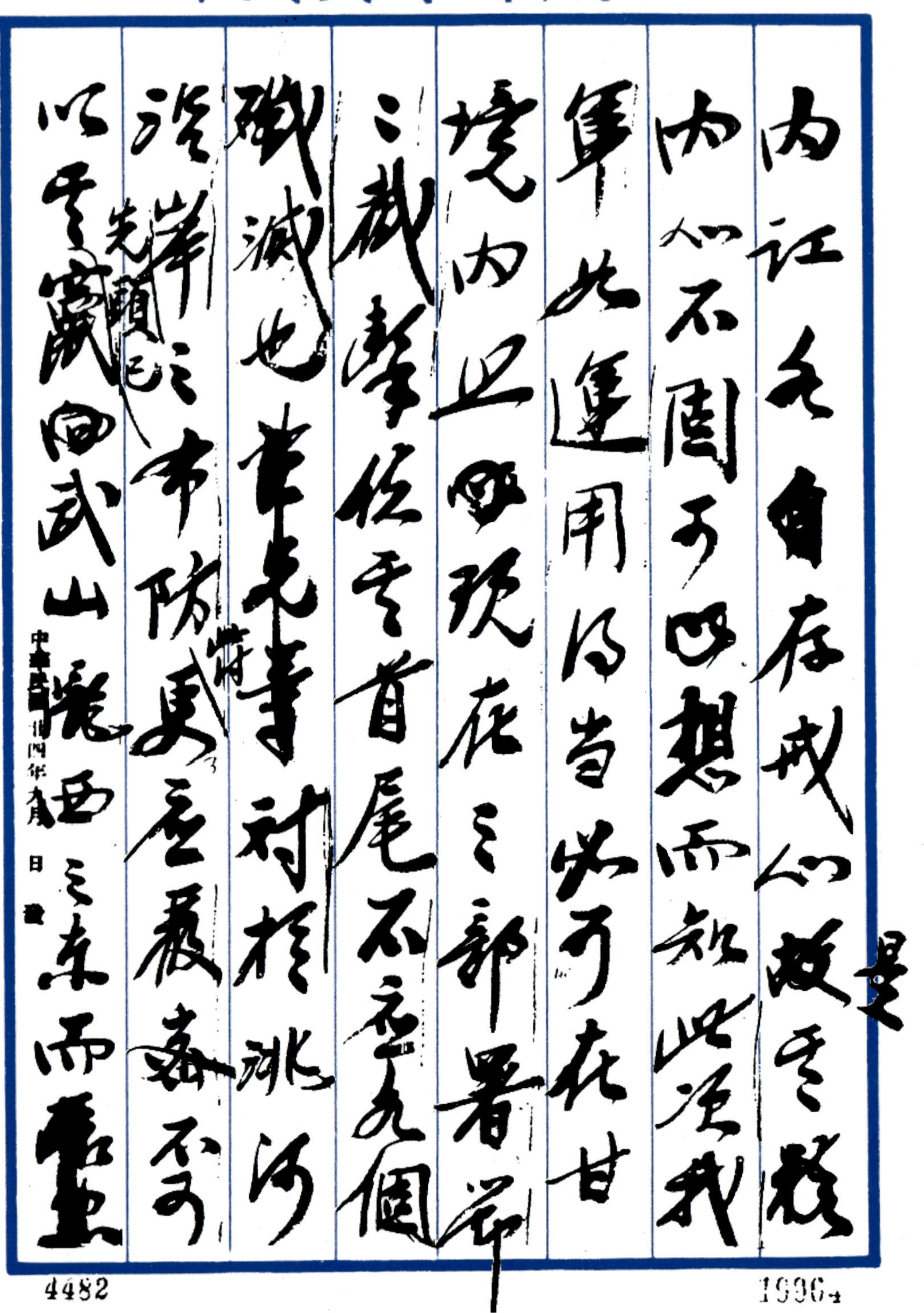

（二）

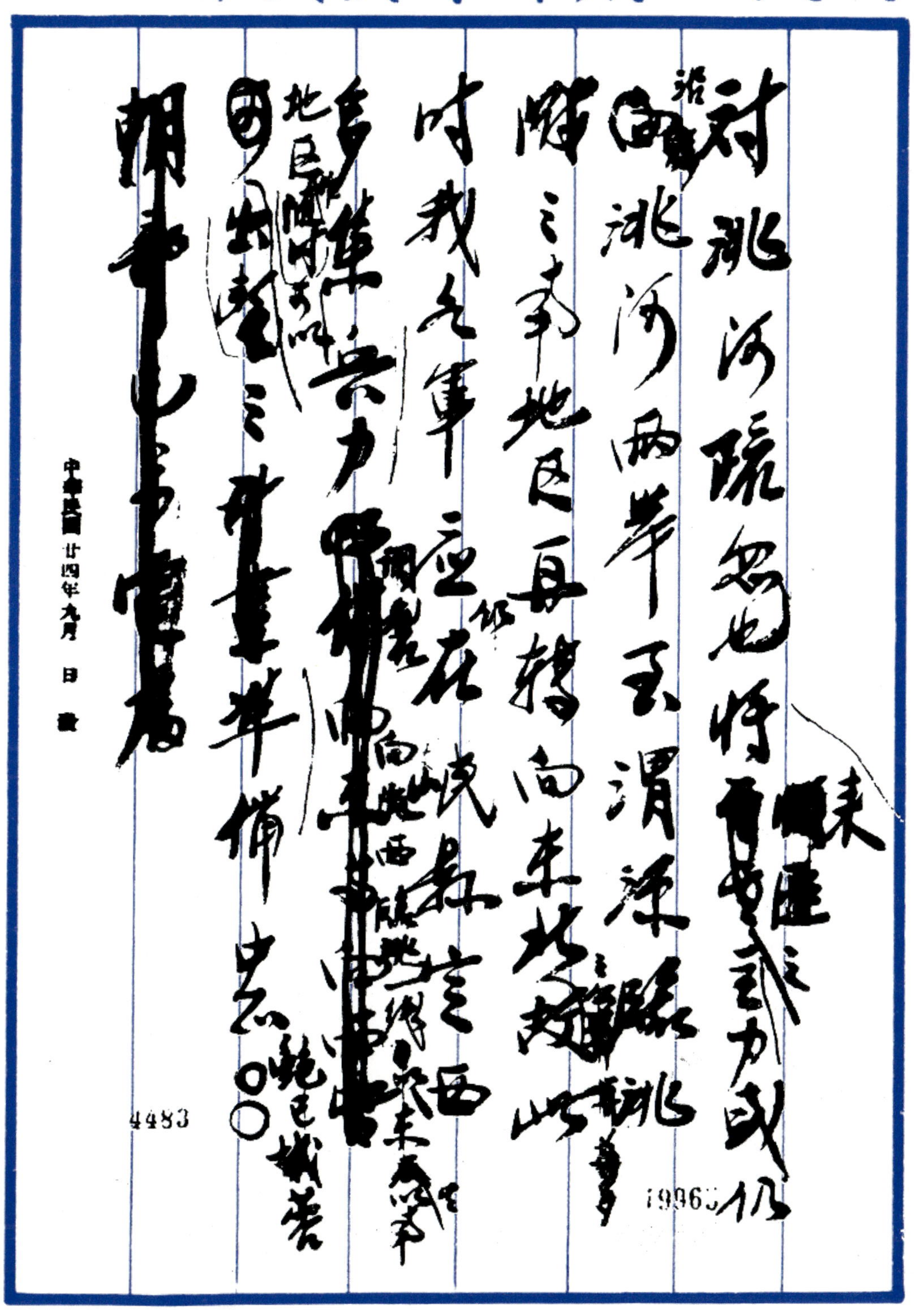

國民政府軍事委員會用牋

對洮河臨(?)[illegible]也將[illegible]主力或仍
沿西(?)洮河兩岸至渭源[illegible]洮[illegible]
隴(?)之敵地區再轉向東北方[illegible]
時我主(?)軍應在[illegible]西
多集兵力[illegible]
固(?)出擊之[illegible]準備也(?)。
胡宗南(?)[illegible]

中華民國 廿四年 九月 日 發

4483

19963

（三）

國民政府軍事委員會用箋

薛總指揮。追擊匪部，切勿稍存依賴友軍不力之心，只要我盡我責，可免使匪不能在湘桂邊境停頓，則中央追擊兵隊能在後繼續跟追，即入黔川腹地，我亦不難，并預備為要。中正 巳和宋

17116

（四）

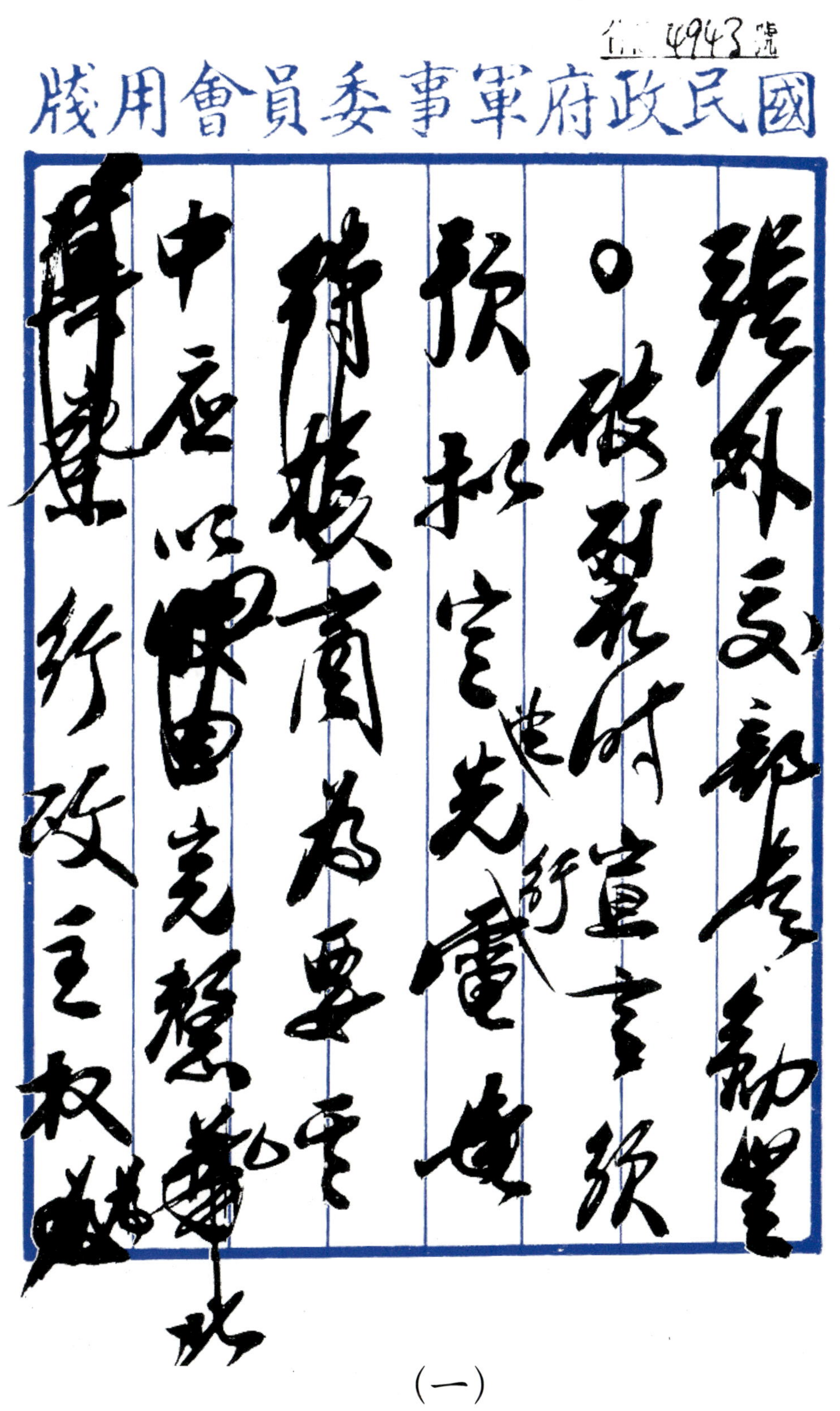
國民政府軍事委員會用牋

（一）

1936 年 11 月，蒋氏指示当时正与日本驻华大使谈判的外交部长张群：须予先拟就谈判失败之中方宣言。（共 2 页）

國民政府軍事委員會用箋

今日調整國交最低限度之所必然，特要調整者且要外交方針須趁今日完整，華北之主權乃中國生死存亡惟一之關鍵[illegible]，以期國交早日調整，務望[illegible]作何犧牲無所不惜之意[illegible]

（二）

五、训政备战·新生活运动

空軍訓條

第一、至高無上為空軍救國獨一無二的責任。

第二、為國捐軀為空軍救國殺身成仁的精神。

第三、有我無敵為空軍救國至大無畏的膽量。

第四、服從命令為空軍救國共同一致的要素。

第五、再接再厲為空軍救國盡忠黨國的氣節。

第六、冒險敢死為空軍救國死中求生的出路。

第七、精密周到為空軍救國持顛扶危的基準。

第八、親愛精誠為空軍救國共同生死的德性。

第九、質素樸實為空軍救國光明磊落的本色。

第十、自强不息為空軍救國雪恥復仇的志氣。

第十一、克服天然為空軍救國戰勝一切的本能。

第十二、堅忍不拔為空軍救國最後勝利的要素。

蔣中正手訂

中華民國廿三年二月八日

1934 年 2 月，蒋介石自拟的“空军训条”。

蒋介石认为空军是未来战争的关键军种，因此他指示南昌飞机制造厂的建设，一定要以意大利顾问的意见为准。

國民政府軍事委員會委員長南昌行營用箋

朱總監：並轉佛[illegible]閱

在江西剿匪各師（軍）決自七月十五日起分班輪流訓練，每班訓練期為兩星期，每期約二千五百人，以三期訓練完畢，地點在牯嶺（嶺）[illegible]山麓，望先生派優秀[illegible]射

（一）

1933 年，蒋介石为了统一思想不一的军队，决定开办庐山军官训练团，以每期 2500 人的规模，既抓思想，也搞军事技术训练。这是他给训练团总监朱绍良的相关文函。（共 3 页）

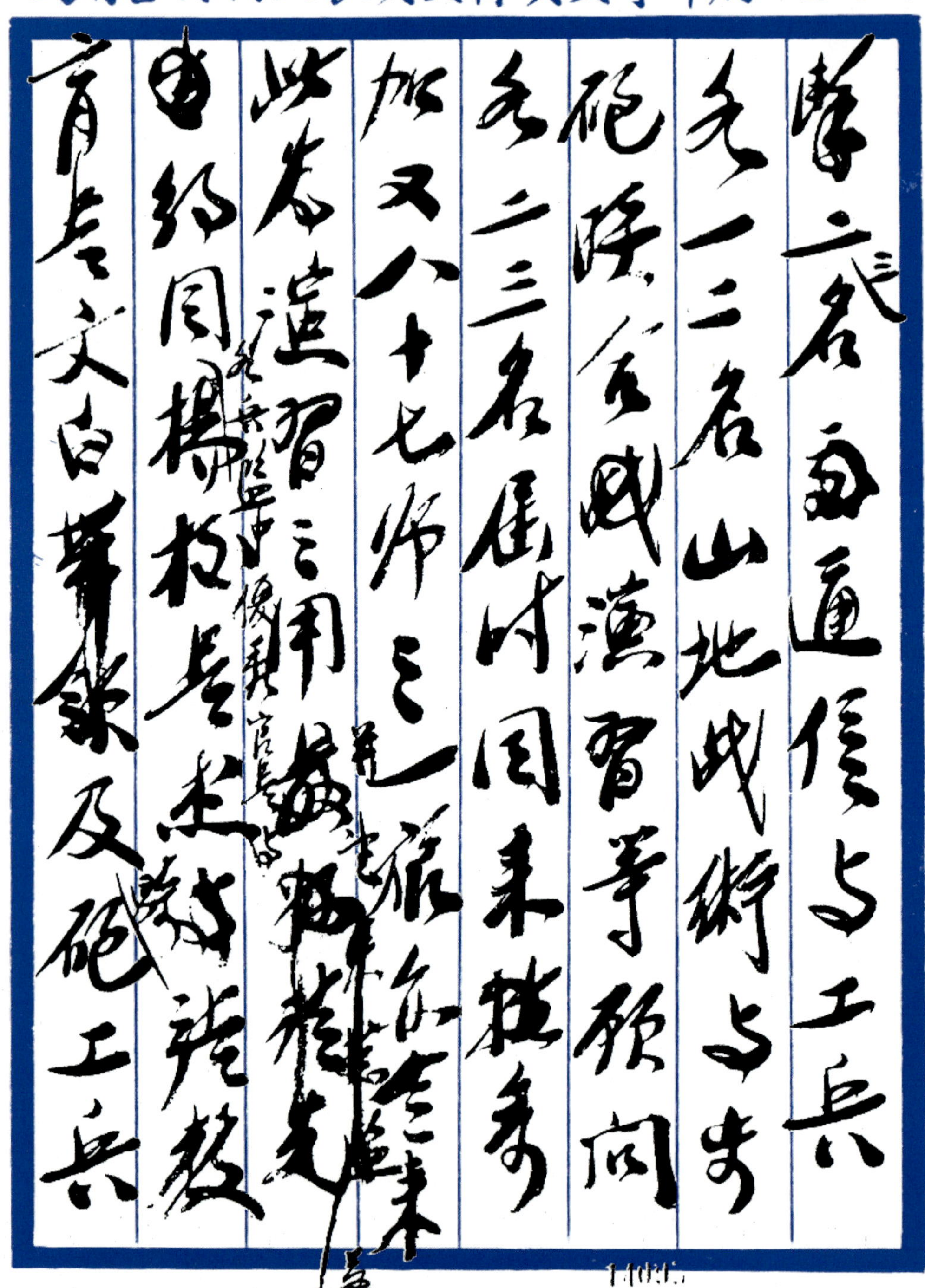

國民政府軍事委員會委員長南昌行營用箋

（二）

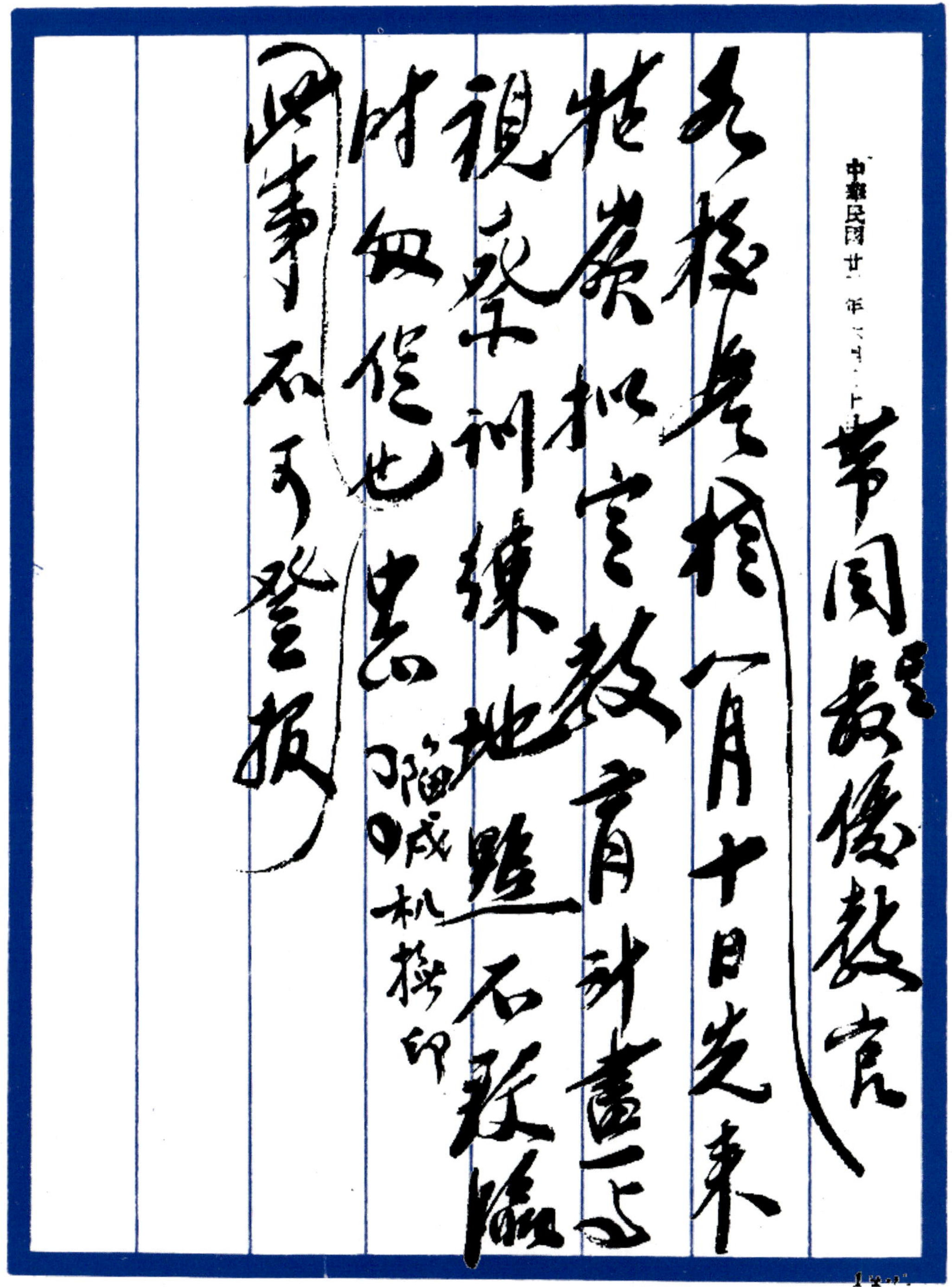
國民政府軍事委員會委員長南昌行營用箋

中華民國廿二年 月 日

帶同教導教官

及楊參長於一月十日先來

牯嶺擬定教育計畫上

親率訓練地點不能離

時如何也患

陶成 机撰印

此事不可登報

1409b

（三）

國民政府軍事委員會陸軍軍官訓練團用箋

軍官團團員首要之任務

本團全體同學當今首要任務，在掃除袁世凱以來我國軍人貪污卑賤、奢侈淫佚之劣點，而恢復我禮義廉恥、先公後私之人格，喚醒中華民國之國魂，繼承中華民族之道統，發揚我

國民政府軍事委員會陸軍軍官訓練團用箋

總理三民主義之精神，以國家相結合，以主義相勗勉，根之於性，發之以誠，實心實力，精益求精，同舟共濟，萬人一心，建立我中國固有之武德（智信仁勇嚴）為己任，必先恢復我軍人自強自主、自重自尊之人格，

國民政府軍事委員會陸軍軍官訓練團用箋

方得訓練官兵，統御所部，奠定我軍人救國保種、千古不磨之基業。中正必昭昭朝夕乾乾，以此自勉，凡我全體同學，應拳拳服膺，自強不息，期不愧為總理之信徒，與本團之同學也。

蔣中正

廿三年七月廿四日於廬山軍官團

1934年7月，蒋氏在庐山军官训练团，对学员提出的要求旨意，即恢复“礼义廉耻、先公后私”，唤醒国魂，发扬孙中山的三民主义。

镇江顾主席、杭州鲁主席勋鉴

抄录邮寄可也

陆海空军总司令部用笺

当此倭寇侵迫之际，整顿内政更为紧急，不可因此停顿。江浙两省之财政金融必须设法自立，更须于社会经济方面求其进步，在建立下级机构之基础。然此时两省尤须筹备农民组织

（一）

1932 年上海“一·二八”抗日之后，蒋介石即函告江、浙两省主管，令其整顿内政，发展经济，为抗日战争做准备。（共 8 页）

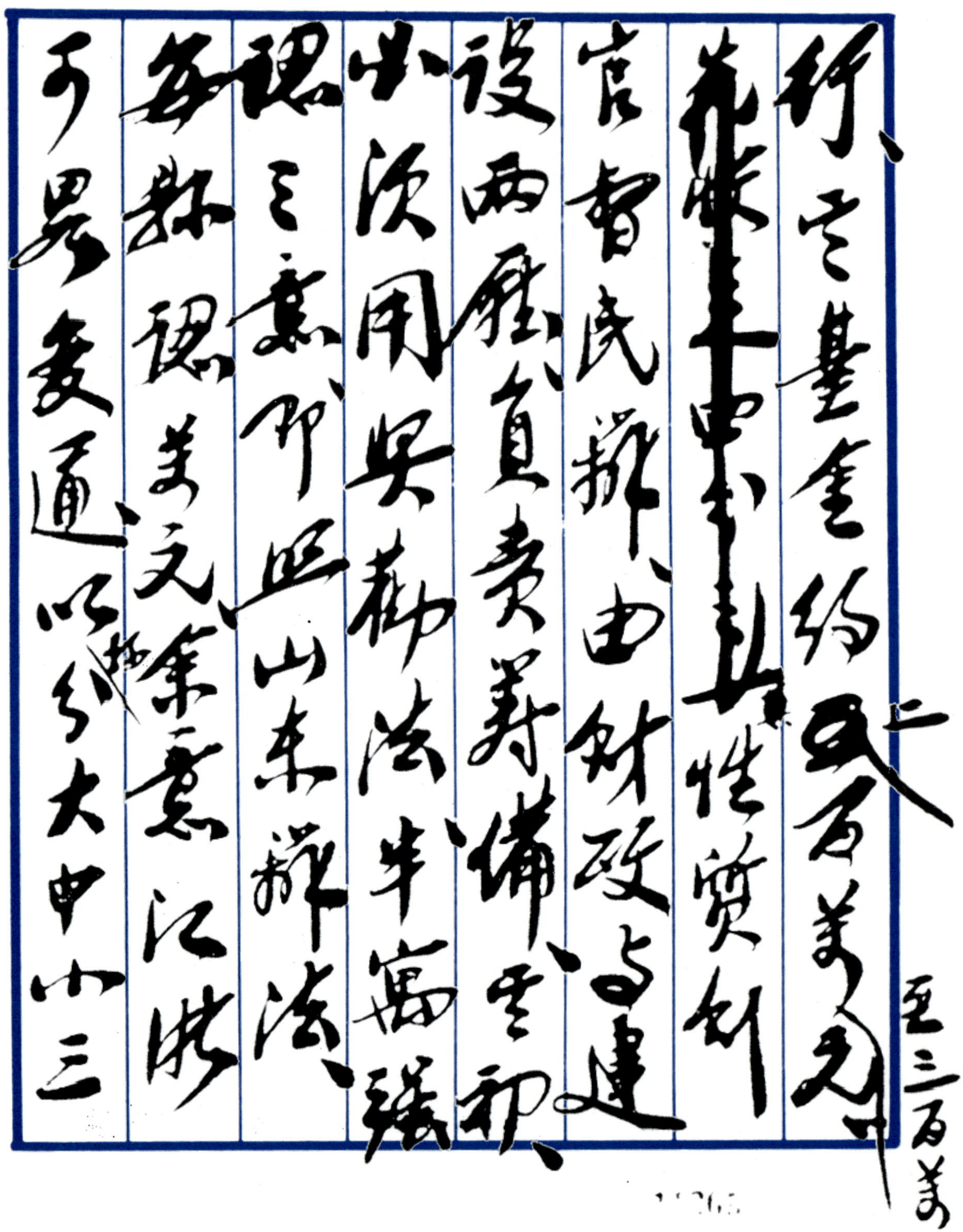
陸海空軍總司令部用箋

行、定基金約二百萬元（至三百萬）
性質針
官督民辦、由財政與建
設兩廣負責籌備、要和
出洋用安勸法、半寓殖
課三意、即照山東辦法、
每縣課美文笨意江浙
于冀豫通、以極行大中小三

（二）

陸海空軍總司令部用箋

等、大課三葉、中課二葉、小課一葉、文化者日稽三府城如常、溫校處湖各城特課三葉至五葉。如此其弗集事、但憑前言課事業、皆先作用而此後必須確定盛信且由人民選費、以使

（三）

陸海空軍總司令部用牋

用之於農民農[illegible]利，之借貸與修築交通事業之用，例如[illegible]敷設馬路，而借款則必須此路由該行管理或抵押其擔保；對民借者，權利營權；對官借者，則須重利，即至政府之欵與政府之義，亦

（四）

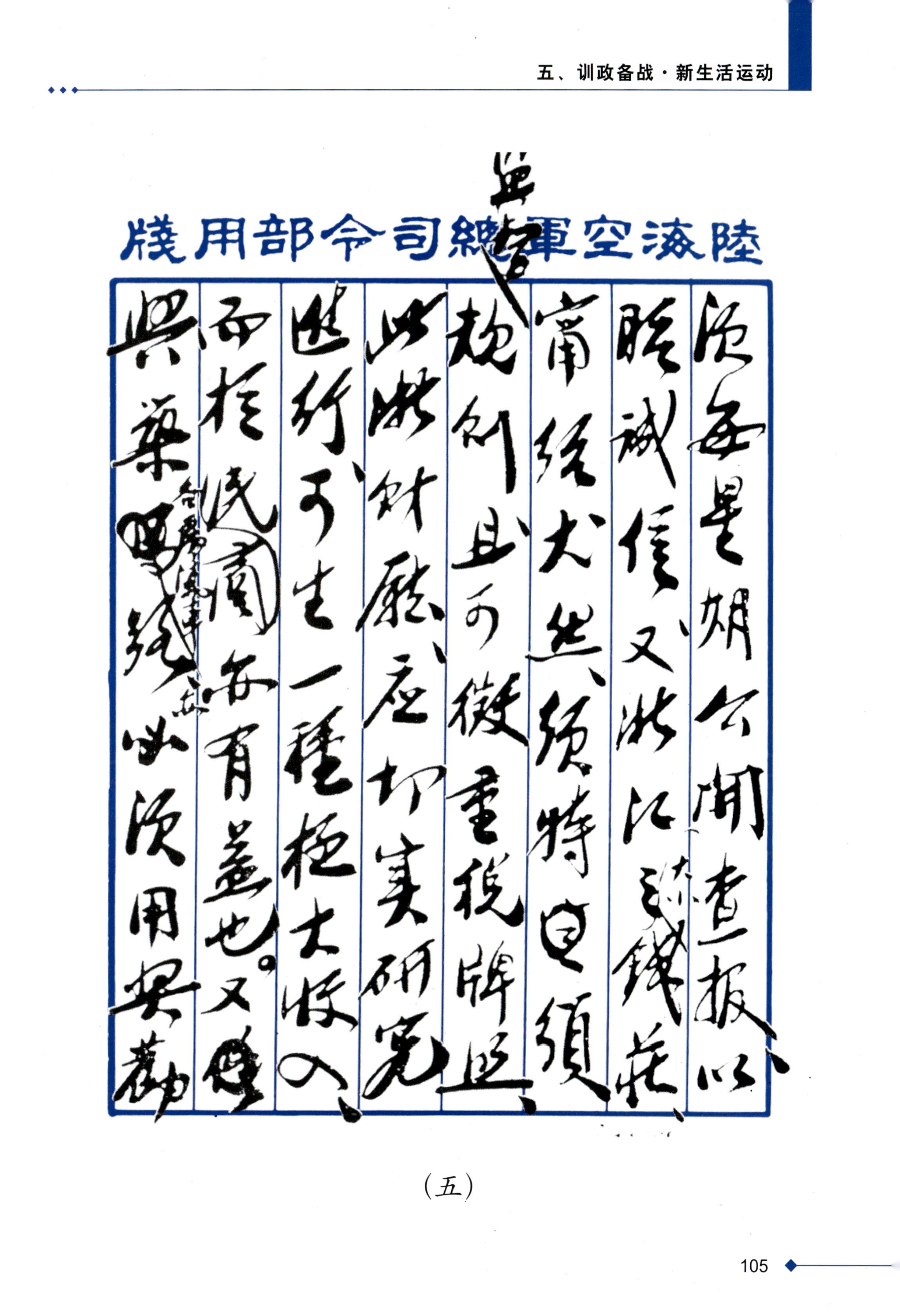

陸海空軍總司令部用箋

須每星期公開查報，以
昭誠信，又此次錢莊、
商號尤然，須特自須
無官規例，且可徵重稅牌照、
此次財廳應切實研究
進行于一種極大收之、
而於民窮亦有益也。又
與藥煙戒，必須用嚴禁

（五）

陸海空軍總司令部用牋

方法從民眾於捐助募、
無論其縣長程處生
意恭達處之縣、用募
作借債或許其年限
係業者有一二處收息優
厚學所行之一二等舉
縣之風、不勸而自興矣、
理財之道總須以人民

（六）

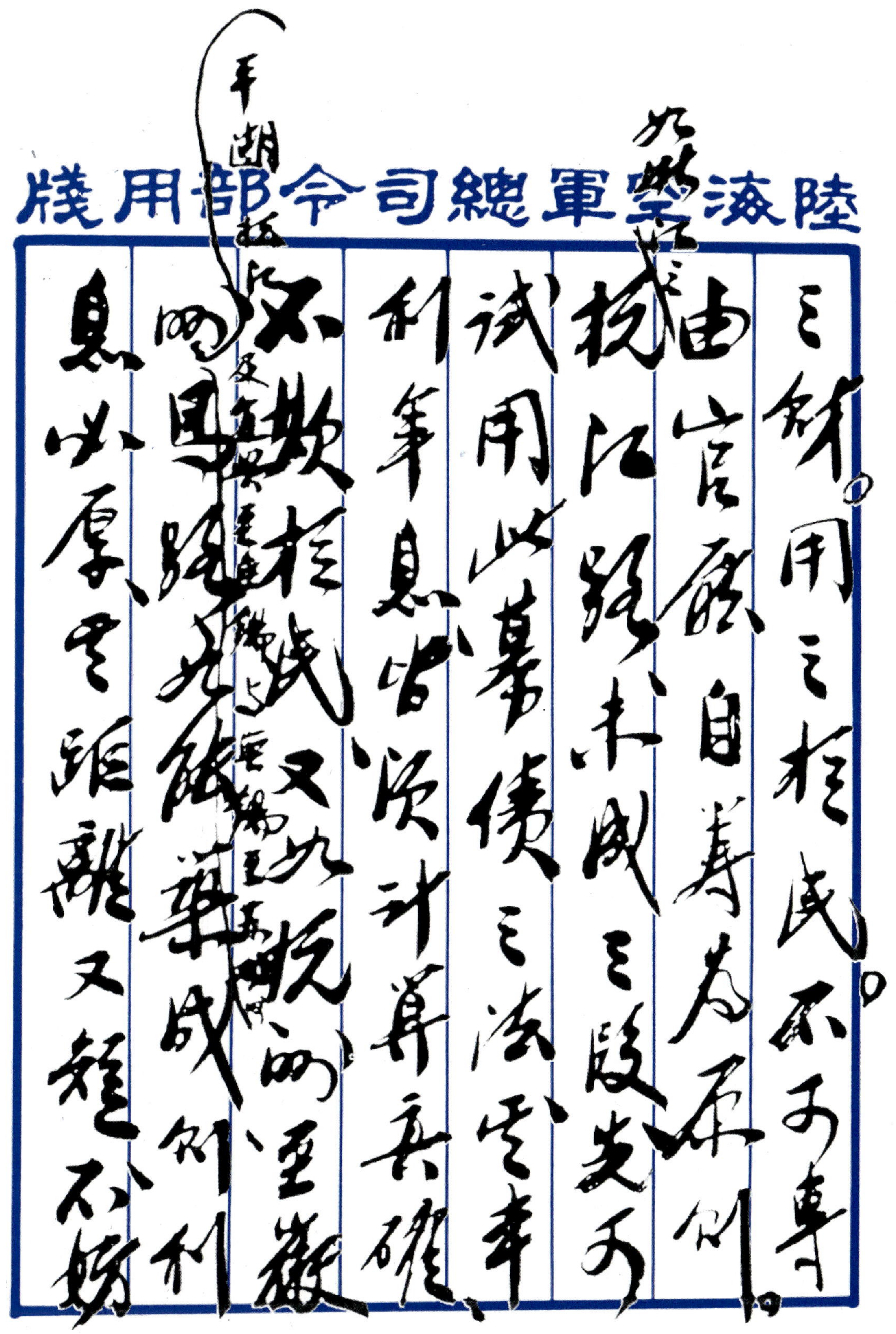
陸海空軍總司令部用牋

之餘。用之於民。取予專由官廳自籌為原則。外如浙江杭江路未成之段先予試用以募債之法，其本利等息，皆須計算精確，不欺於民。又凡[illegible]至嚴，而國路[illegible]，息以厚，其距離又短，不妨

（七）

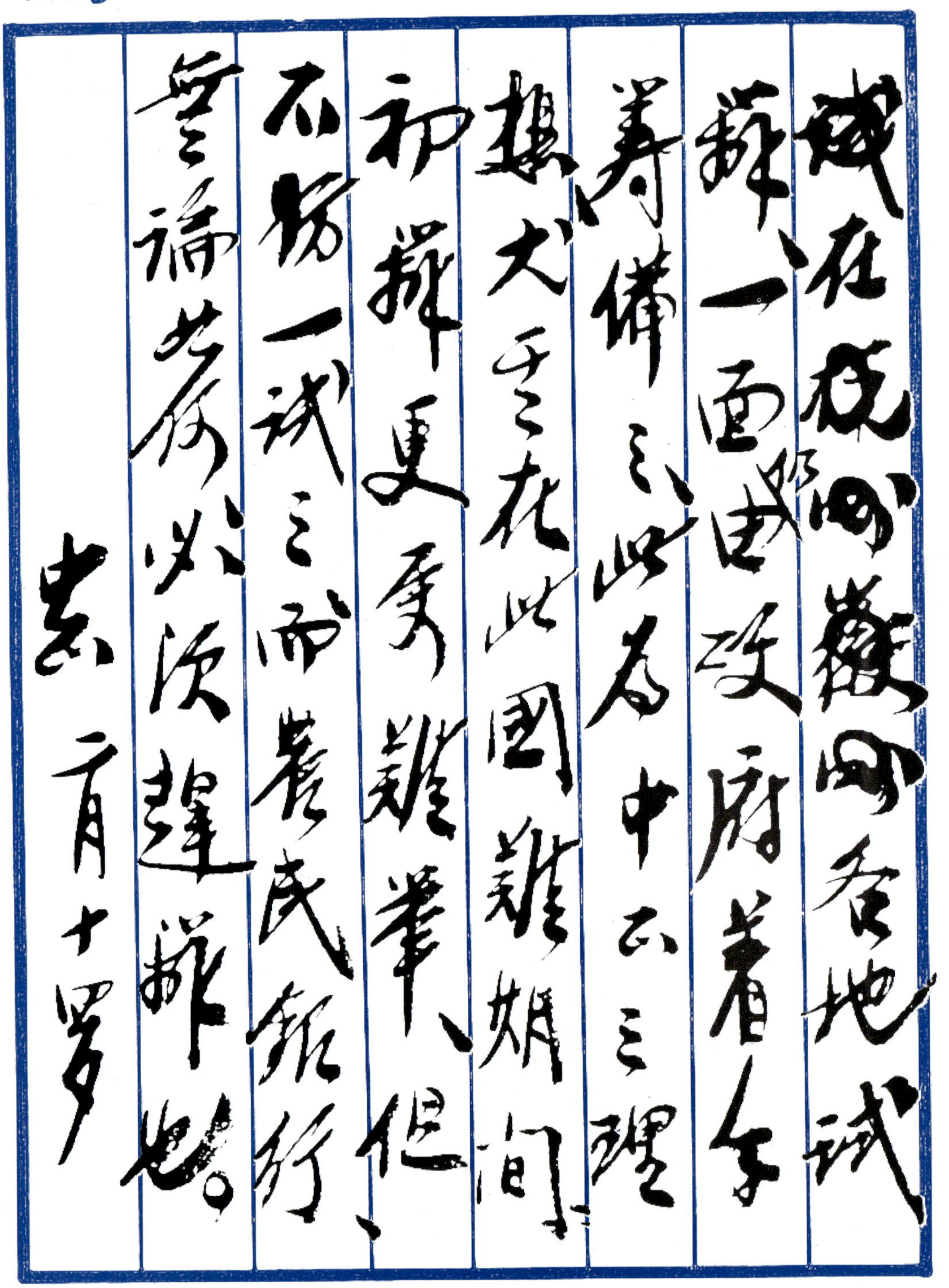
陸海空軍總司令部用箋

我在[illegible]各地試辦，一面從政府著手籌備，此為中正之理想。大千在此國難期間，初辦更屬難舉，但不妨一試之。而農民銀行無論若何必須速辦也。

中正 十月十[illegible]

（八）

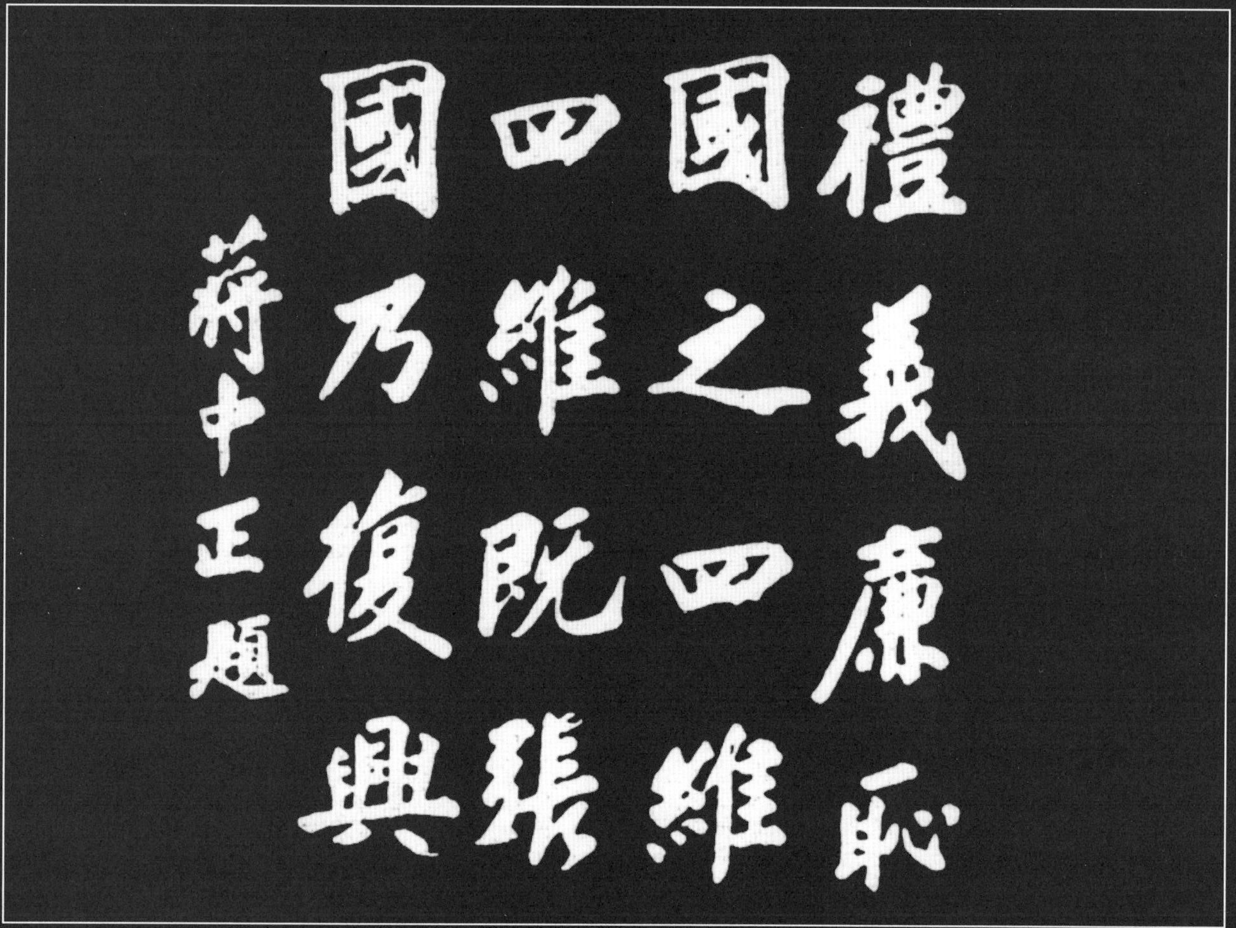

禮義廉恥
國之四維
四維既張
國乃復興
蔣中正題

蒋介石对中国国民道德的总纲领。

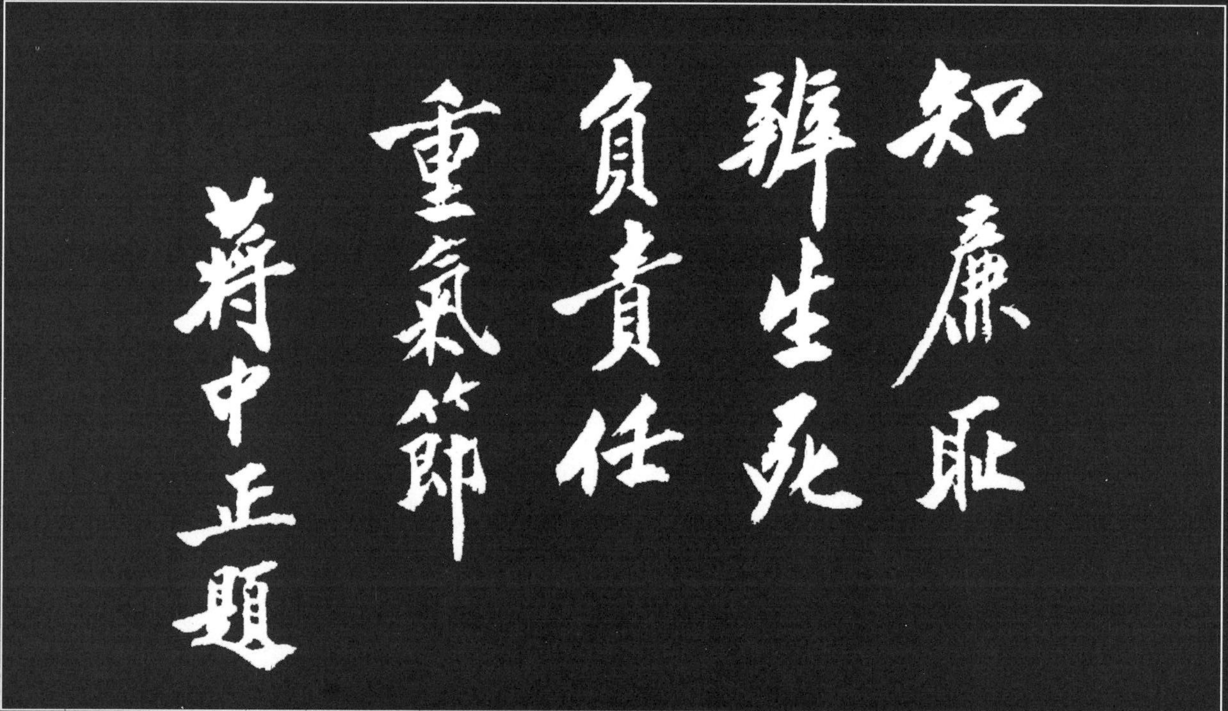

知廉恥
辨生死
負責任
重氣節
蔣中正題

蒋介石北伐时期所书。

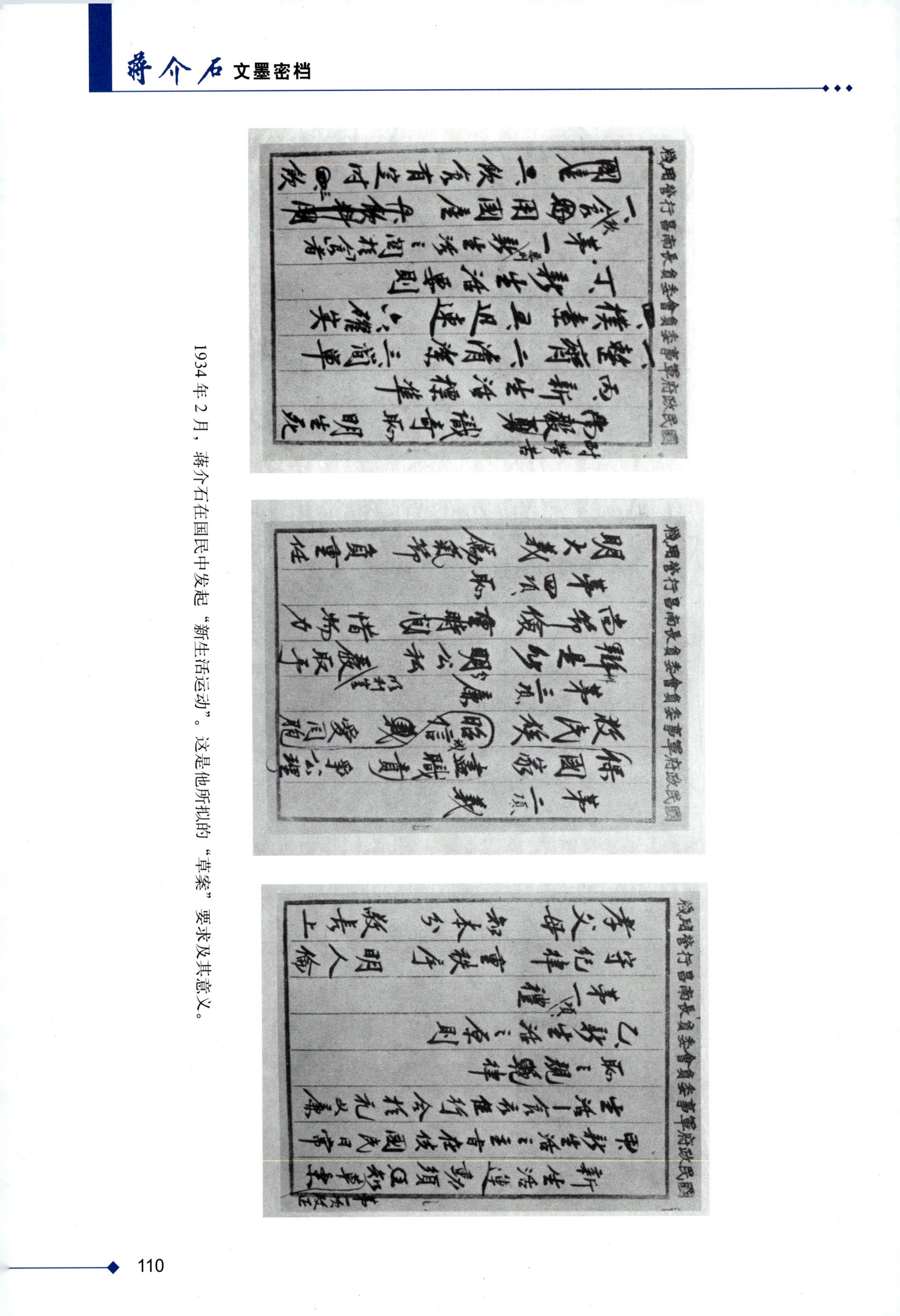

1934年2月，蒋介石在国民中发起“新生活运动”。这是他所拟的“草案”要求及其意义。

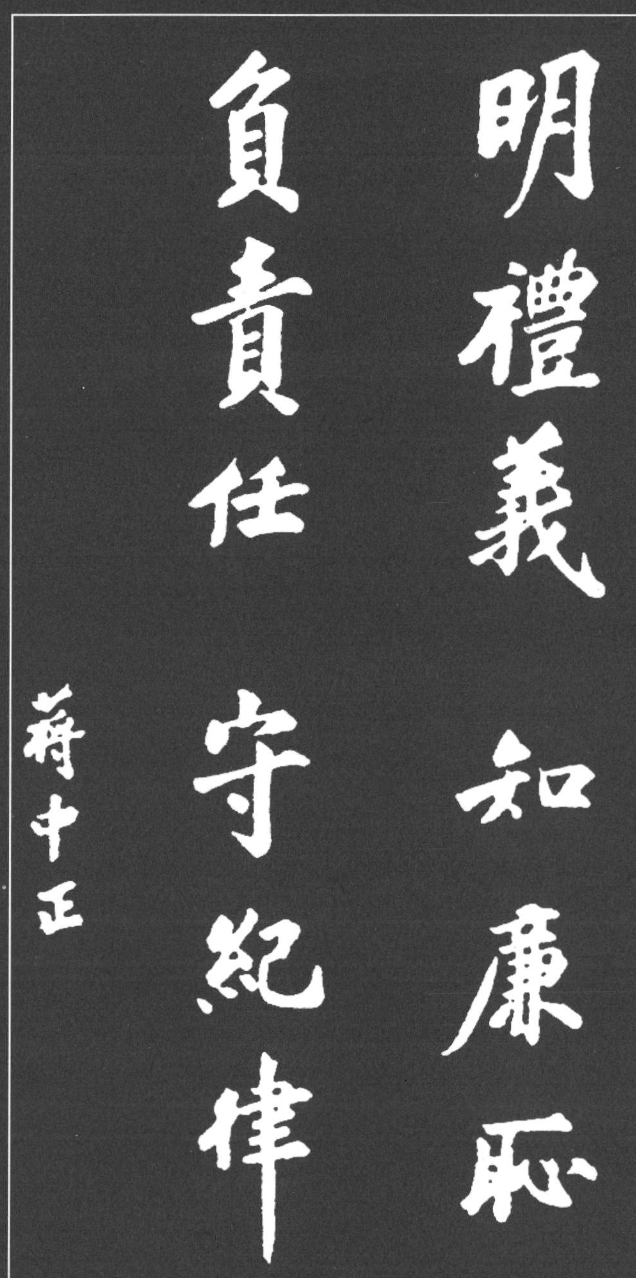

蒋介石对国民意识的四项基本要求。

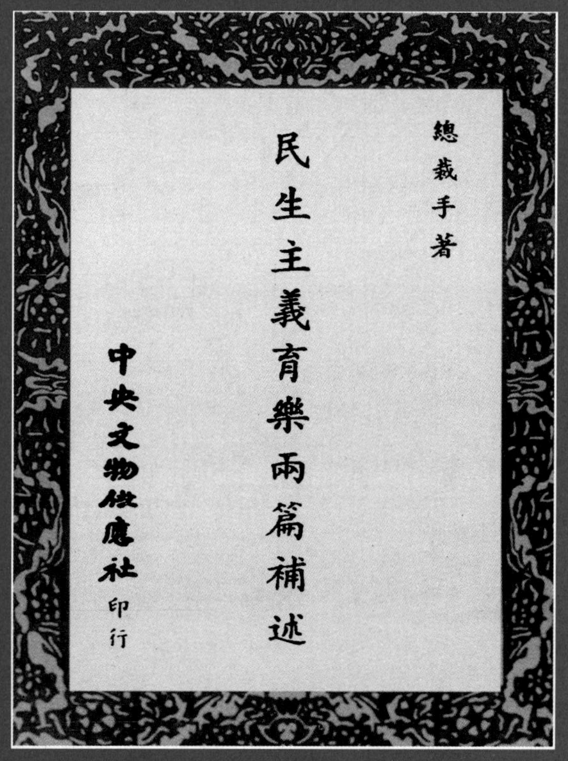

蒋介石解释民生主义的育乐方面的论述。

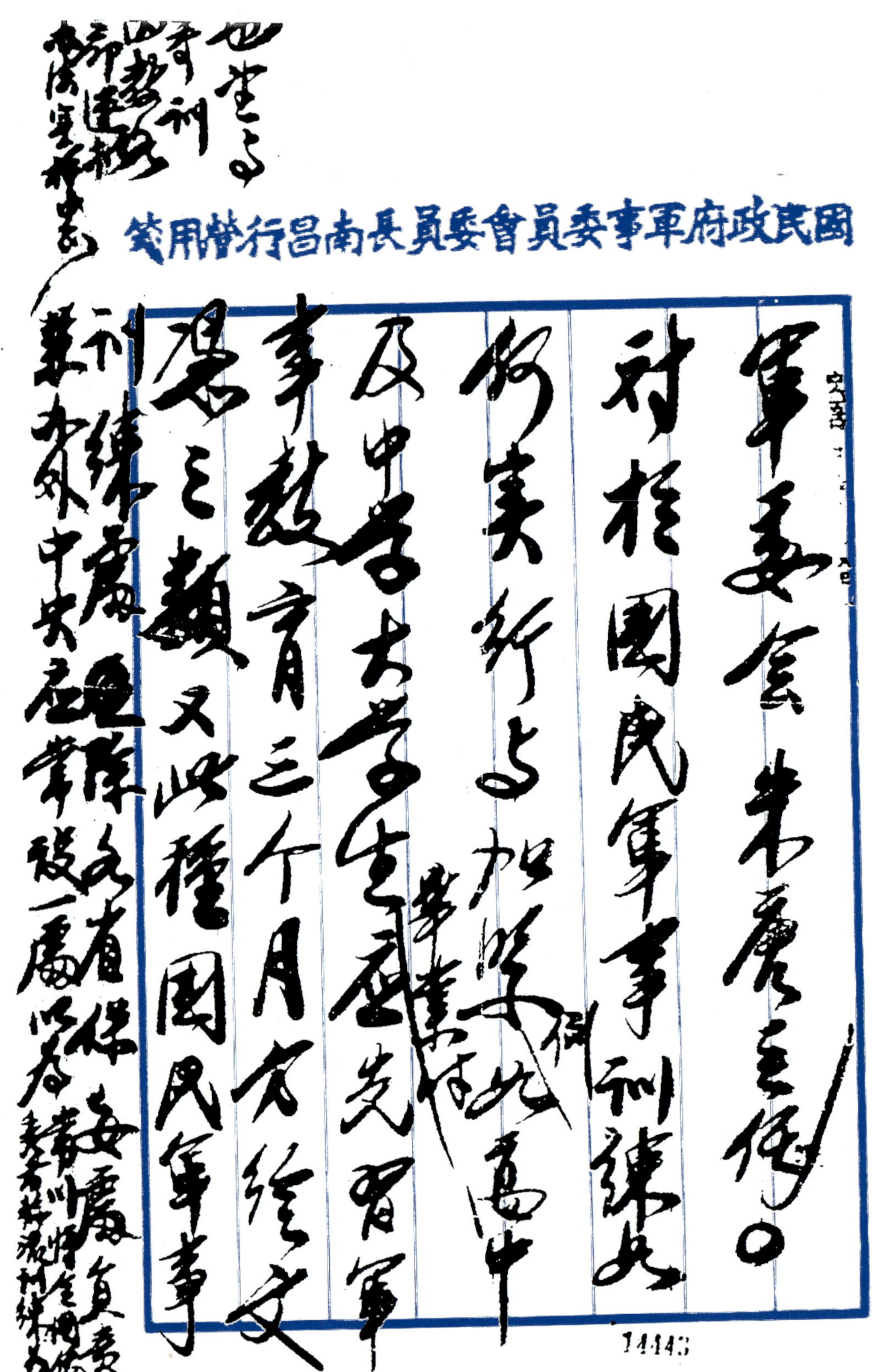
國民政府軍事委員會委員長南昌行營用箋

1935 年，蒋介石致电军委会朱培德、唐生智，指令加紧国民军训事项。

一、忠勇為愛國之本
二、孝順為齊家之本
三、仁愛為接物之本
四、信義為立業之本
五、和平為處世之本
六、禮節為治事之本
七、服從為負責之本
八、勤儉為服務之本
九、整潔為治身之本
十、助人為快樂之本
十一、學問為濟世之本
十二、有恆為成功之本

中正

1935 年 11 月，国民党在南京召开“五全大会”，蒋介石亲书此条文，订为党员守则。

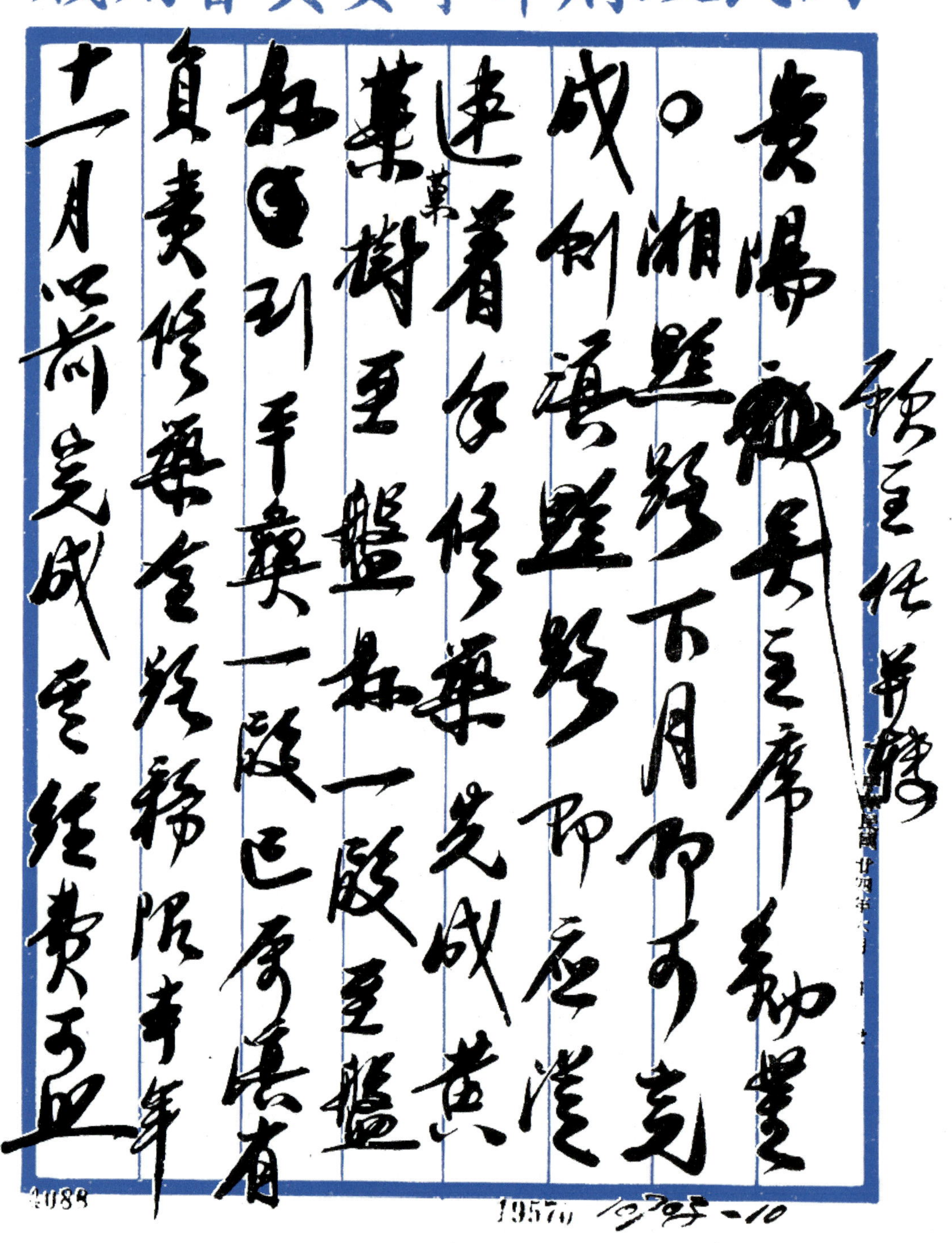
國民政府軍事委員會用牋

貴陽顧主任并轉吳主席勛鑒：湘黔路下月即可完成，則滇黔路即應從速着手修築，先成黃菓樹至盤縣一段，至盤縣到平彝一段，[illegible]負責修築，[illegible]限本年十二月以前完成，其經費可[illegible]

4088　1957　1975-10

（一）

1935年，蒋介石致电顾祝同，告以湘黔路即将完成，并指令着手修建滇（云南）黔公路。（共2页）

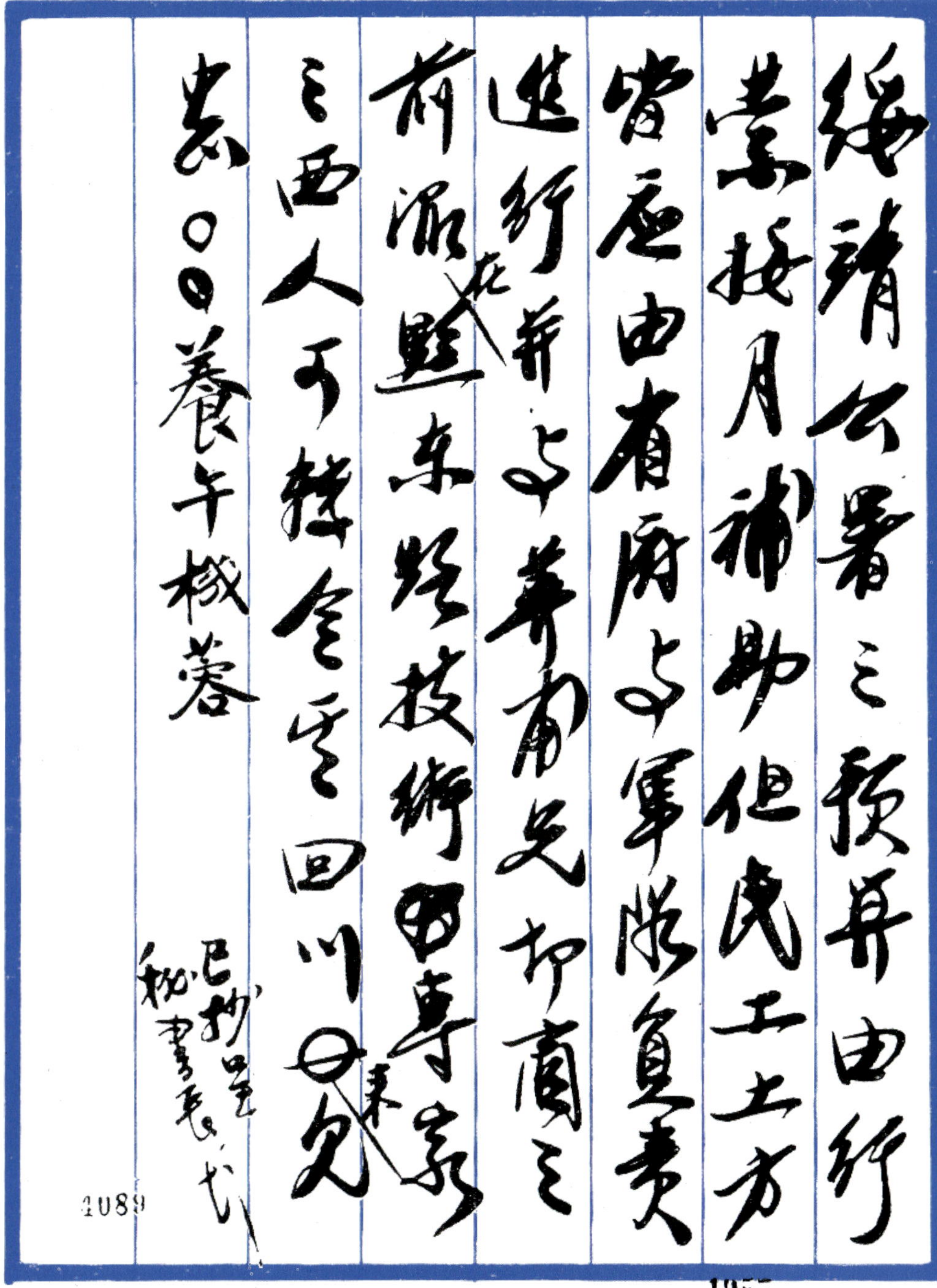
國民政府軍事委員會用牋

徑請
公署之預算由行
營撥月補助但民工土方
皆應由省府與軍隊負責
進行并與華甫兄切商之
前派在東路技術團專家
之西人可發令其回川來見
岳○○養午機蓉

已抄呈
秘書長代

4089

中華民國廿四年六月　日發

1957

（二）

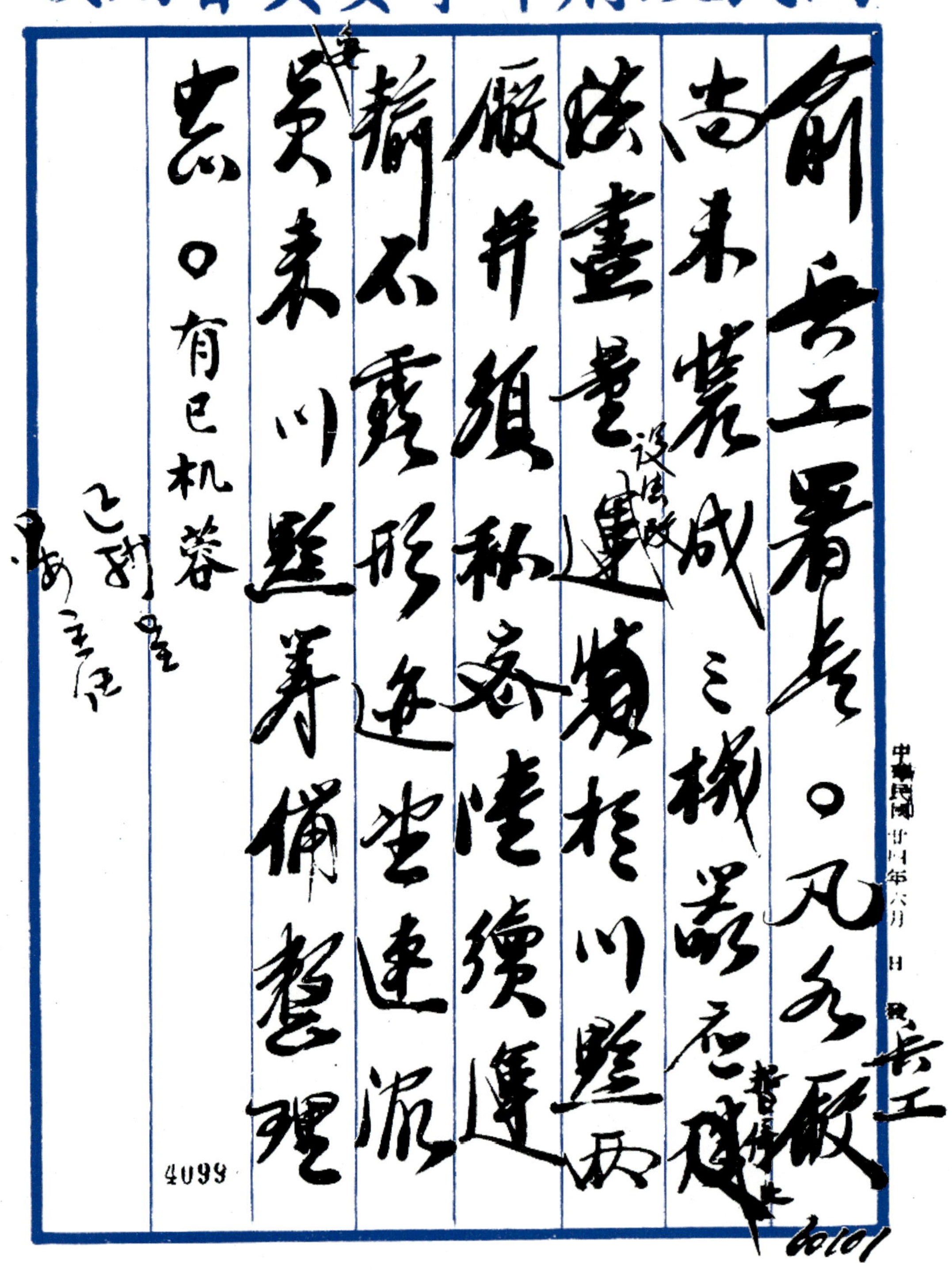

國民政府軍事委員會用箋

俞兵工署長。凡各廠尚未裝成之機器應設法盡量遷移於川黔兩廠并須秘密陸續遷移不露形迹，速派員來川黔籌備整理為要。有巳机蓉

中華民國廿四年六月 日 發 兵工

4099

00101

同年，蒋介石指令各兵工厂应秘密转运，改建于川黔两省。

六、西安事变

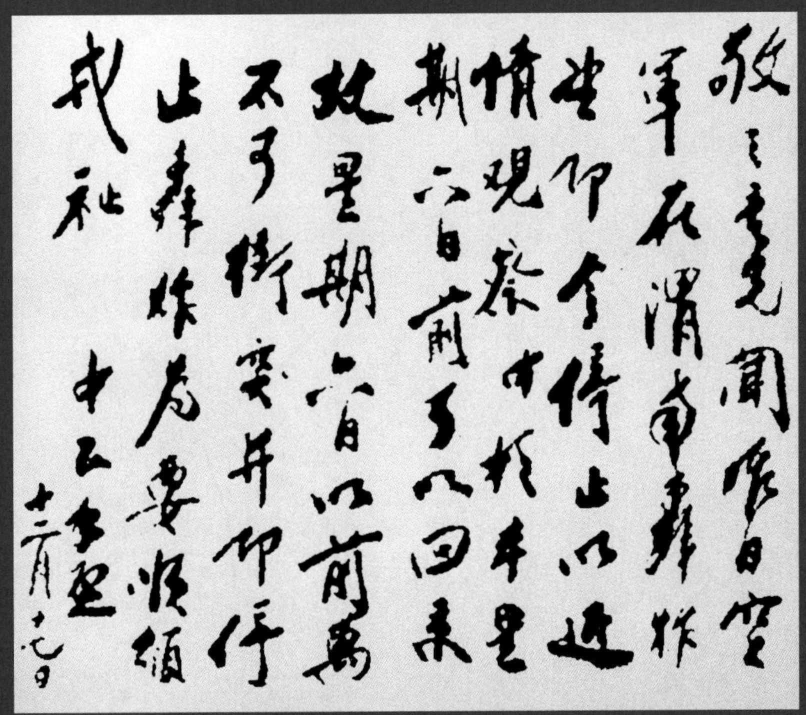

敬之兄：聞今日空軍在渭南轟炸，望即令停止。以近情觀察，中於本星期六日前可以回來，故星期六日以前萬不可衝突，並即停止轟炸為要。順頌
戎祉
中正手啟
十二月十七日

1936 年 12 月 12 日，西安事变爆发。12 月 17 日，蒋介石命令南京何应钦，暂停对西安的轰炸。

西安事变后，蒋介石著《西安半月记》、宋美龄著《西安事变回忆录》合刊发售。

夫君愛鑒昨日聞西安之變焦急萬分竊
思吾
兄平生以身許國大公無私凡所作為無非
毫為自己個人權利着想即此一點寸衷足
以安慰且抗日亦係吾
兄平日主張惟
兄以整個國家為前提故年來竭力整頓
軍備團結國力以求貫澈抗日主張此公忠為
國之心必為全國人民所諒解目下吾
兄所處境況真相若何望即
示知以慰焦思妹日夕祈禱
上帝賜福吾
兄早日脫離惡境請
兄亦祈求
主宰賜予安慰為國
珍重為禱臨書神往不盡欲言專此奉
達敬祝
康健

妻美齡 廿五年十二月十三日

西安事变的第二天，宋美龄给蒋介石的信函。

國民政府軍事委員會用牋

國民政府軍事委員會用牋

國民政府軍事委員會用牋

國民政府軍事委員會用牋

西安事变后，蒋介石因伤在溪口休养期间（1937 年 1 月 19 日）致函在北平的何应钦，指示整军及统一军令之重要。

七、八年抗战

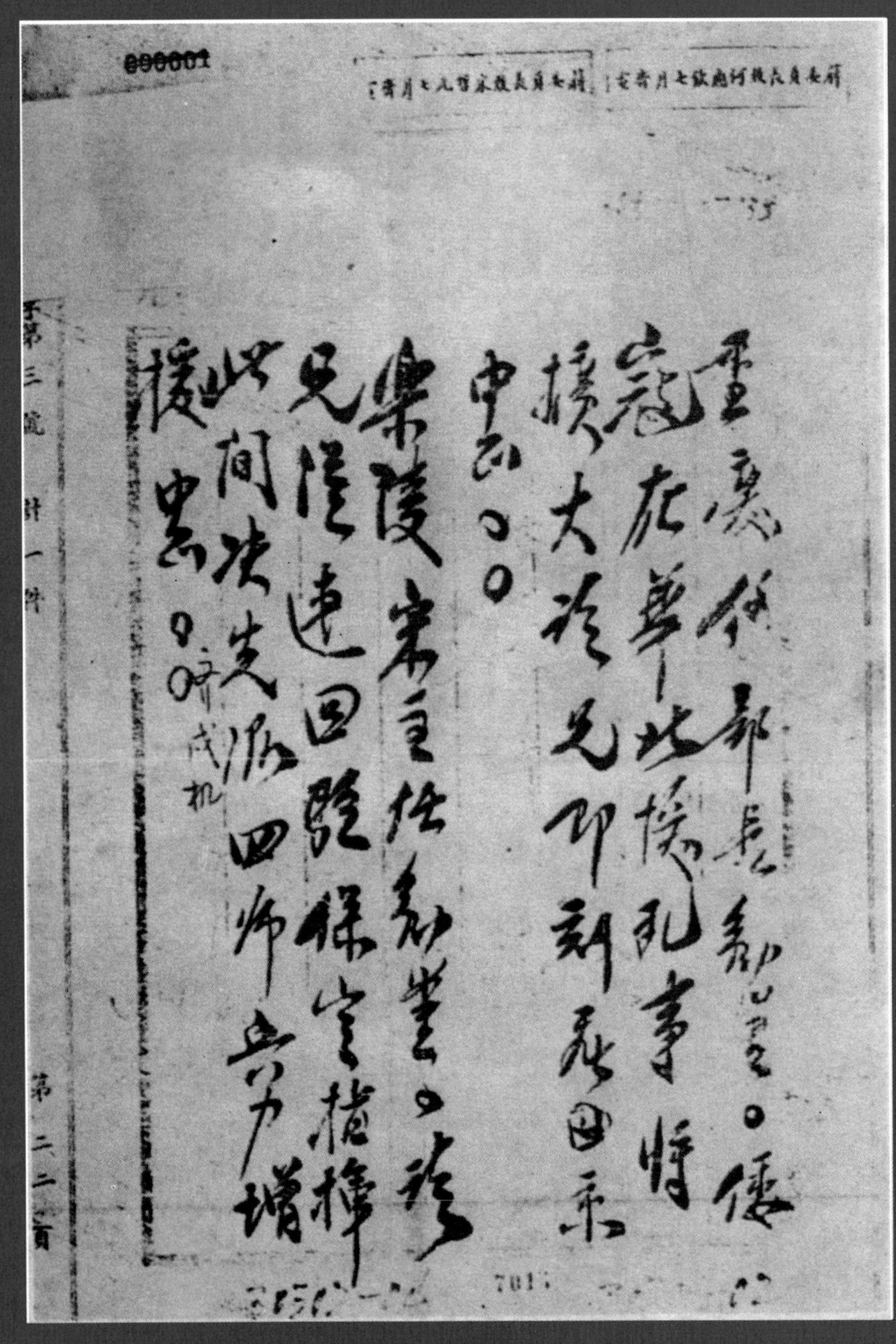
重庆何部长勋鉴。倭寇在华北挑乱事将扩大，请兄即刻飞回京。中正。

乐陵宋主任勋鉴：请兄从速回保定指挥。此间决定派四师兵力增援。中正。庚戌机

1937年7月7日，卢沟桥事变爆发，蒋于次日电令在川之何应钦急速回京；电令在乐陵家中的宋哲元速回保定指挥华北军事，并告，已派四个师增援。

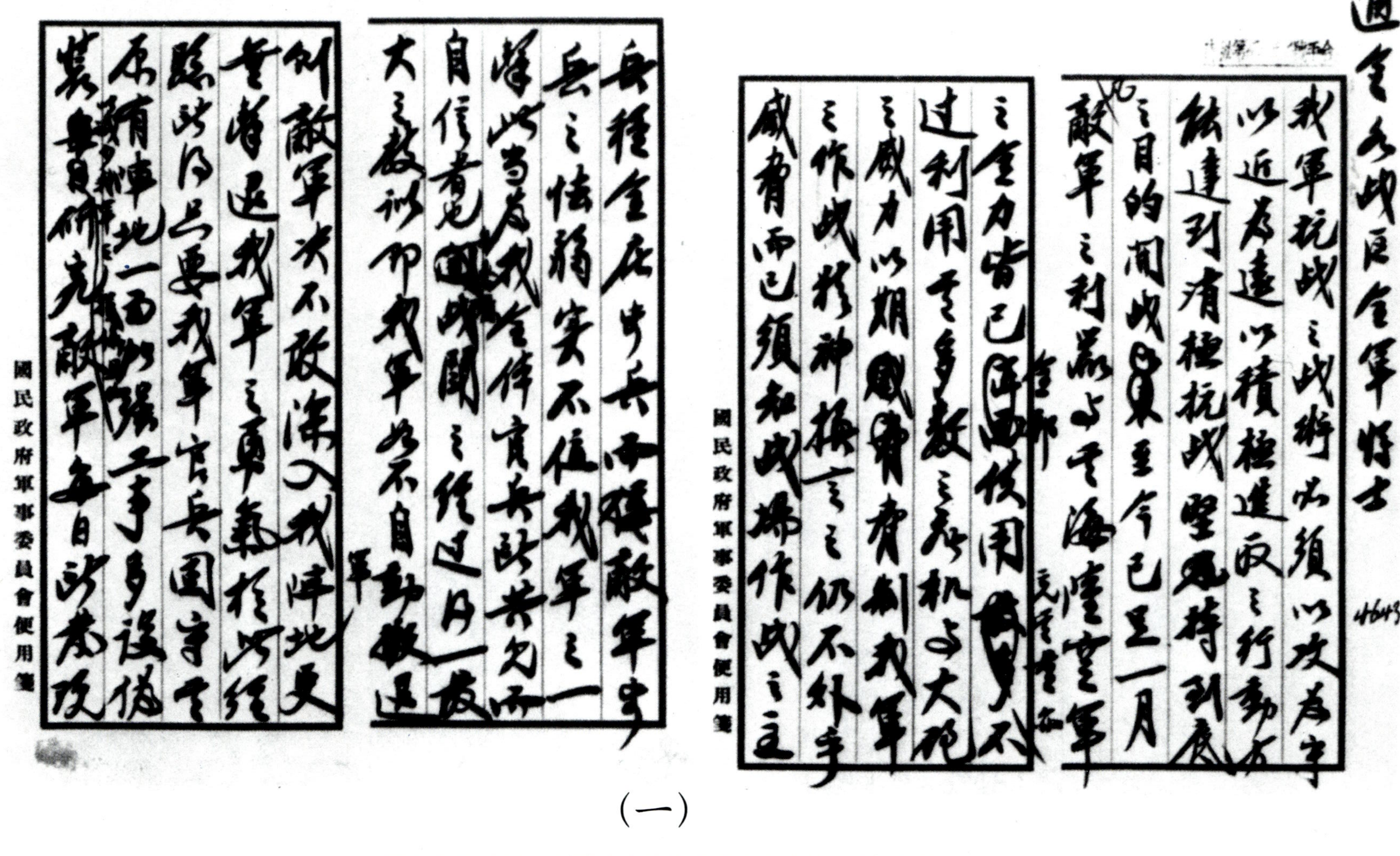

通令全軍將士

國民政府軍事委員會便用箋

國民政府軍事委員會便用箋

（一）

蒋介石手书通令全军将士的战术原则和方法。（共2页）

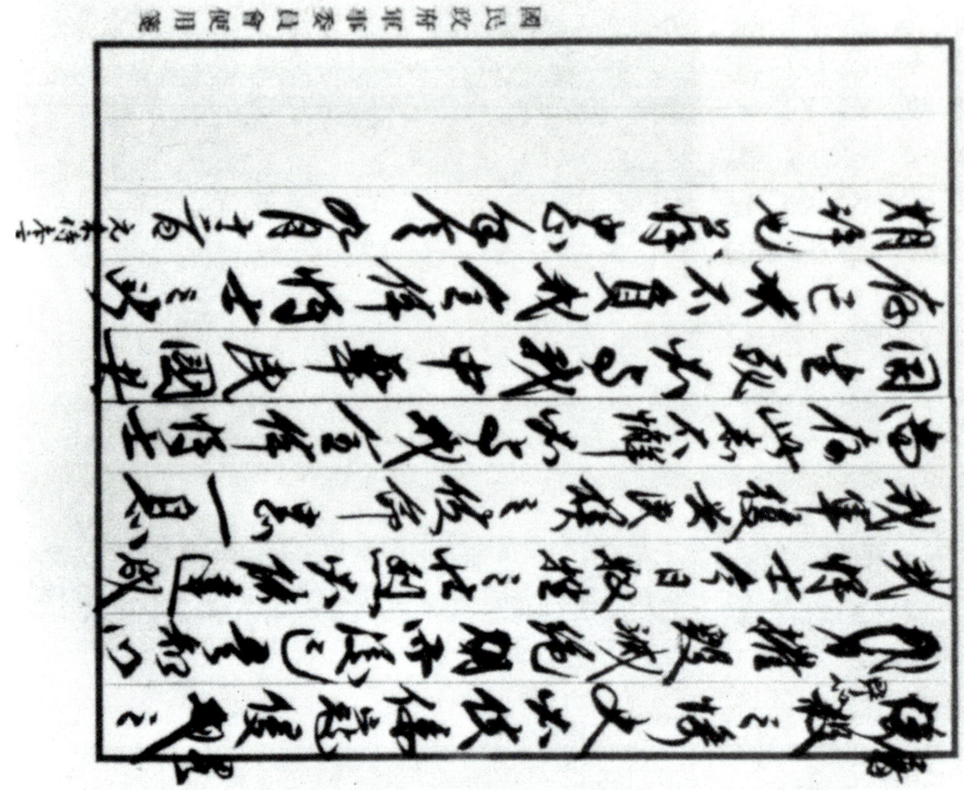

（二）

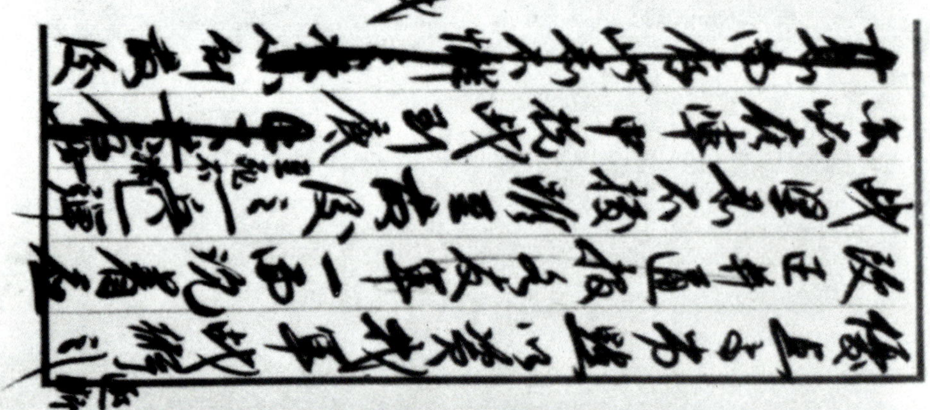

堅苦卓絕　蔣中正

抗战中，蒋介石所书箴勉条幅。

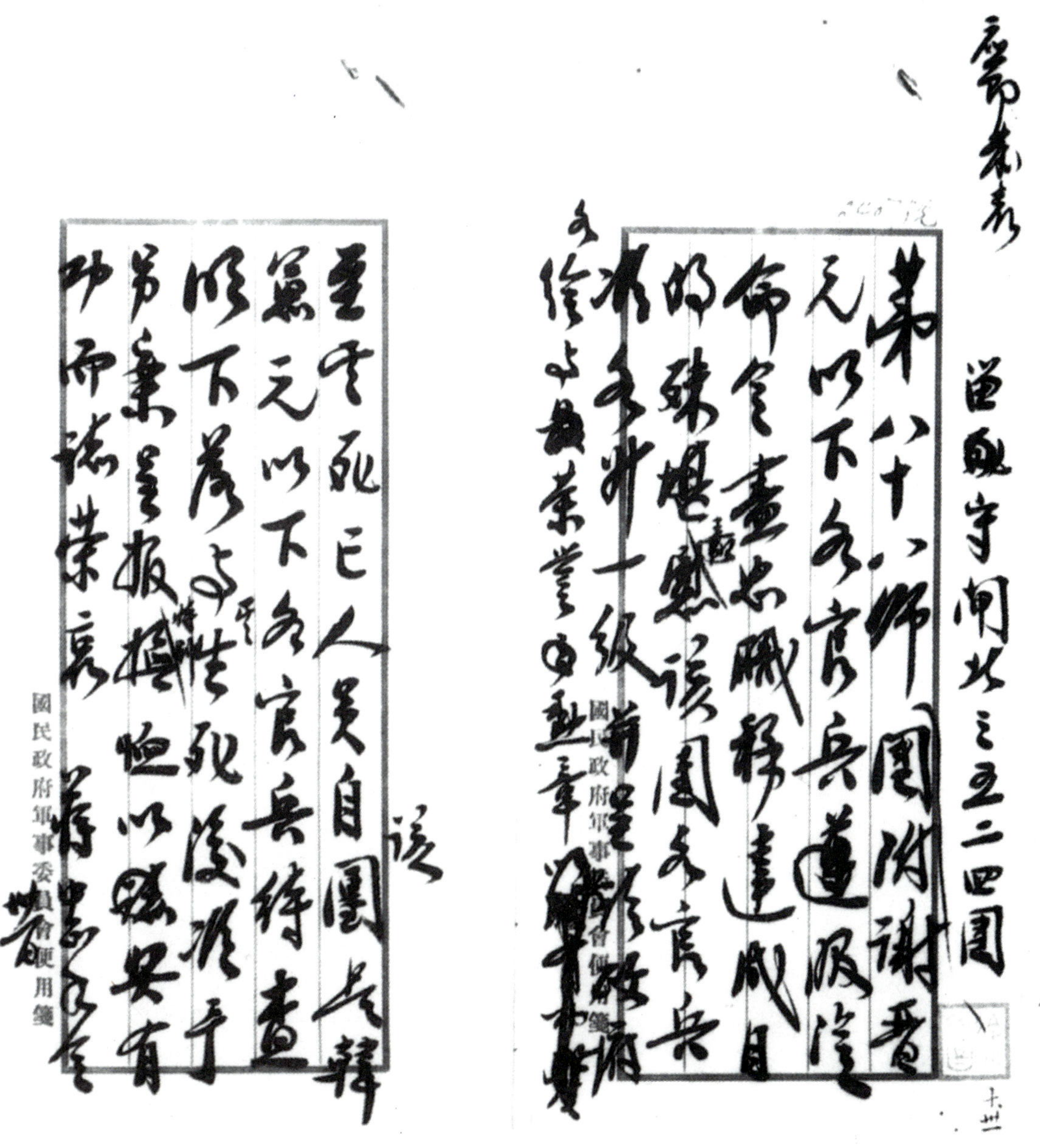
國民政府軍事委員會便用箋

蒋介石手令嘉慰谢晋元团长及以下官兵（即坚守四行仓库的八百壮士）。

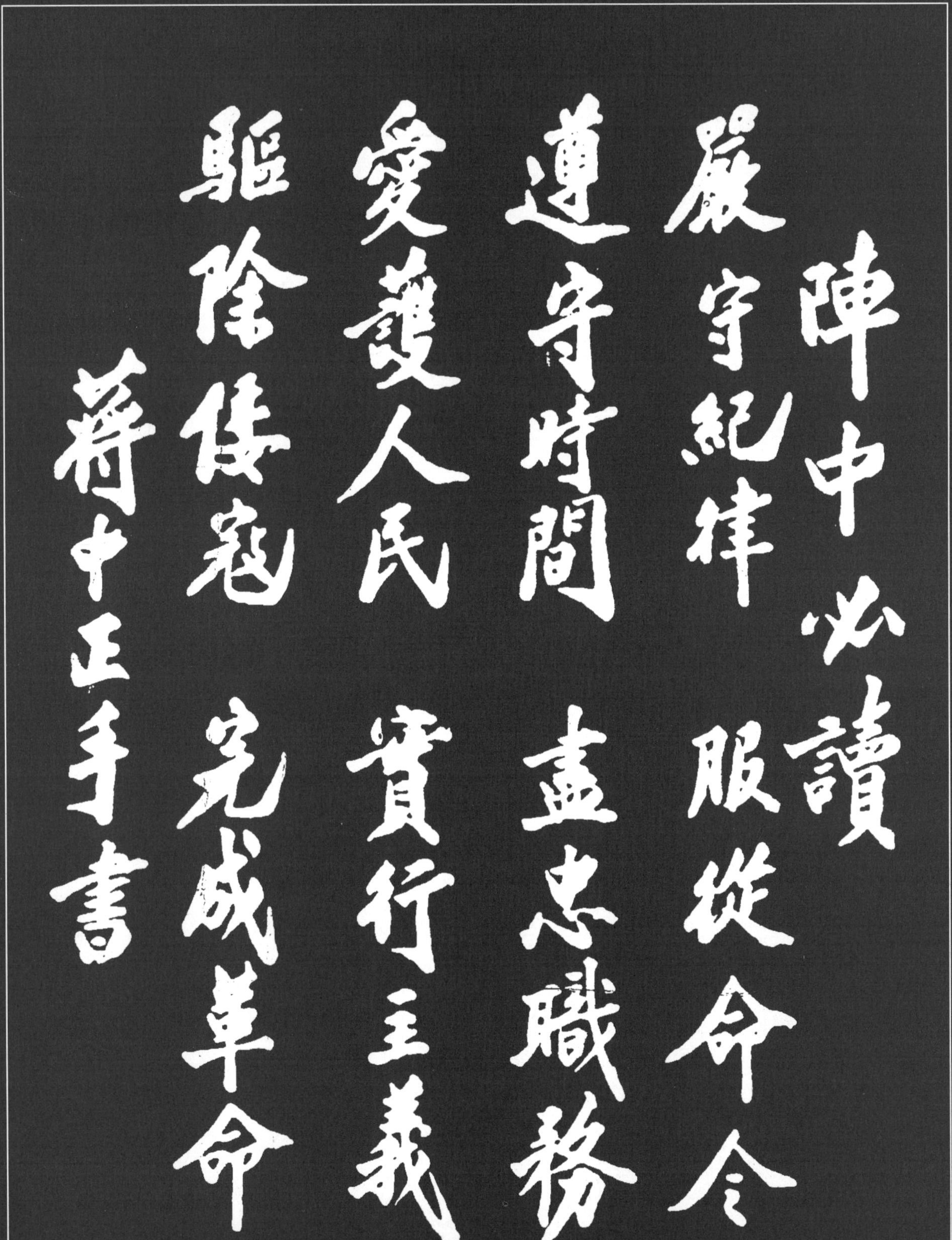

陣中必讀

嚴守紀律　服從命令

遵守時間　盡忠職務

愛護人民　實行主義

驅除倭寇　完成革命

蔣中正手書

抗战中蒋介石手书“阵中必读”。

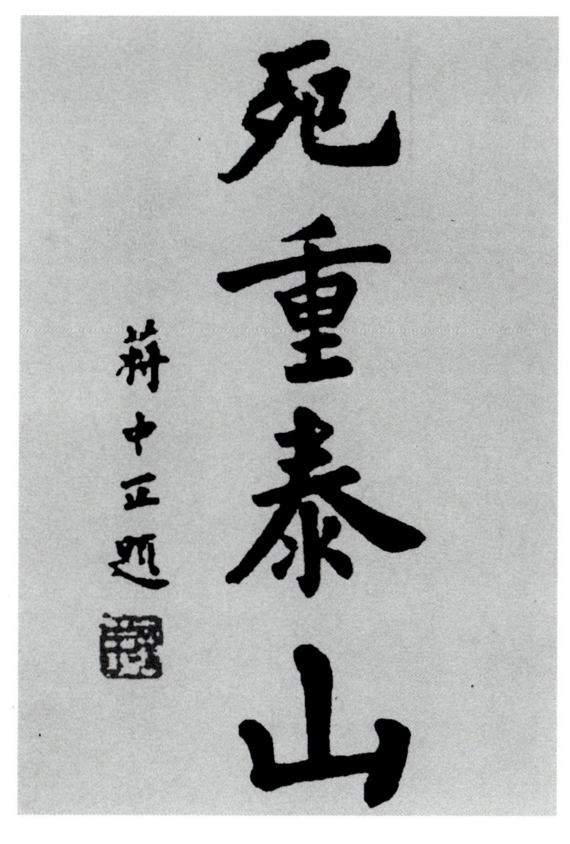

1938 年春，中日在台儿庄决战，我军大胜。但王铭章师长战死殉国，蒋介石为他题字：死重泰山。

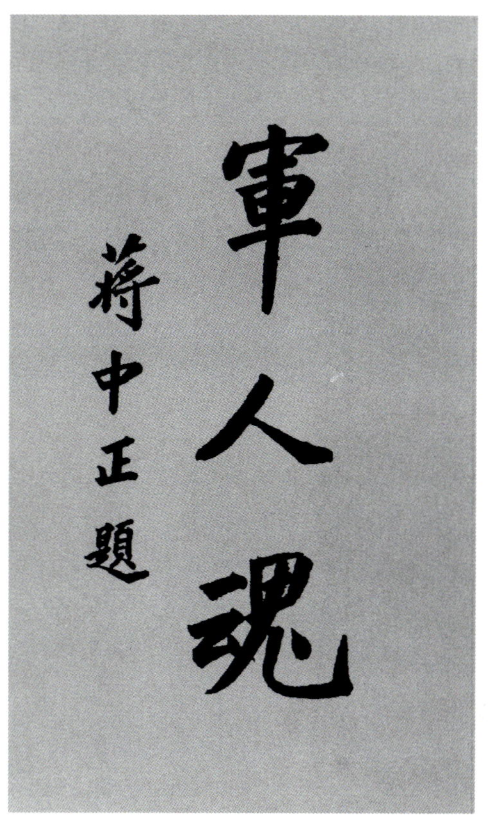

抗战时斯所题。

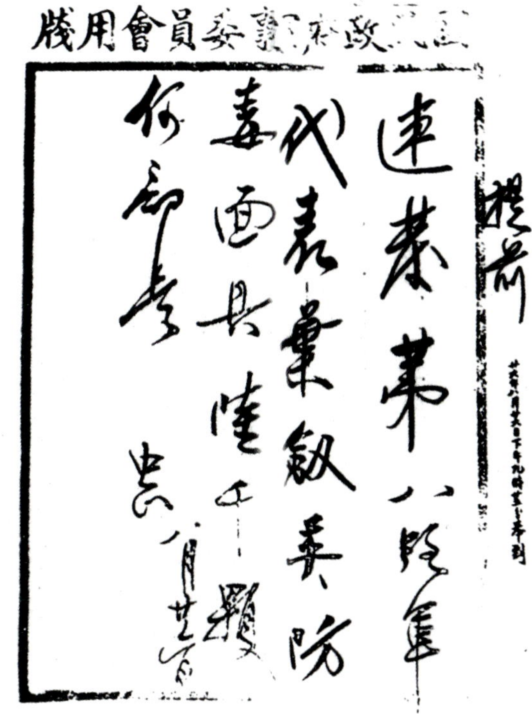

國民政府軍事委員會用箋

速發第八路軍代表葉劍英防毒面具陸千付

何部長

中正

为防止日军使用毒气，蒋介石令速发防毒面具 6000 付给八路军。

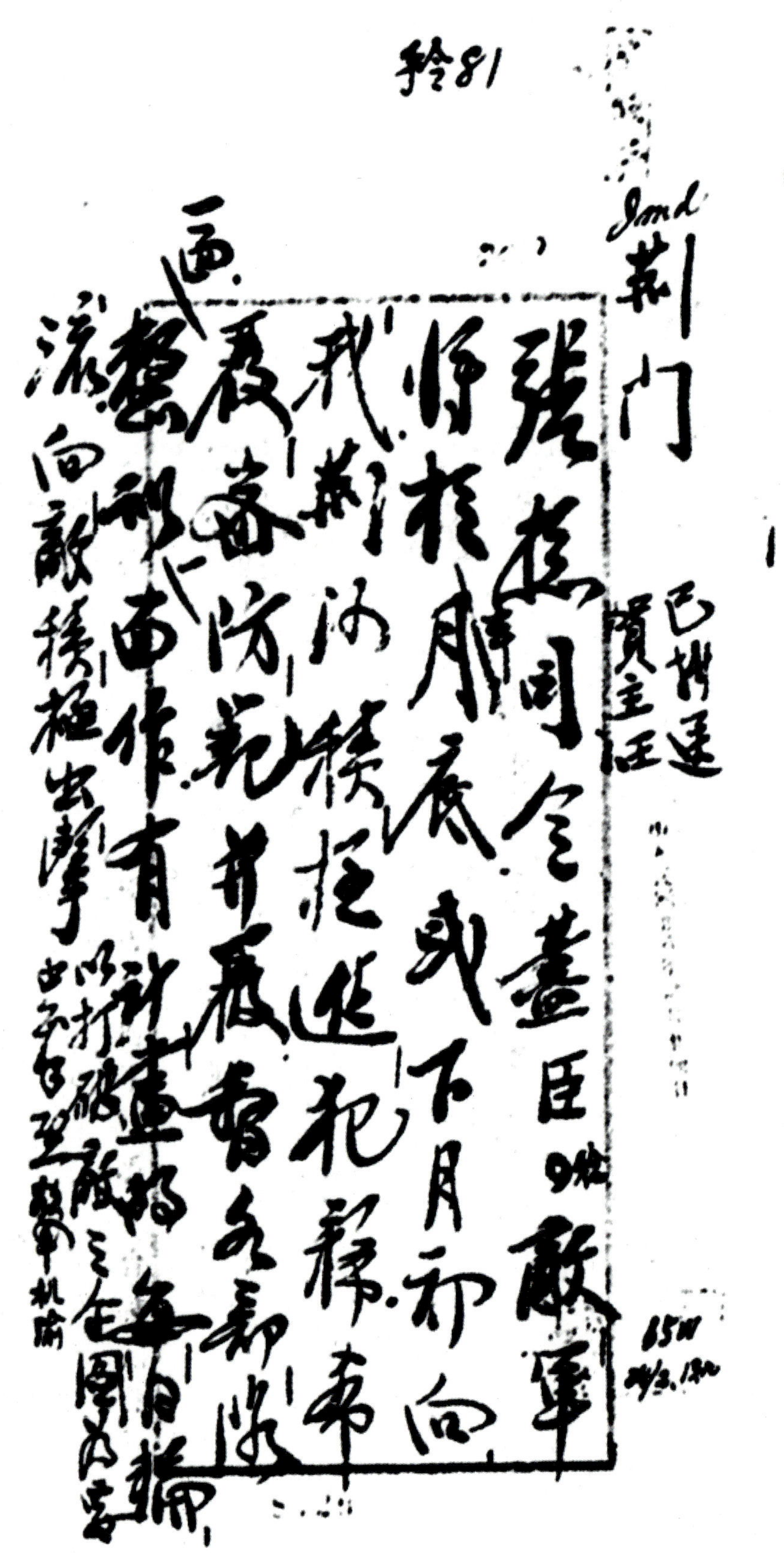

随枣会战前，蒋介石致第三十三集团军总司令张自忠（字荩忱）手令。

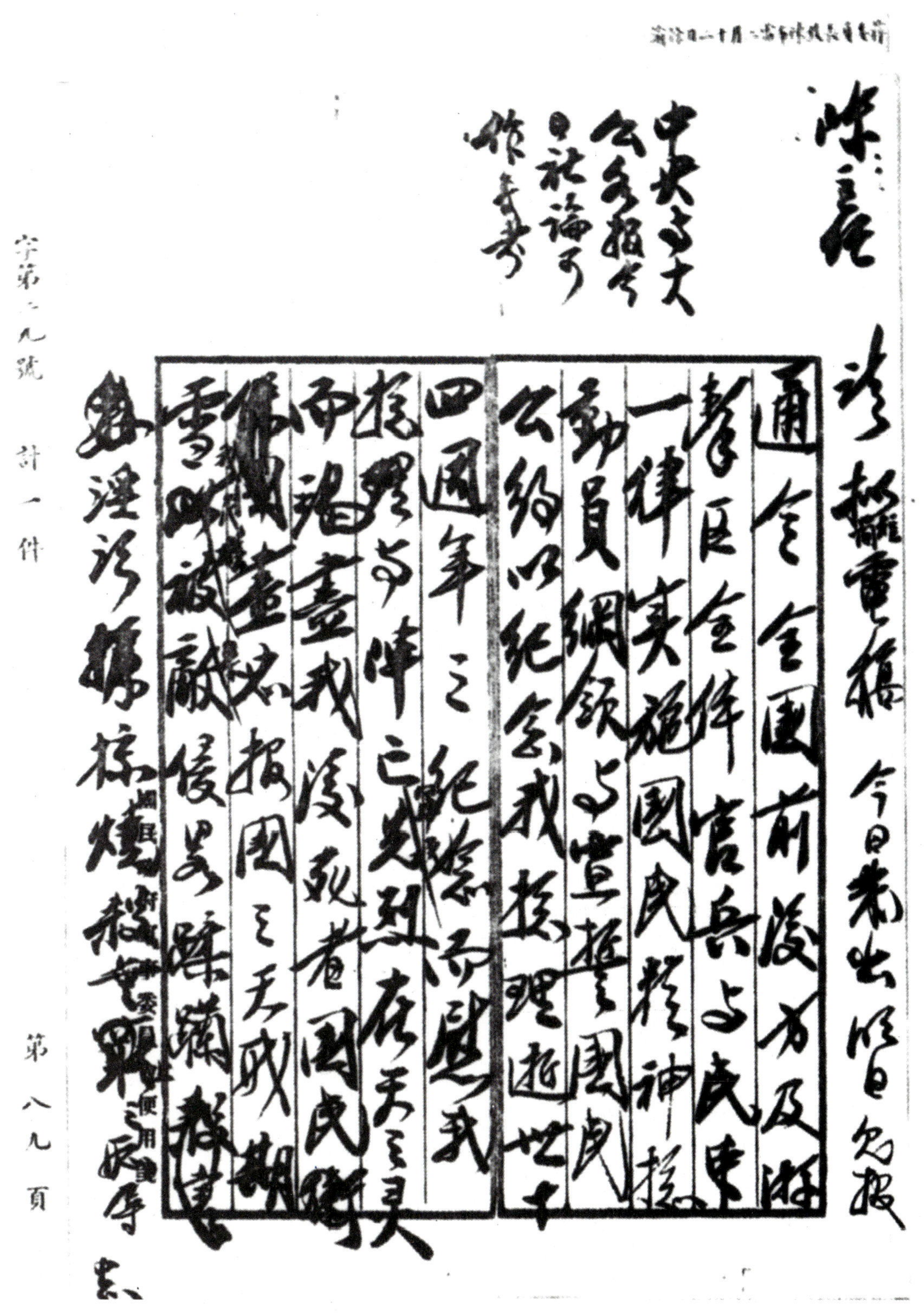

1939 年 3 月，蒋介石指示通令全国实施国民精神总动员纲领与宣誓国民公约之手谕。要求军委会侍从室第二处主任陈布雷：“请拟电稿，今日发出，明日见报。”

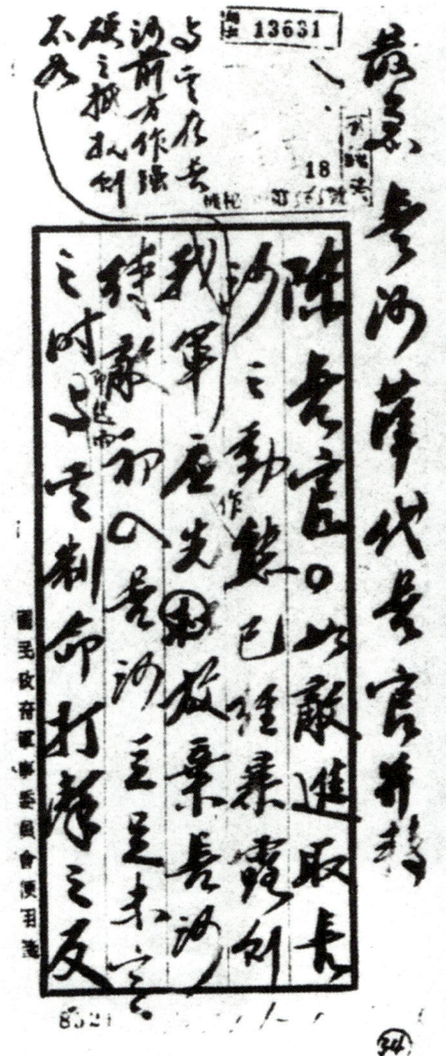

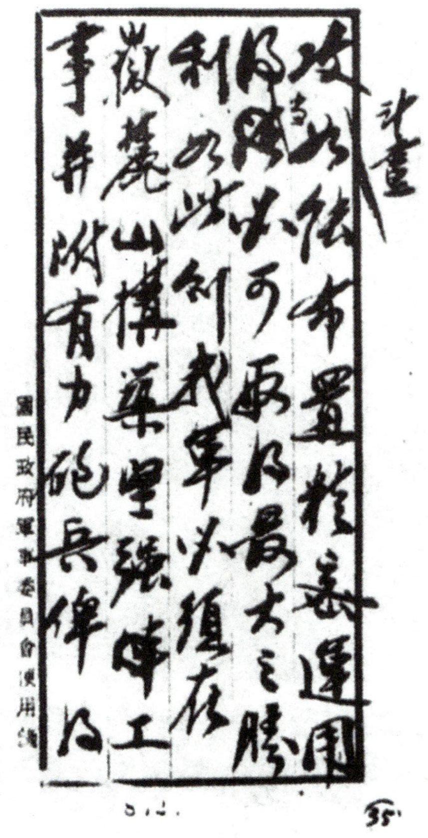

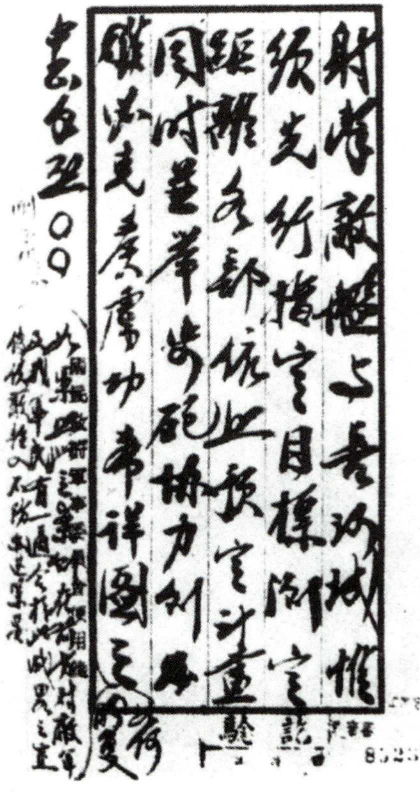

1939年春蒋介石指示第九战区代司令长官薛岳、第六战区司令长官陈诚关于长沙会战的战术策略。

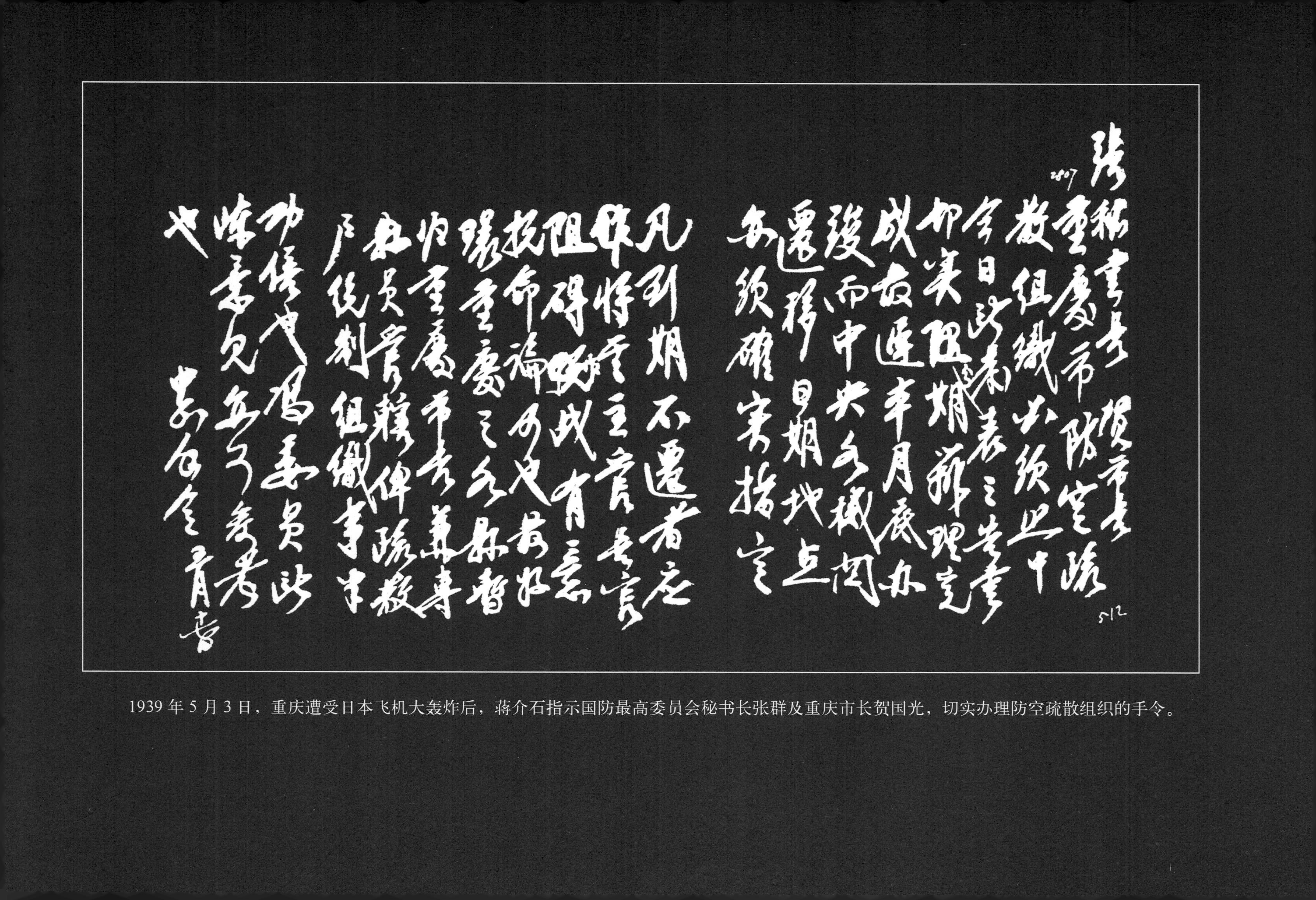

1939 年 5 月 3 日，重庆遭受日本飞机大轰炸后，蒋介石指示国防最高委员会秘书长张群及重庆市长贺国光，切实办理防空疏散组织的手令。

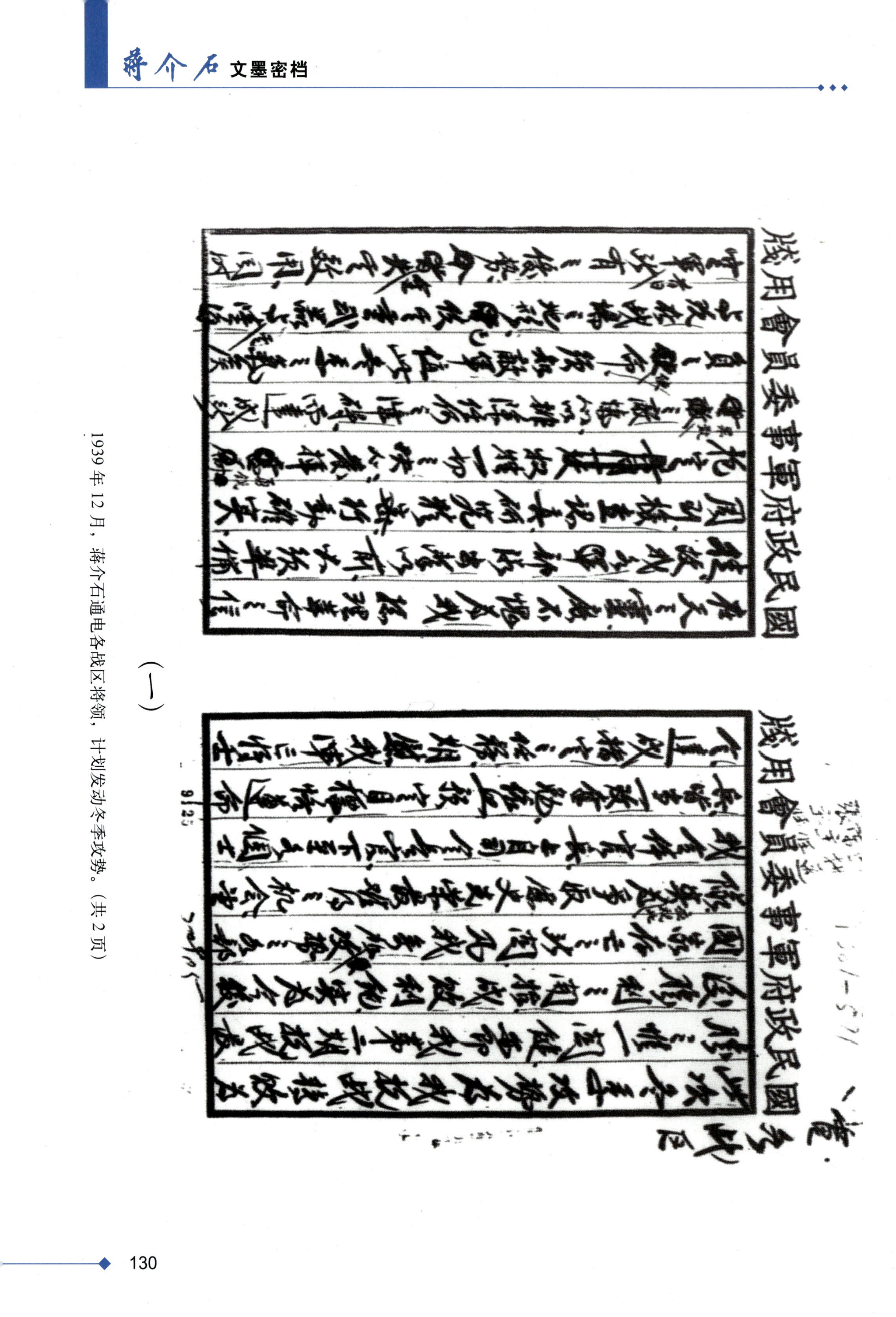

（一）

1939年12月，蒋介石通电各战区将领，计划发动冬季攻势。（共2页）

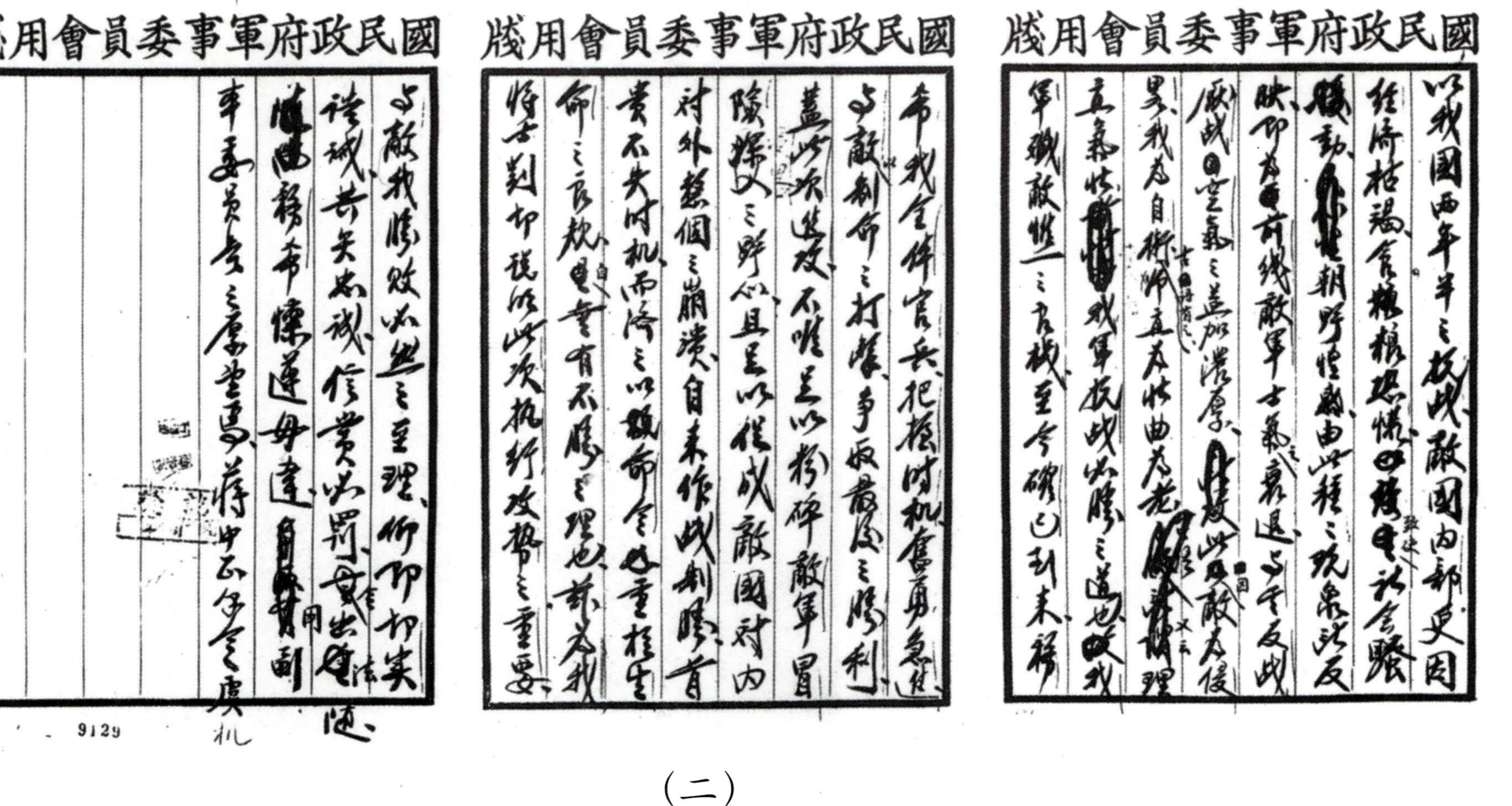
国民政府军事委员会用牋

国民政府军事委员会用牋

国民政府军事委员会用牋

9129

（二）

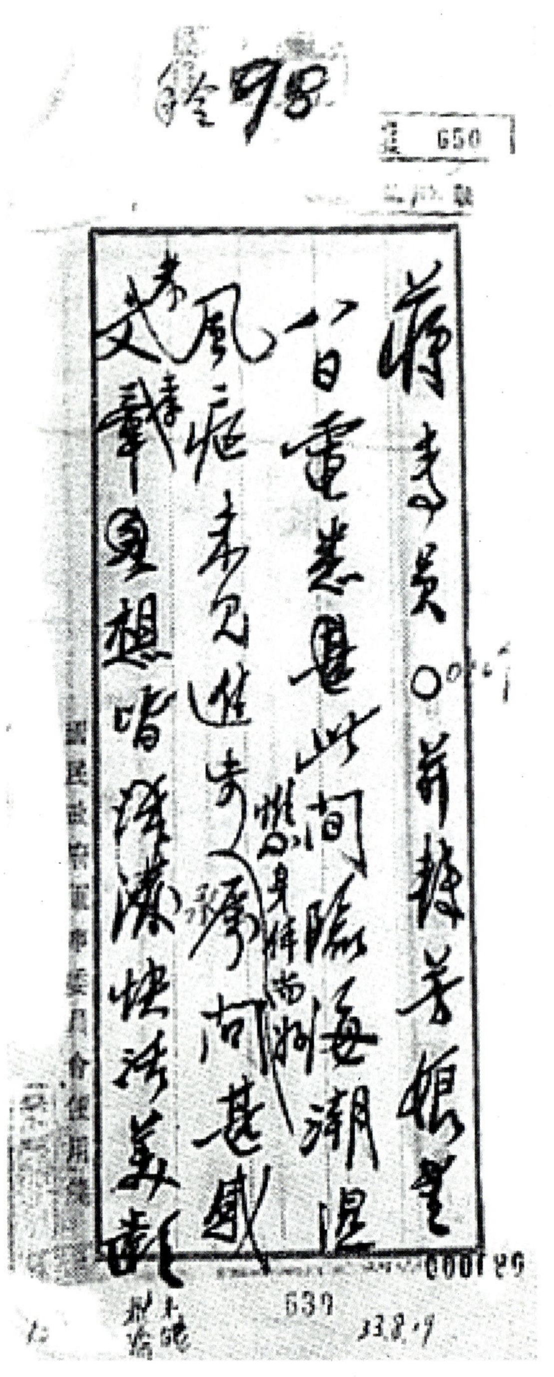

左：1943 年，蒋介石“代”宋美龄草拟的问候儿媳芳娘之平安电。

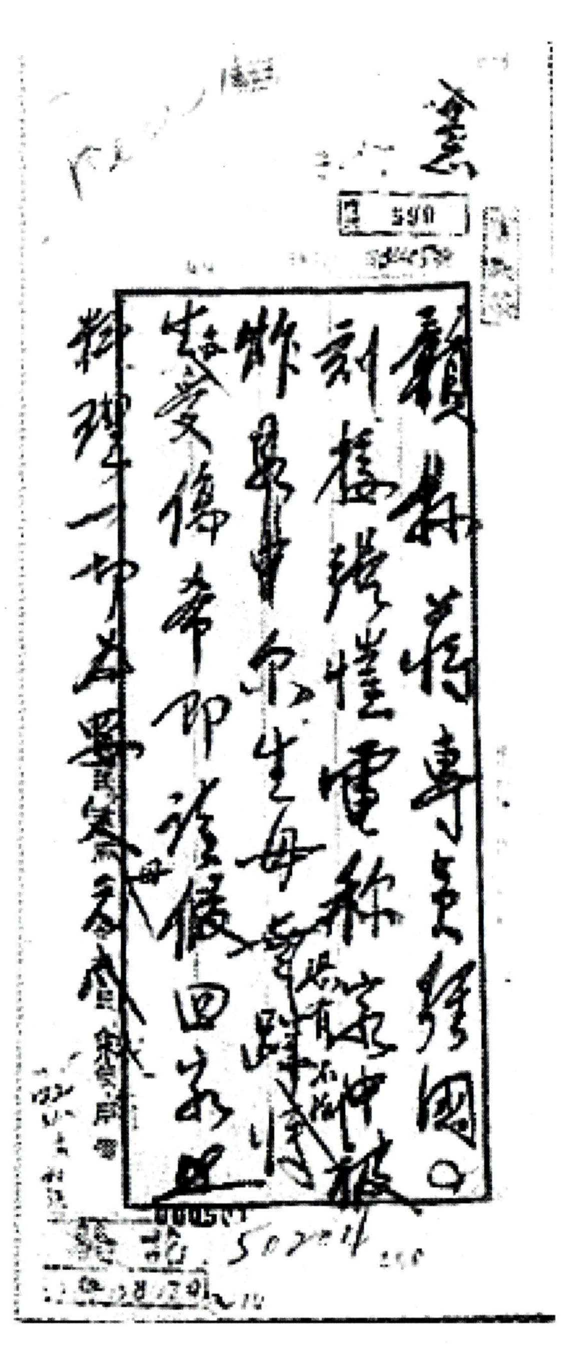

右：1939 年，蒋介石老家被日军轰炸，他担心蒋经国之母毛氏恐有不测，令经国回家料理，后证实毛氏被炸死。蒋经国立“以血洗血”碑以为悼念。

鄭母木村華君夫人幃右

教忠有方

蒋中正

1941 年，国民党高官女儿郑苹如，打入敌营，刺杀汉奸失败被敌人杀害，蒋为其母题匾致敬。

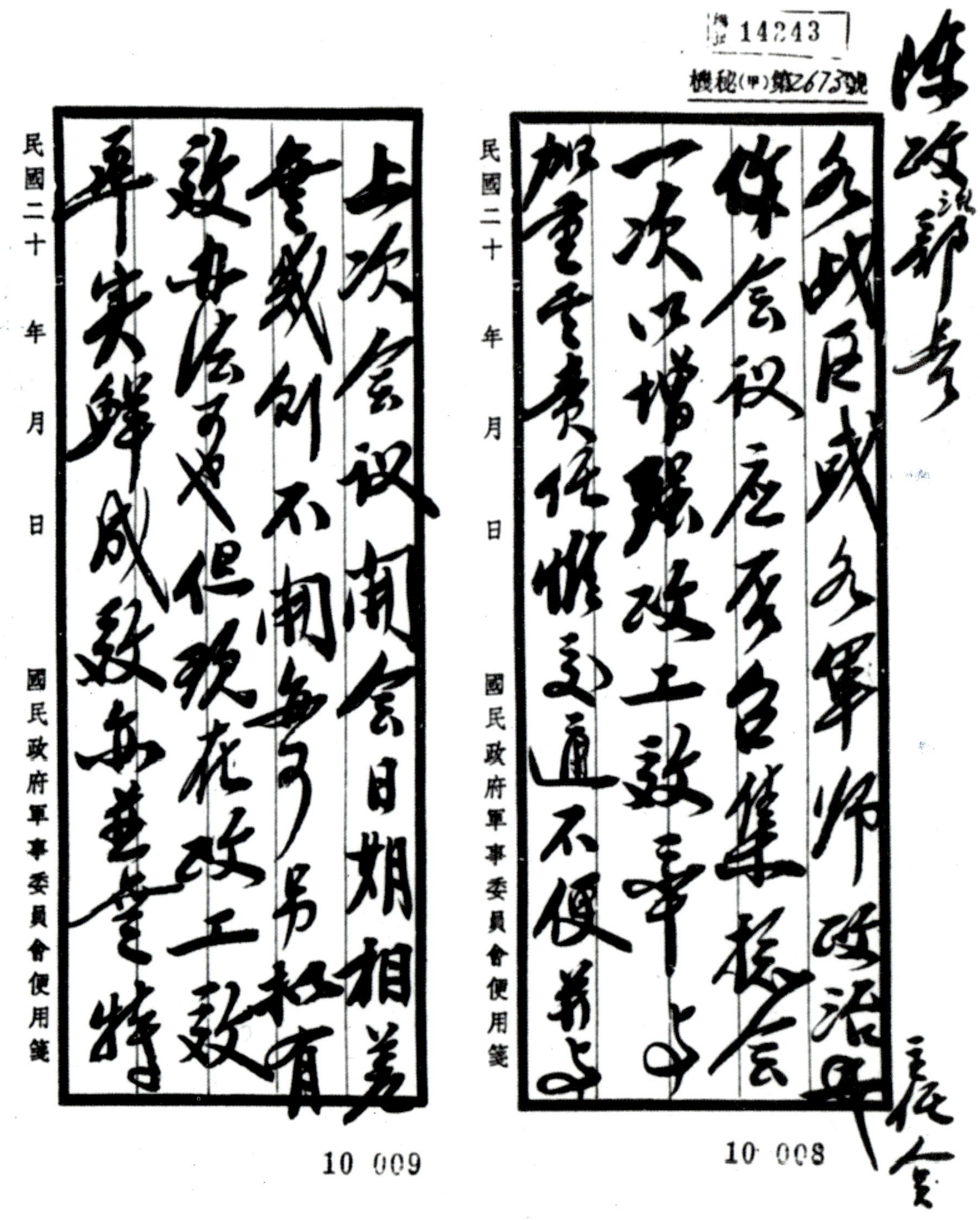

14243

機秘(甲)第2673號

民國二十　年　月　日

國民政府軍事委員會便用箋

10 008

民國二十　年　月　日

國民政府軍事委員會便用箋

10 009

1940年3月15日，蒋介石密令政治部长陈诚指示政工人员防共。

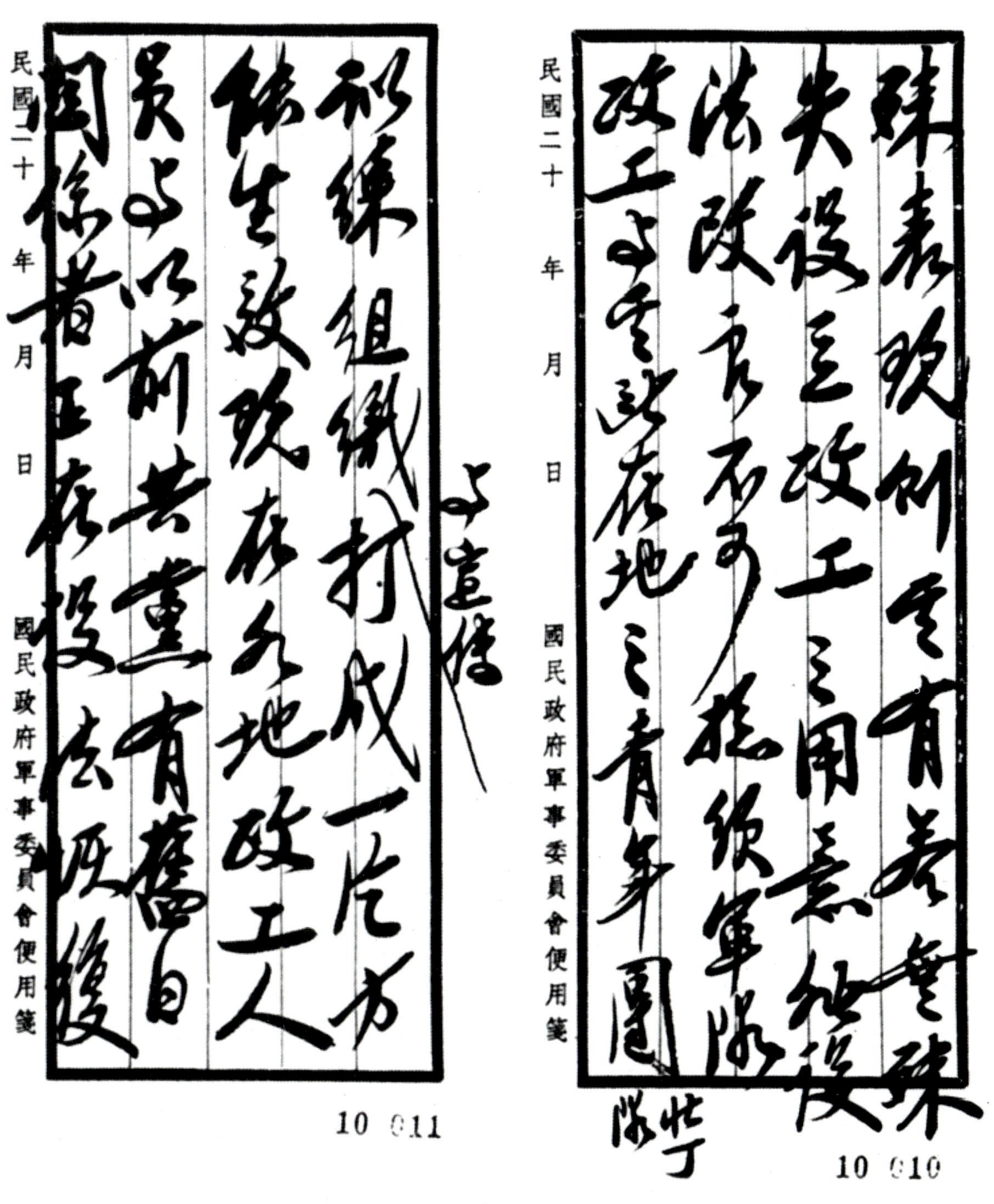

殊表欽佩，惟有若干殊
失設立政工之用意，殆設
法改良，不可不於各級軍隊
政工與黨在地之青年團
陳誠

民國二十　年　月　日
國民政府軍事委員會便用箋

10 010

訓練組織打成一片，方
能生效。現在各地政工人
員與以前共黨有舊[illegible]
關係者正在設法收復（與宣傳）

民國二十　年　月　日
國民政府軍事委員會便用箋

10 011

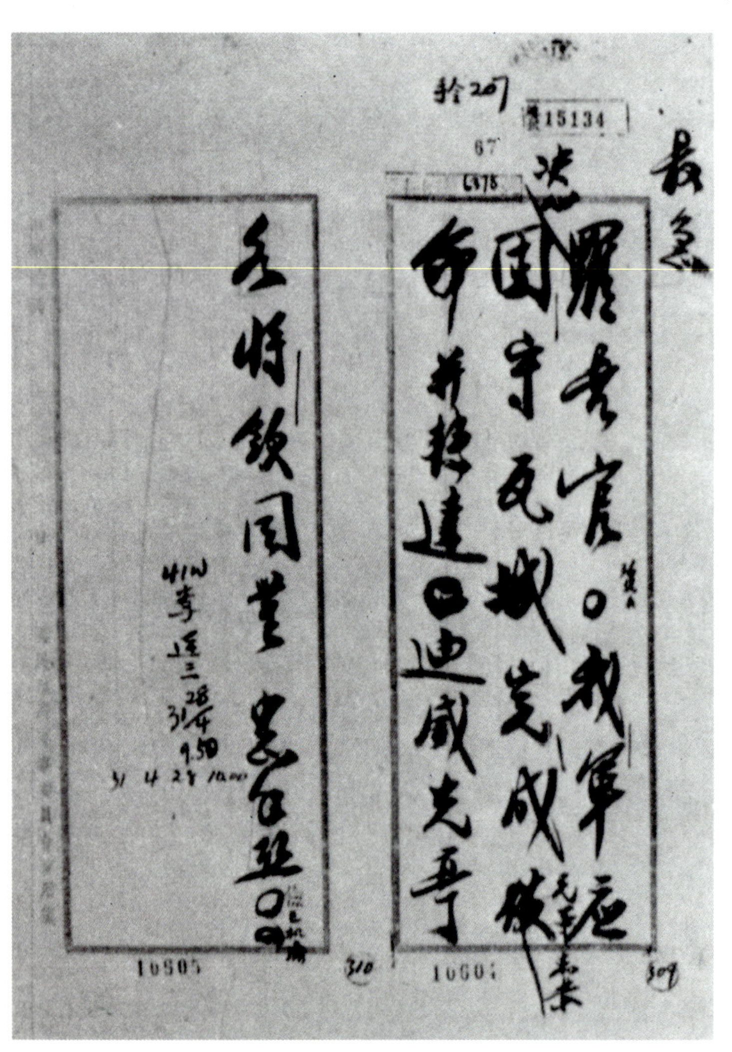

1942年初，蒋介石致电进入缅甸与日军作战的中国远征军第一路司令长官罗卓英，指示应决心固守瓦城。

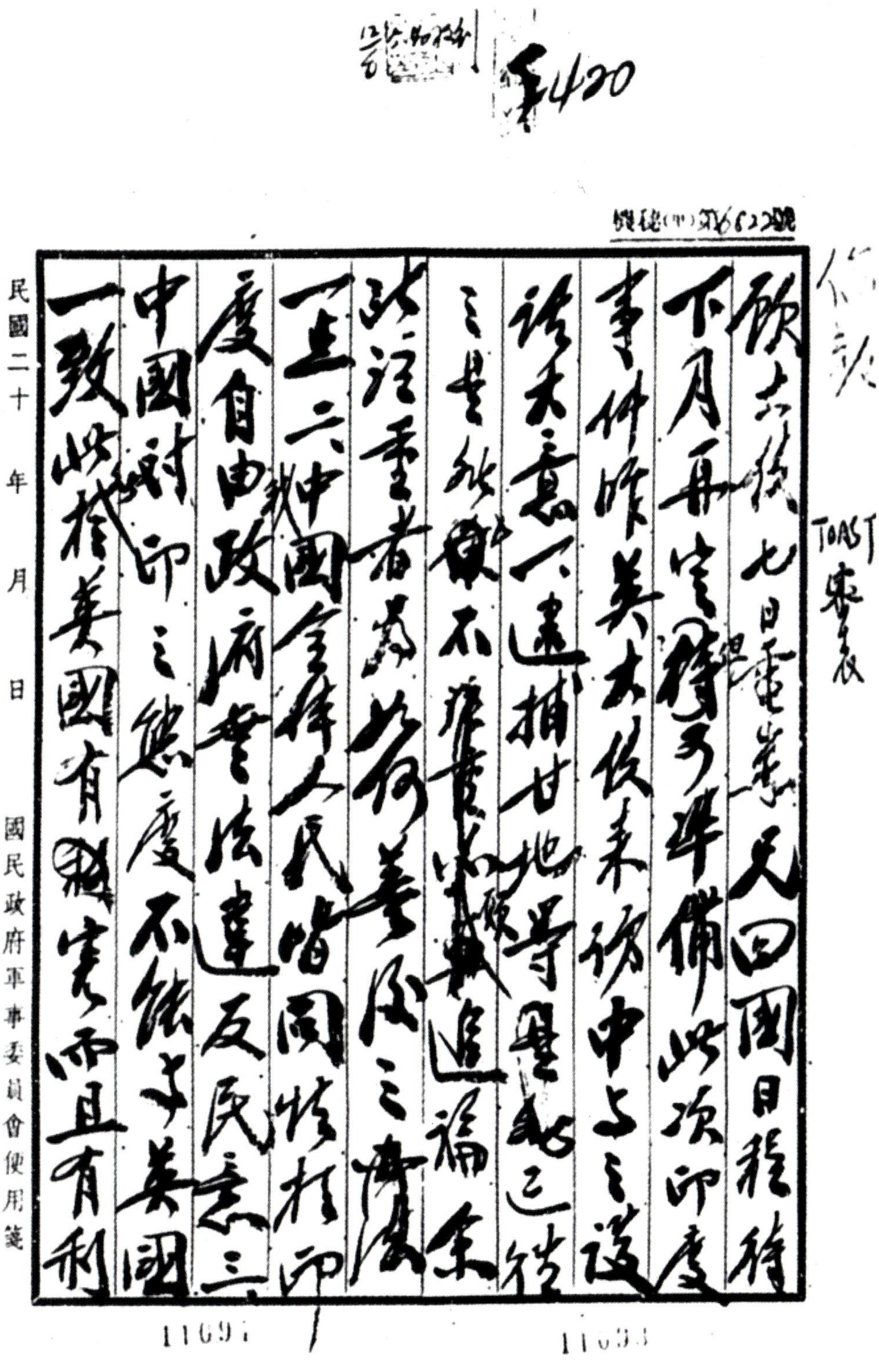

机秘（甲）第6622号

民國二十　年　月　日　國民政府軍事委員會使用箋

顾大使：七日电悉。又四国日程待下月再定，但须其準備。此次印度事件，昨美大使来访中正之談話大意：一、逮捕甘地等是[illegible]之措[illegible]不[illegible]追福余政治委員者[illegible]於英[illegible]之[illegible]二、六中國全體人民皆同情於印度自由，政府要法違反民意；三、中國對印之態度不能不於英國一致，此於英國有[illegible]害而且有利

11697　11698

（一）

1942年8月8日，全印度代表大会通过要求英国立即还政的议案，次日，印度总督将领导独立运动的国大党领袖甘地、尼赫鲁等逮捕下狱。蒋介石恐英、印矛盾激化将影响同盟国联合作战，乃多方设法，缓和英、印关系。图为蒋介石致电驻英大使顾维钧，告其召见英驻华大使商讨此事之谈话要点。（共4页）

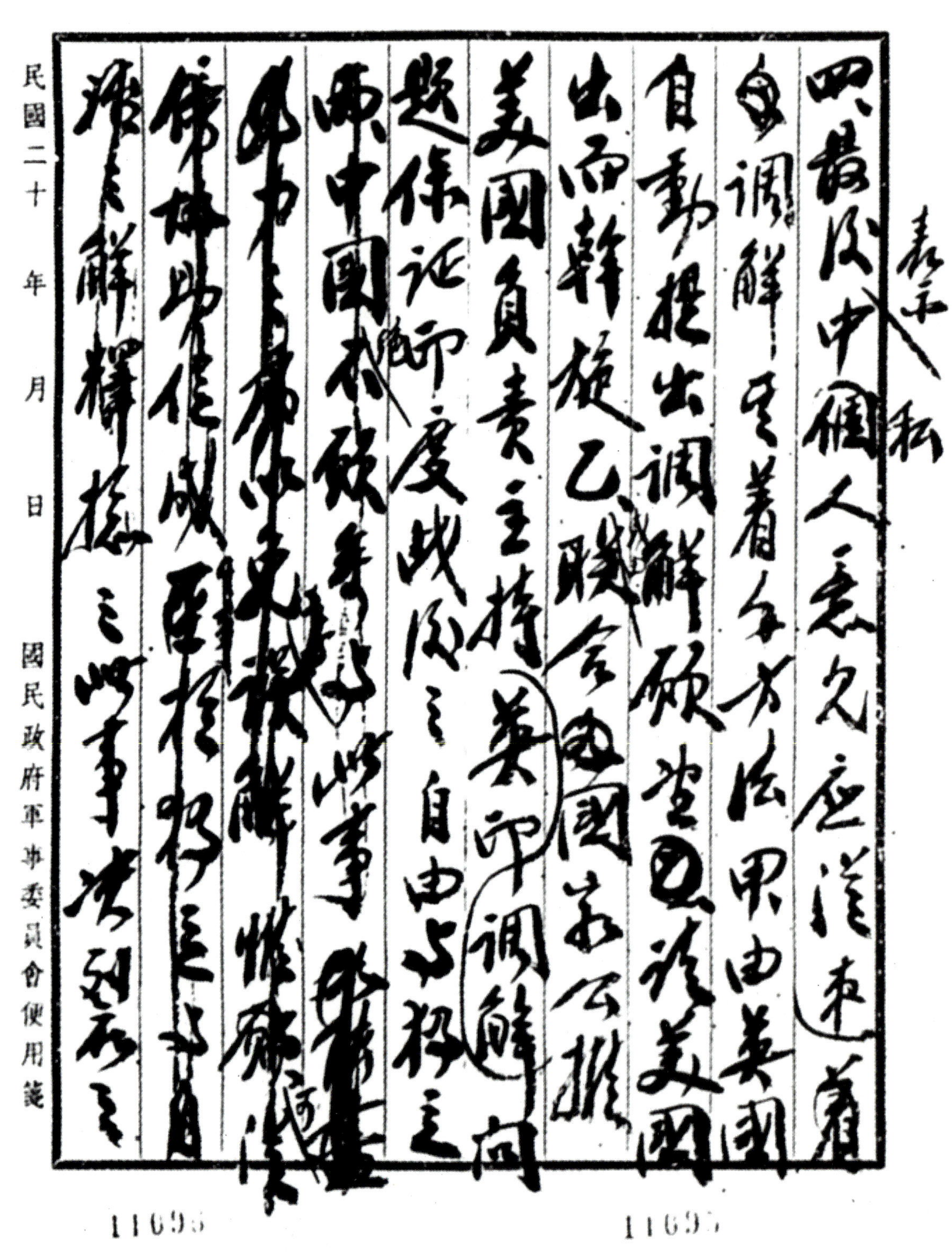
民國二十　年　月　日

國民政府軍事委員會便用箋

11695　　11697

（二）

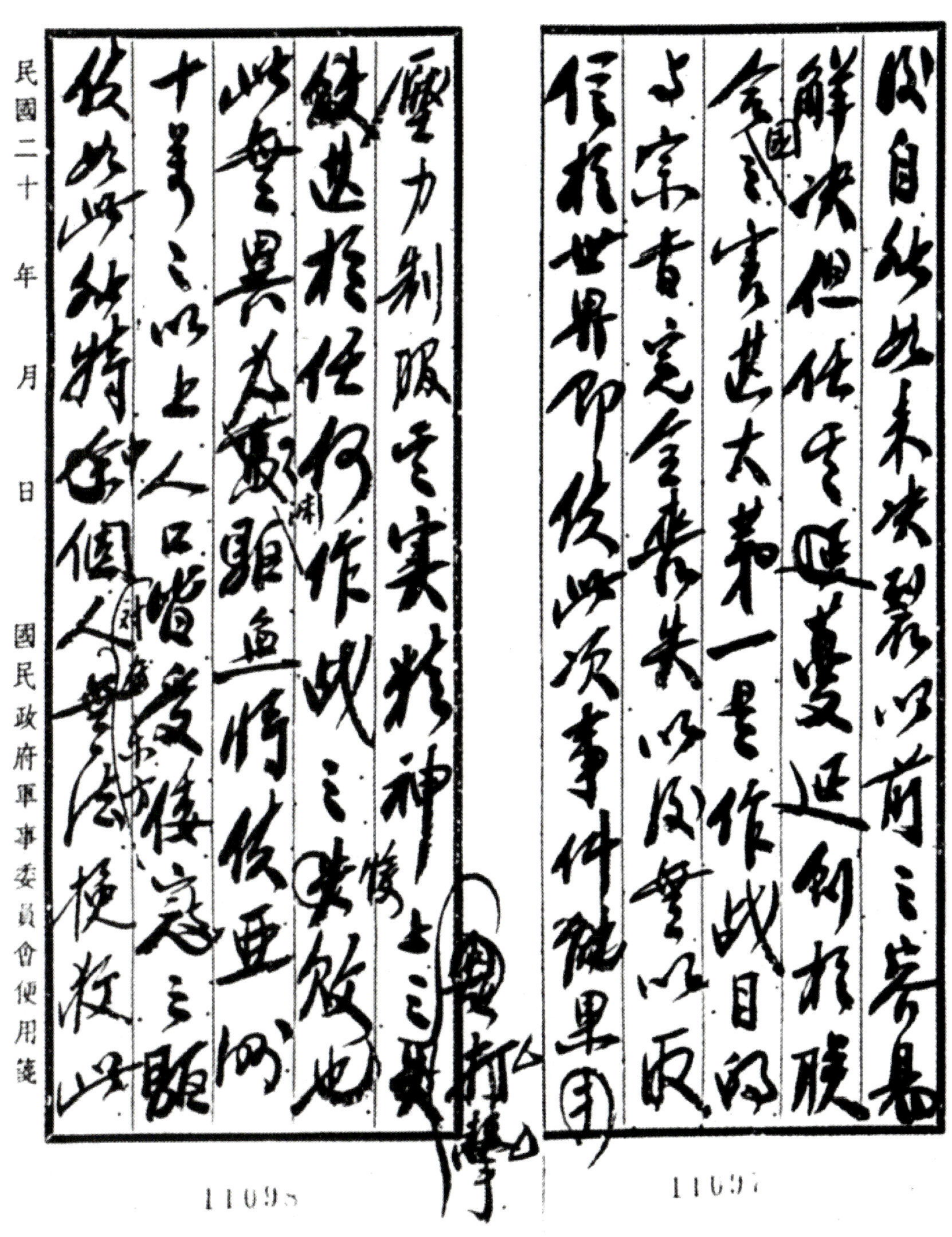
民國二十　年　月　日　國民政府軍事委員會便用箋

11098

11097

（三）

1942 年 2 月，蒋介石夫妇访问印度，与甘地（穿白衣者）在加尔各答会面。

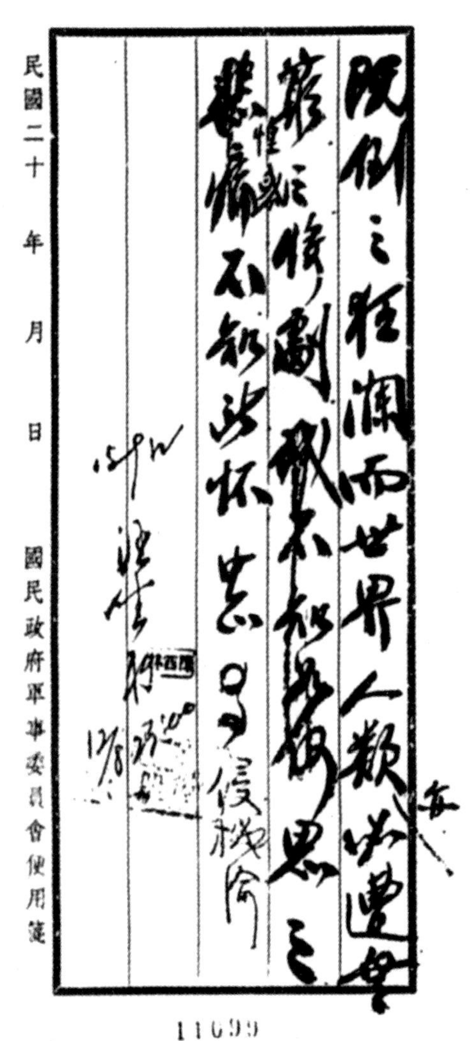

民國二十　年　月　日

國民政府軍事委員會使用箋

11699

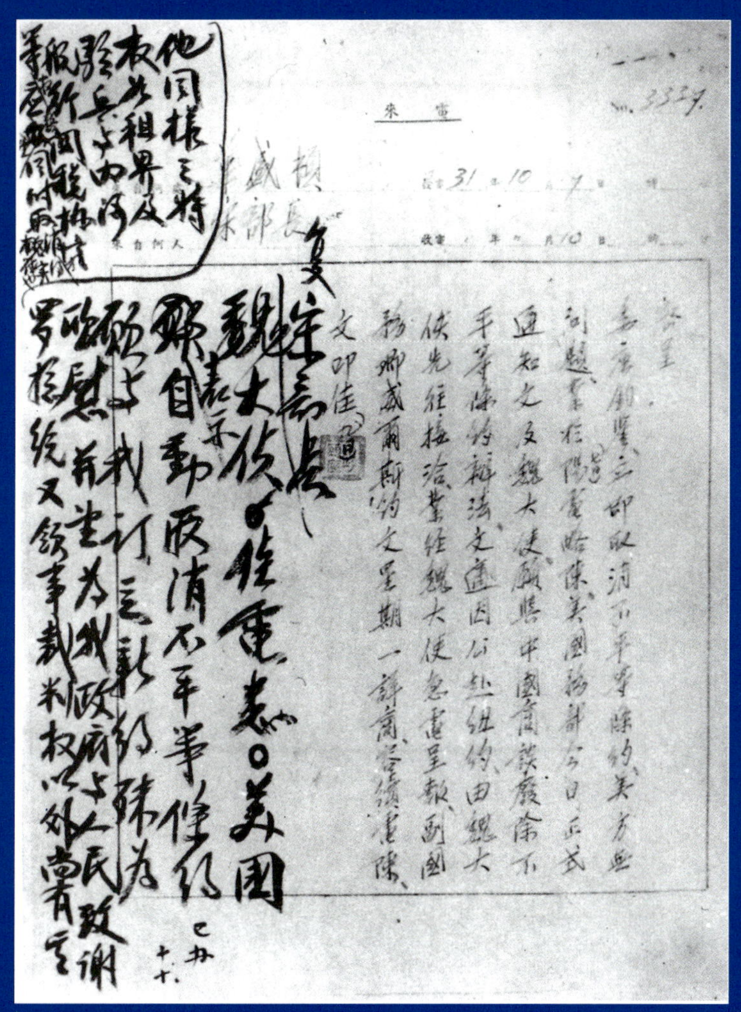

1942 年 10 月 9 日蒋介石关于中、美废除不平等条约的指示。

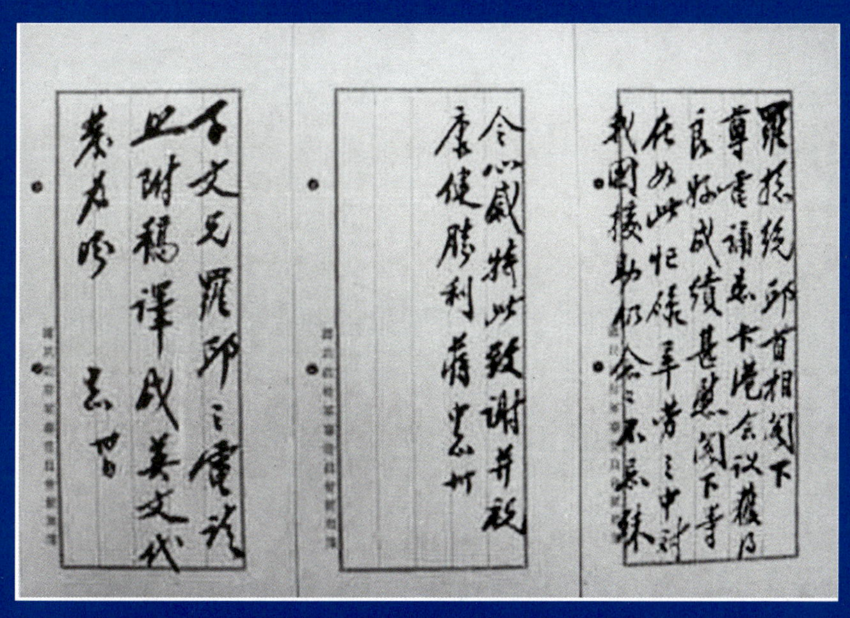

蒋介石 1943 年给罗斯福、丘吉尔卡萨布兰卡会后的感谢信原稿。

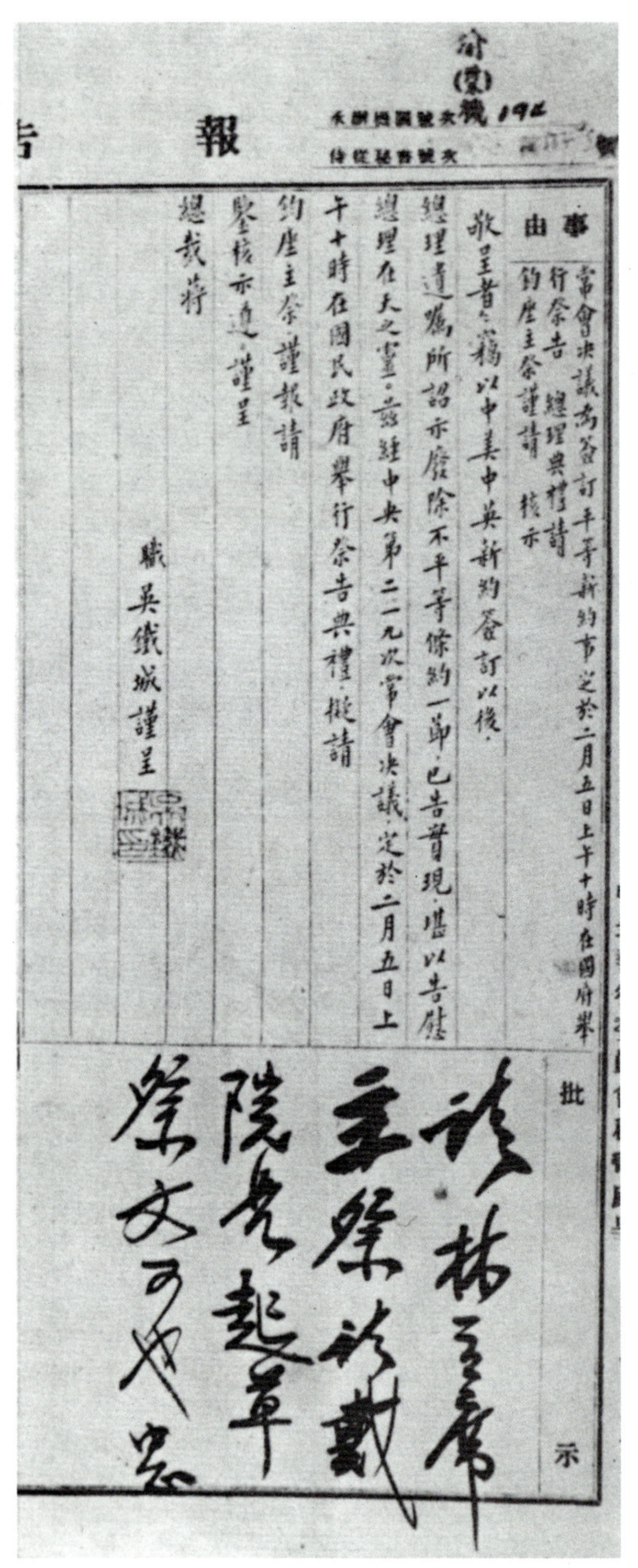

報告

事由：常會決議爲簽訂平等新約事定於二月五日上午十時在國府舉行祭告 總理典禮請 鈞座主祭謹請 核示

敬呈者：竊以中美中英新約簽訂以後，總理遺囑所詔示廢除不平等條約一節，已告實現，堪以告慰 總理在天之靈。茲經中央第二二九次常會決議，定於二月五日上午十時在國民政府舉行祭告典禮，擬請 鈞座主祭，謹報請 鑒核示遵。謹呈

總裁蔣

職 吳鐵城 謹呈

批示：請林主席主祭，務戴院長起草祭文可也。中正

1943年2月，蒋介石请国民政府林森主席就中英、中美新约告祭孙中山先生。

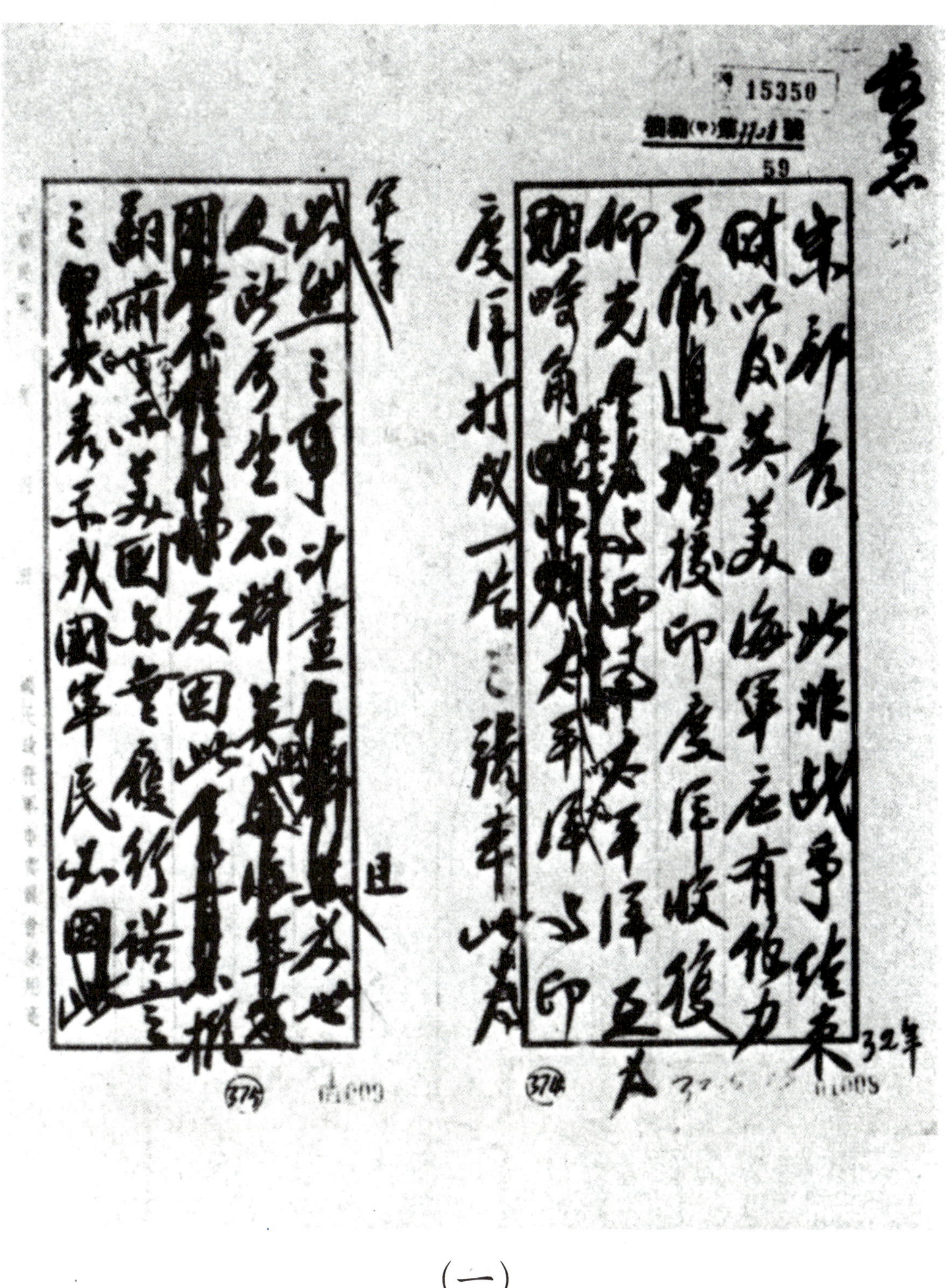

15350

59

宋部長。北非戰爭結束時，以後英美海軍應有能力可以進增援印度洋收復仰光 [illegible]

度洋打破一先之張本也

此後之事計畫 [illegible]

32年

（一）

1943 年 5 月，北非战场上的德国和意大利军队向英、美军投降，北非战争结束。蒋介石致电宋子文（时任外交部长）请转告美国总统罗斯福，英美两国应出兵增援印度洋收复仰光。（共 3 页）

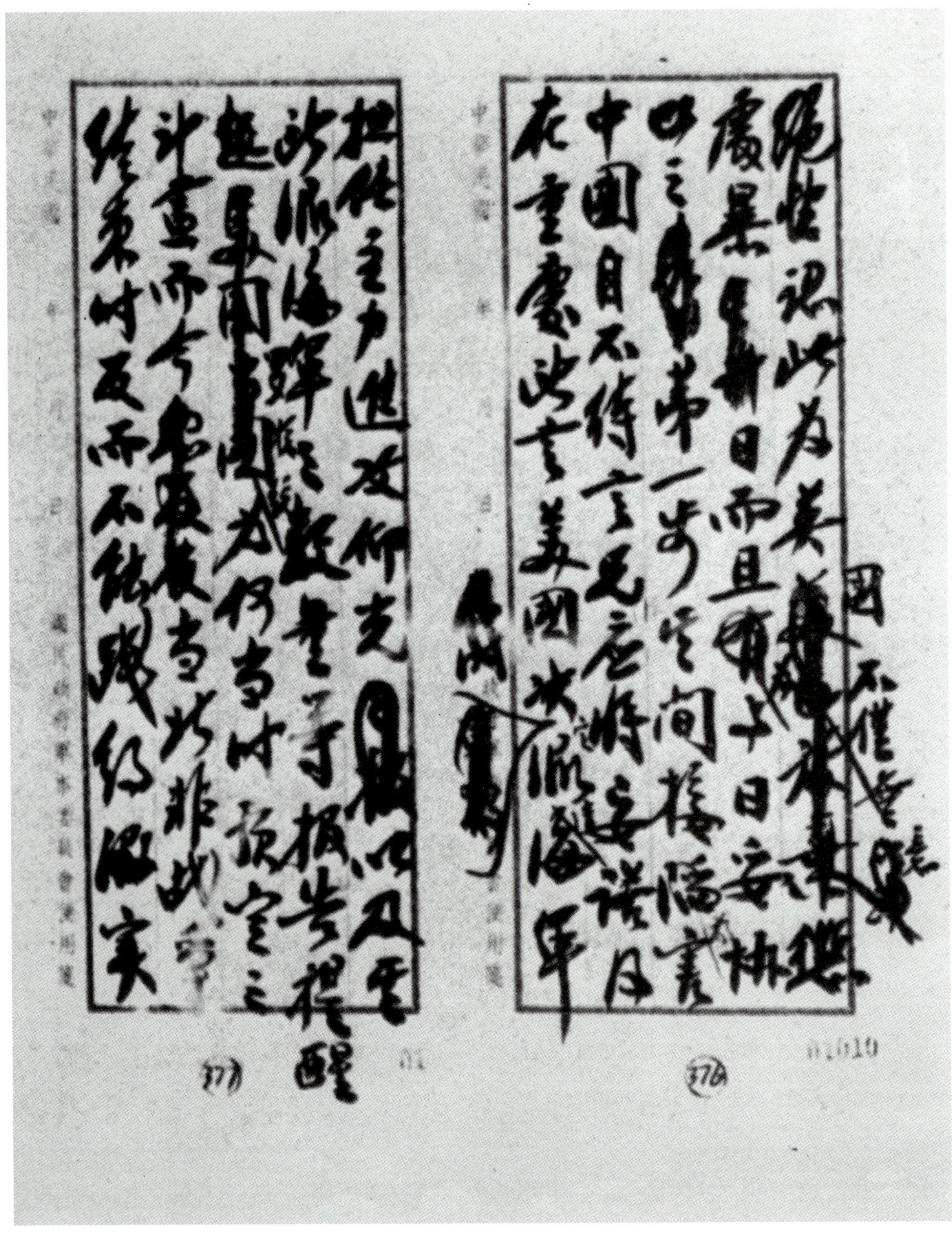

（二）

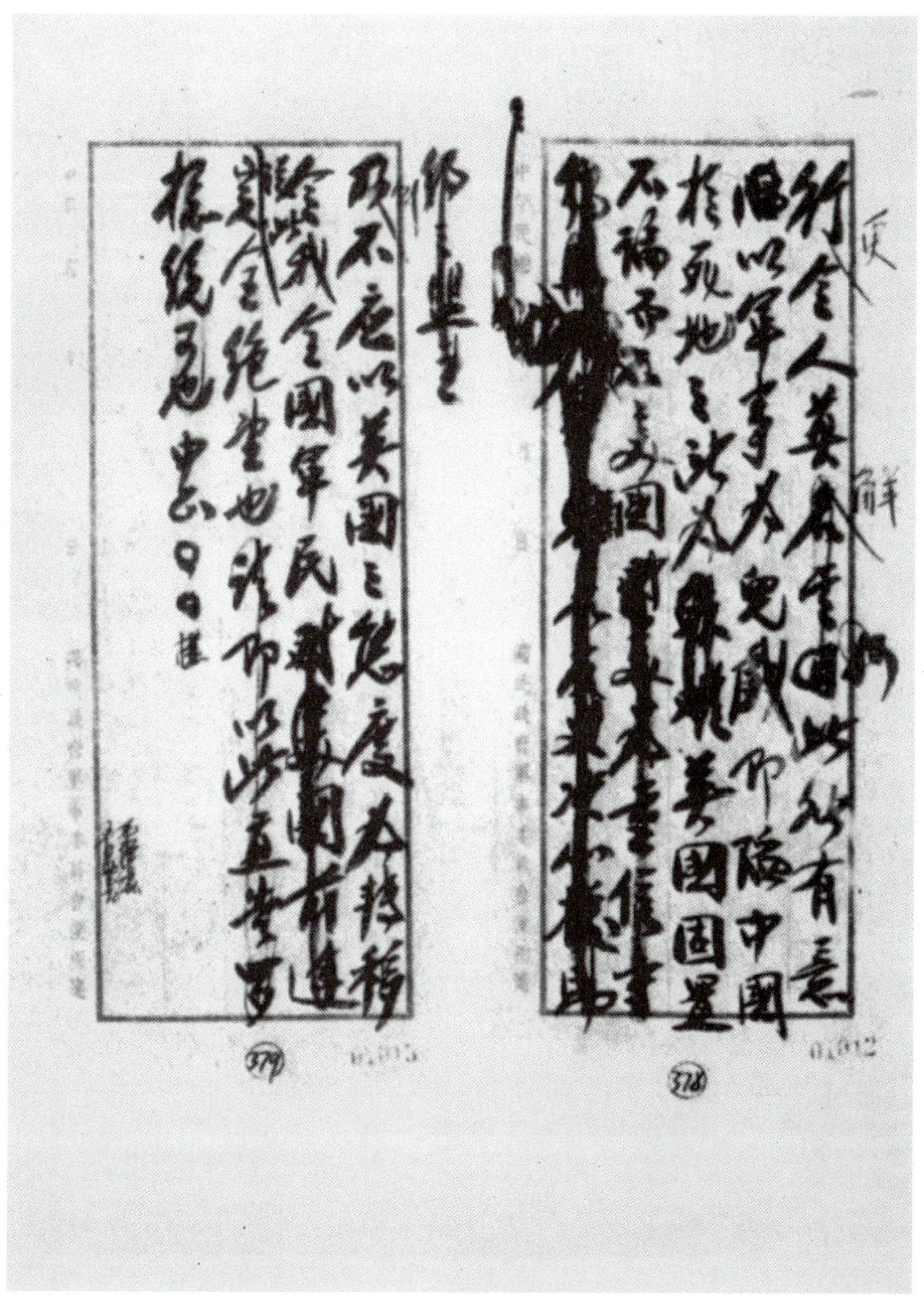

（三）

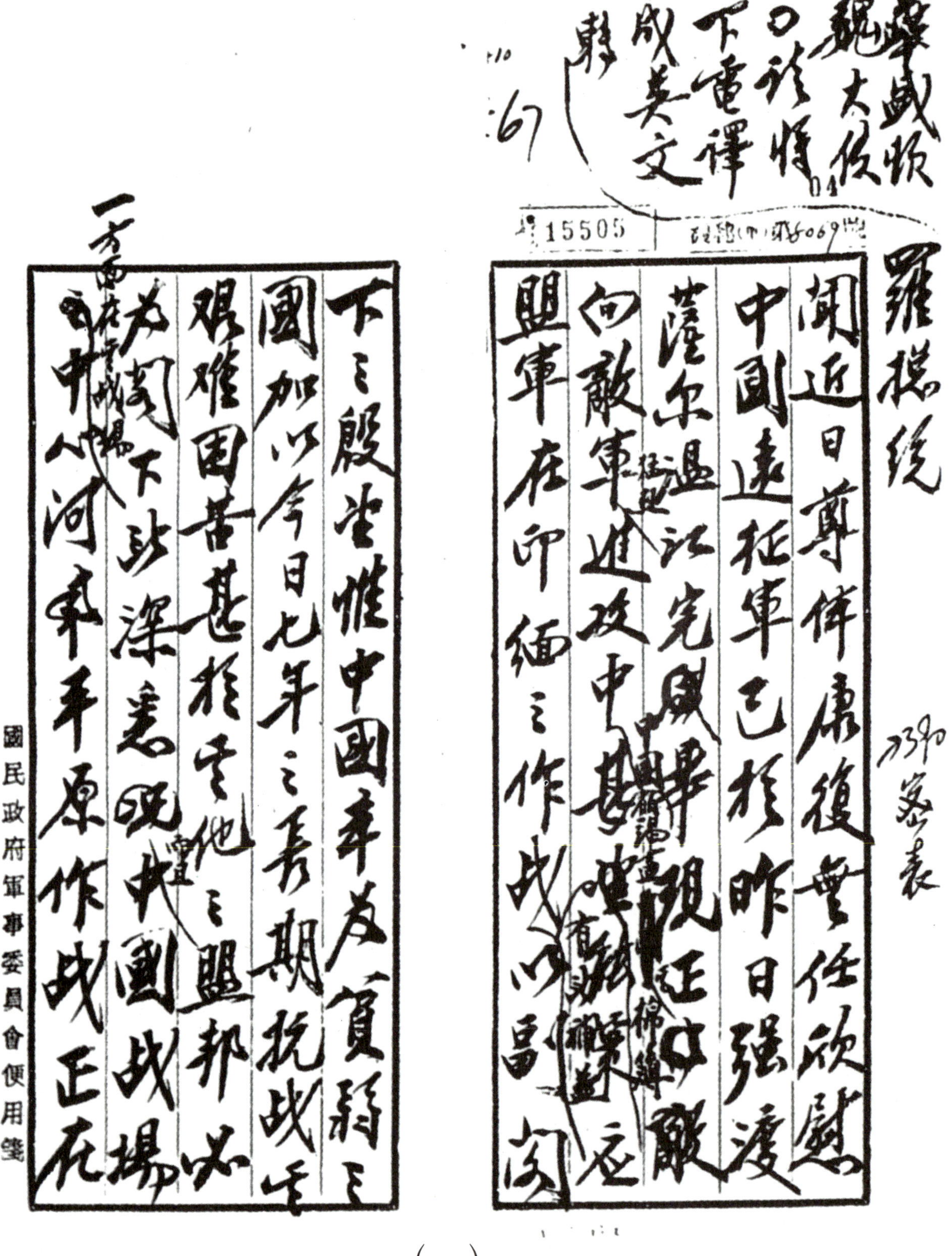
華盛頓魏大使：□請將下電譯成英文轉

15505

羅斯福總統：

閣下近日尊體康復，曾任欣慰。中國遠征軍已於昨日強渡薩爾溫江，完成[illegible]現正向敵軍進攻中，[illegible]應盟軍在印緬之作戰，以[illegible]閣下之殷望。惟中國本身負擔，[illegible]國加以今日七年之長期抗戰，艱難困苦甚於其他之盟邦，必為閣下所深悉。現我國戰場[illegible]中河南平原作戰正在

國民政府軍事委員會便用箋

（一）

1944年5月，中国远征军强渡怒江成功后，蒋介石致美国总统罗斯福电。（共2页）

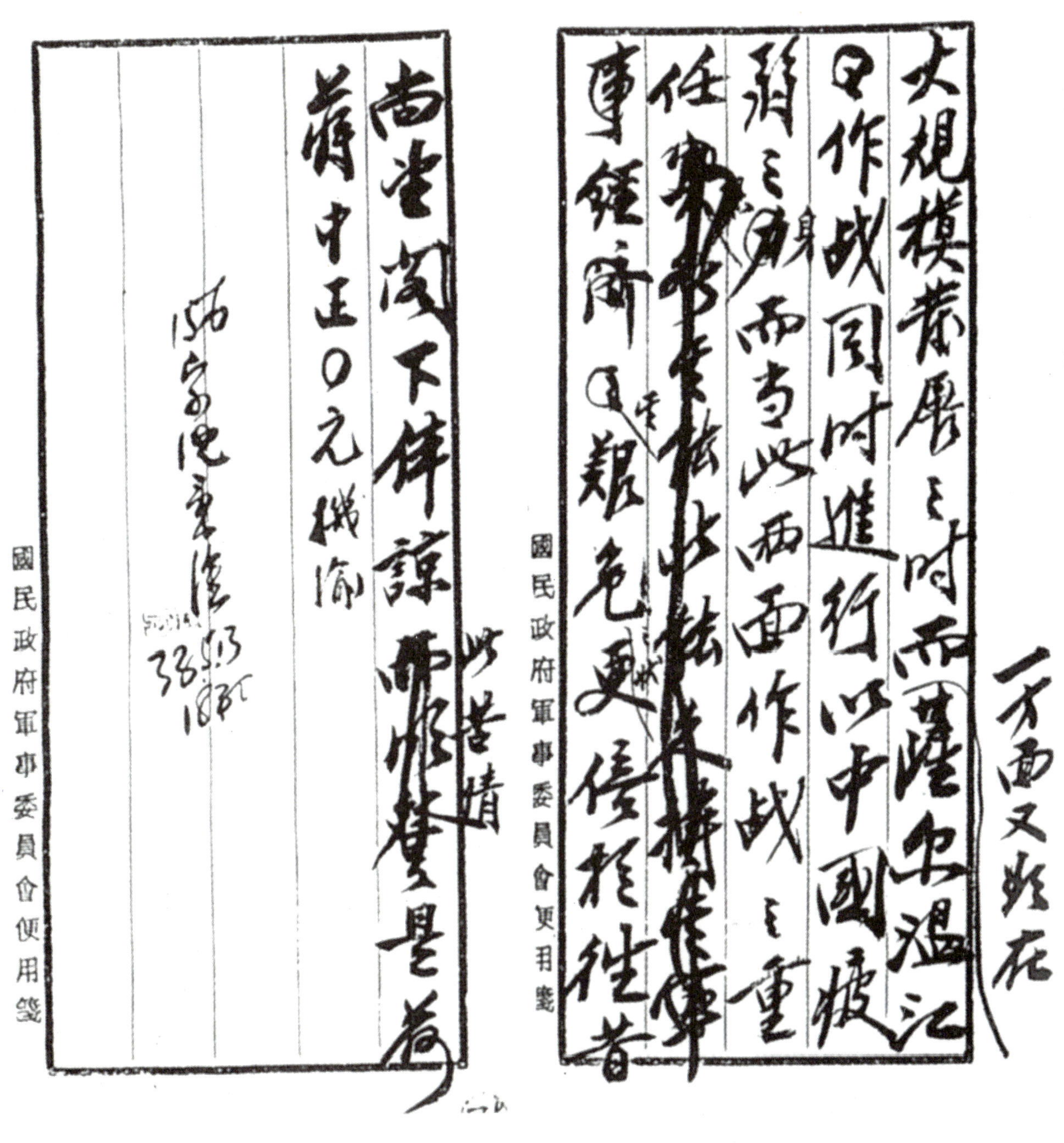
大規模[illegible]時而[illegible]江　一方面又[illegible]在
口作戰同時進行以中國戰
[illegible]而[illegible]此兩西面作戰之重
任[illegible]
[illegible]
國民政府軍事委員會便用箋

尚望閣下俾諒[illegible]是荷
蔣中正○元機渝
國民政府軍事委員會便用箋

（二）

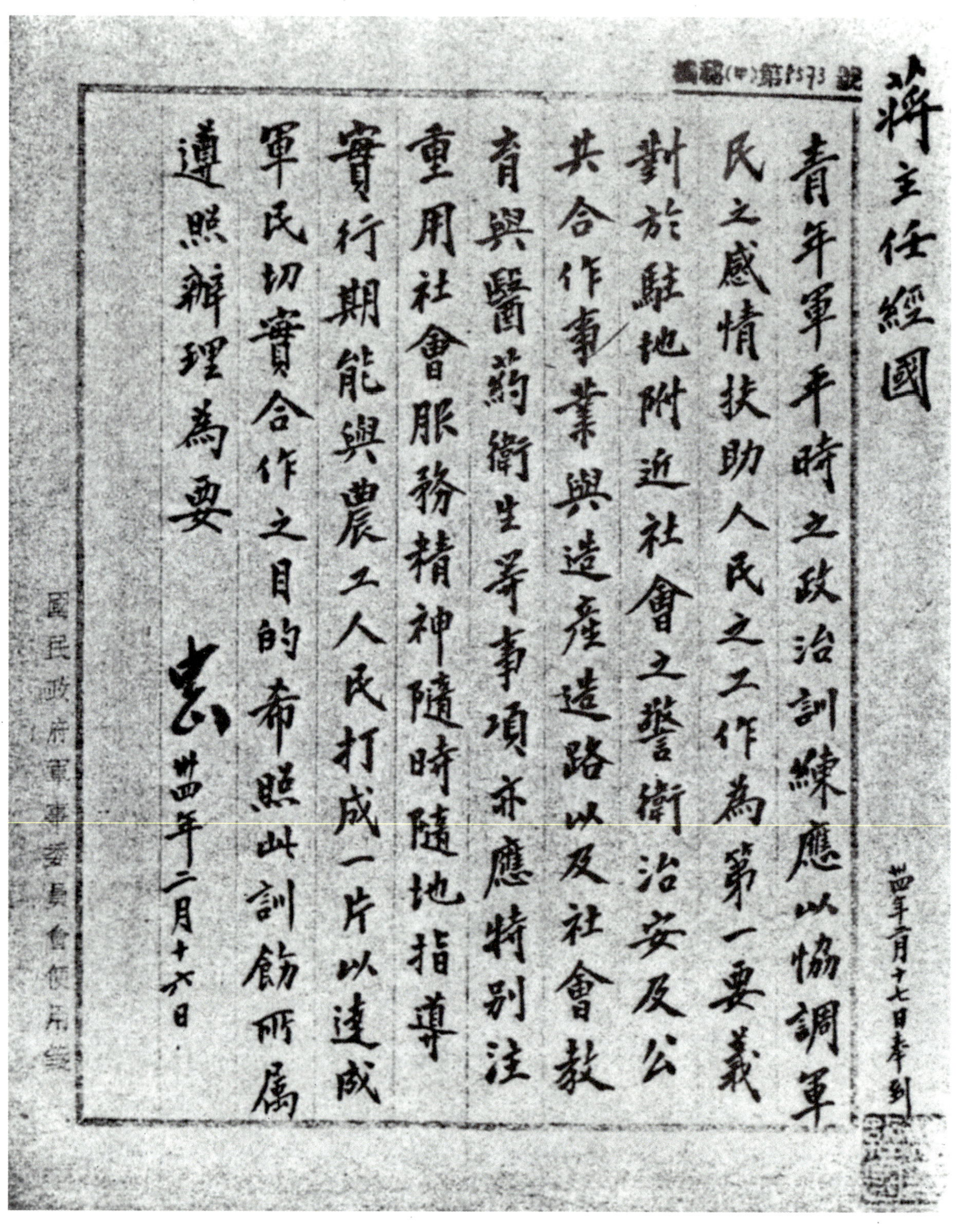

編稿(甲)第1573號

蔣主任經國

青年軍平時之政治訓練應以協調軍民之感情扶助人民之工作為第一要義對於駐地附近社會之警衛治安及公共合作事業與造產造路以及社會教育與醫藥衛生等事項亦應特別注重用社會服務精神隨時隨地指導實行期能與農工人民打成一片以達成軍民切實合作之目的希照此訓飭所屬遵照辦理為要

中正 卅四年二月十六日

卅四年二月十七日奉到

國民政府軍事委員會便用箋

1945 年 2 月 16 日，蒋介石致时任青年军编练总监部政治部主任的蒋经国手谕，指示政治训练工作之要义。

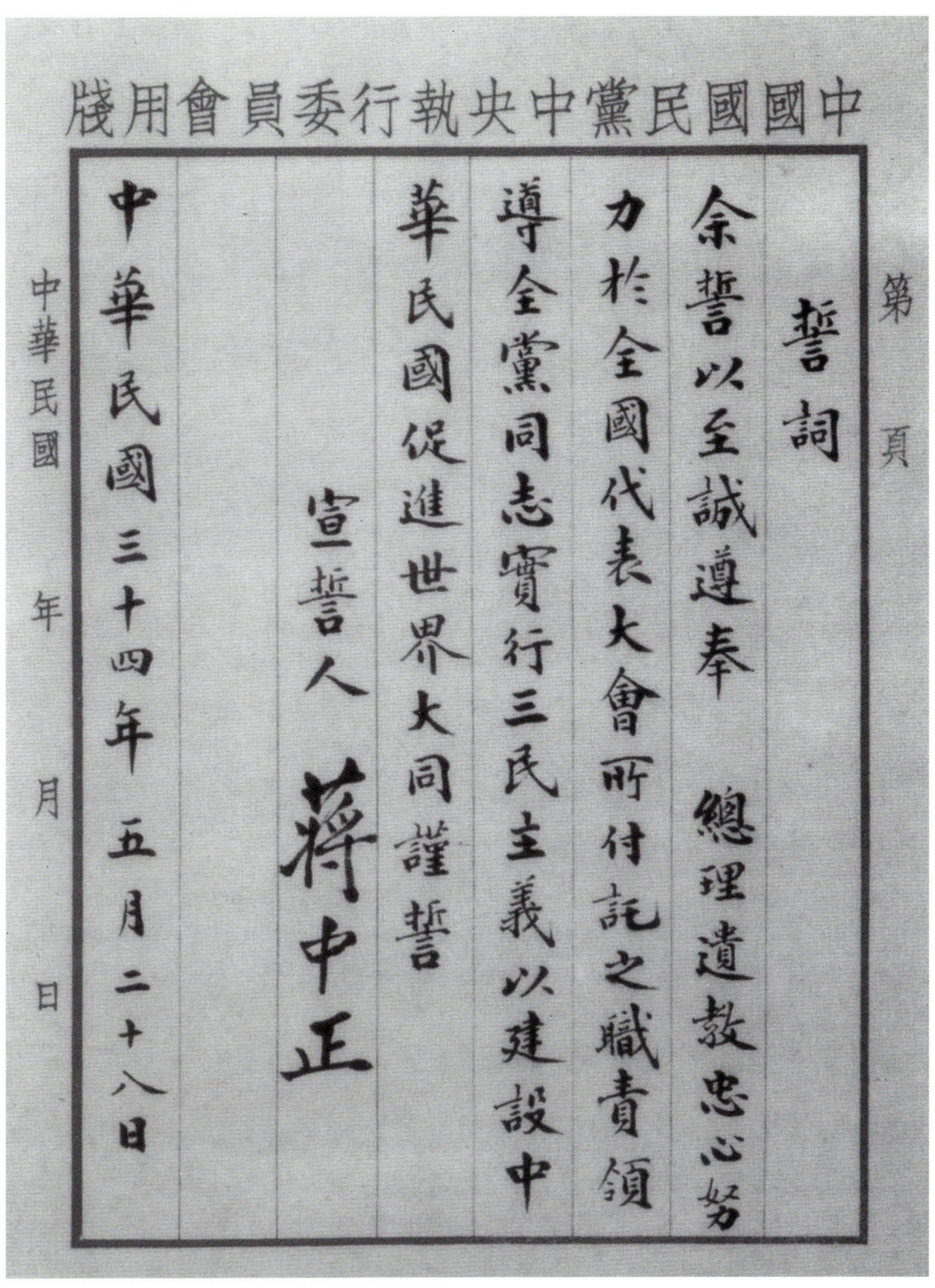

中國國民黨中央執行委員會用牋

第　頁

誓詞

余誓以至誠遵奉　總理遺教忠心努力於全國代表大會所付託之職責領導全黨同志實行三民主義以建設中華民國促進世界大同謹誓

宣誓人　蔣中正

中華民國三十四年五月二十八日

中華民國　年　月　日

1945 年 5 月，国民党在重庆召开“六全大会”，蒋介石就任最高领袖之誓词。

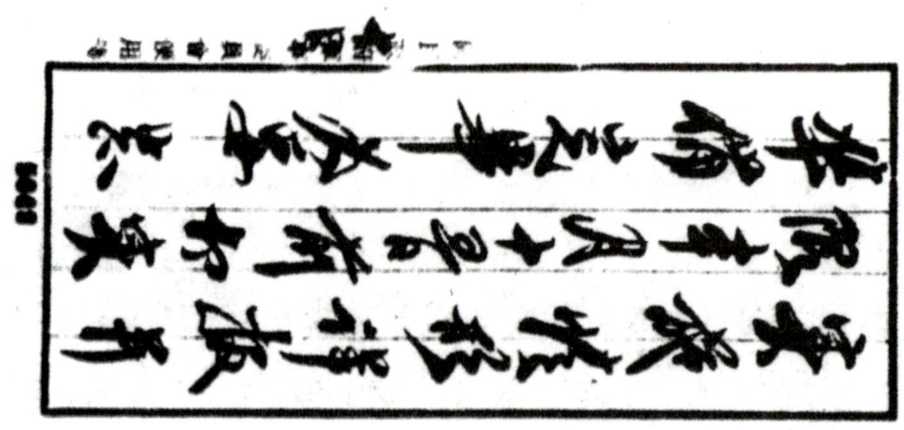

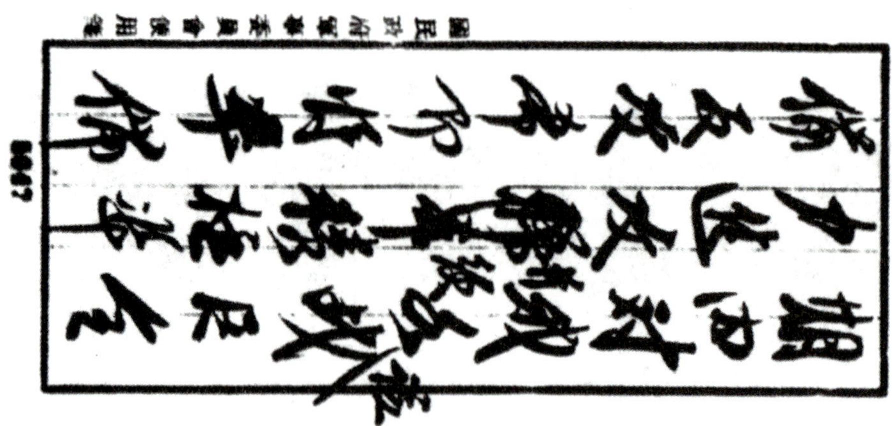

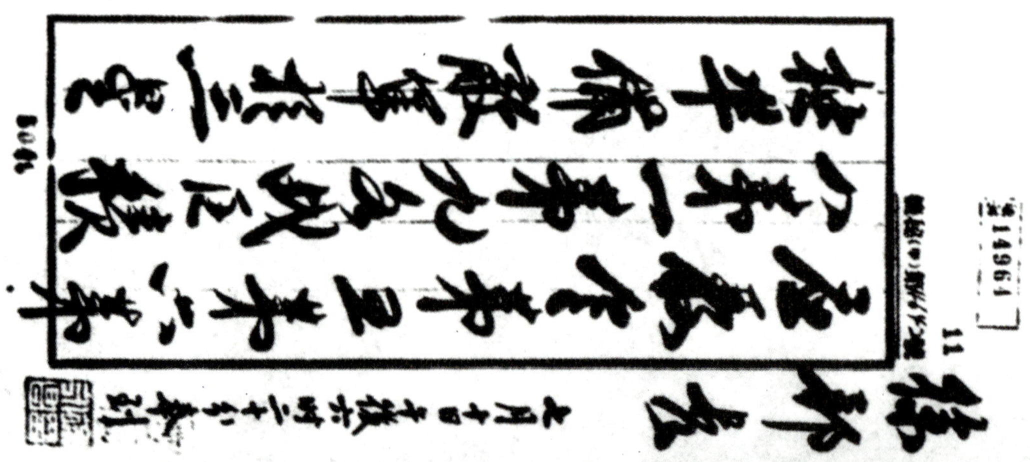

1945年7月10日，蒋介石致军令部长徐永昌，严令各战区积极准备对日反攻。

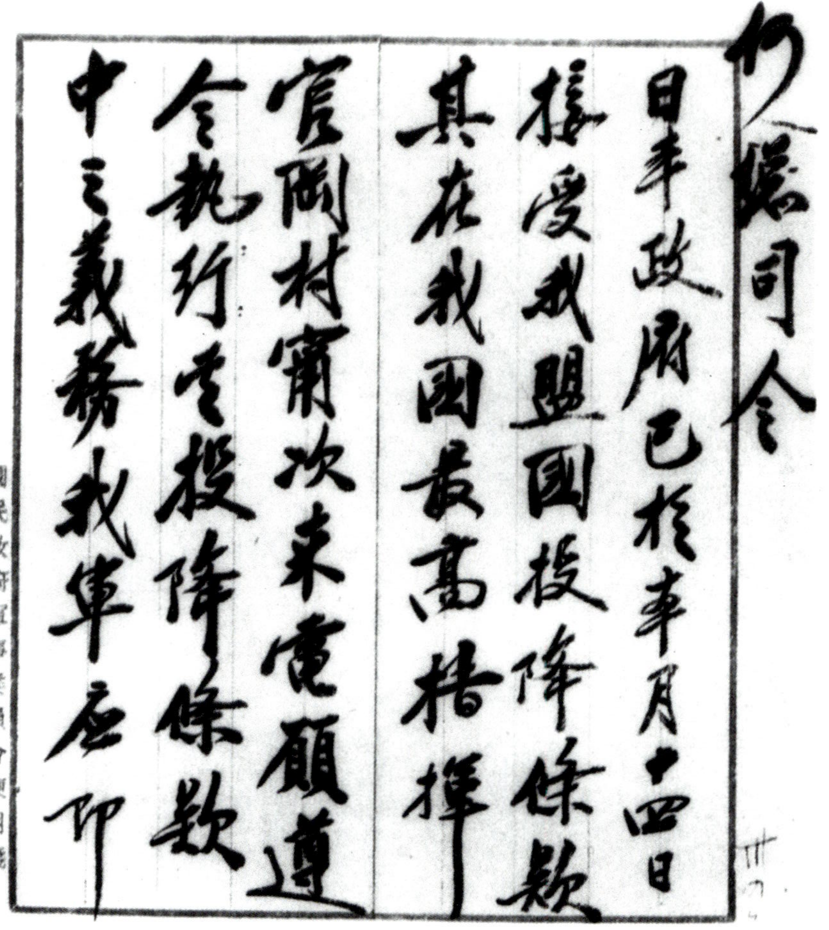

何總司令：日本政府已於本月十四日接受我盟國投降條款，其在我國最高指揮官岡村寧次來電願遵令執行之投降條款中之義務，我軍應即

國民政府軍事委員會便用箋

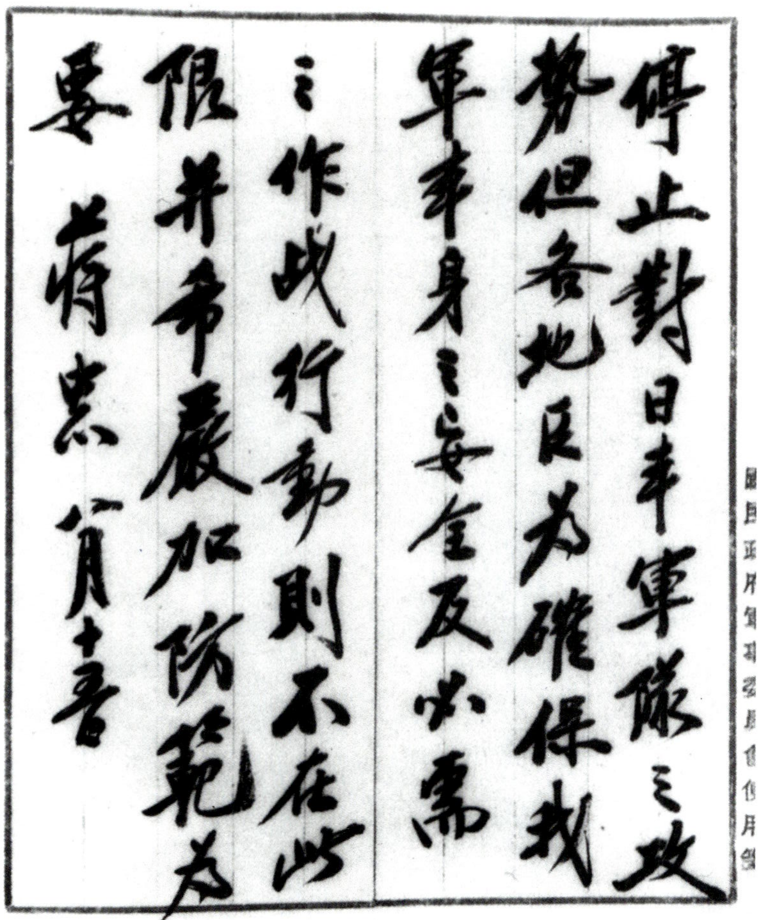

停止對日本軍隊之攻勢，但各地區為確保我軍本身之安全及必需之作戰行動則不在此限，並希嚴加防範為要。蔣中正 八月十五日

國民政府軍事委員會便用箋

1945年8月15日，蒋介石致函何应钦，告知日本政府已接受了盟国投降条款，在华日军头目冈村宁次已遵令投降。

联合国是中国首先提议建立的。中国也是联合国四个创始国之一。1945 年 8 月 24 日，蒋介石在重庆签署联合国宪章。

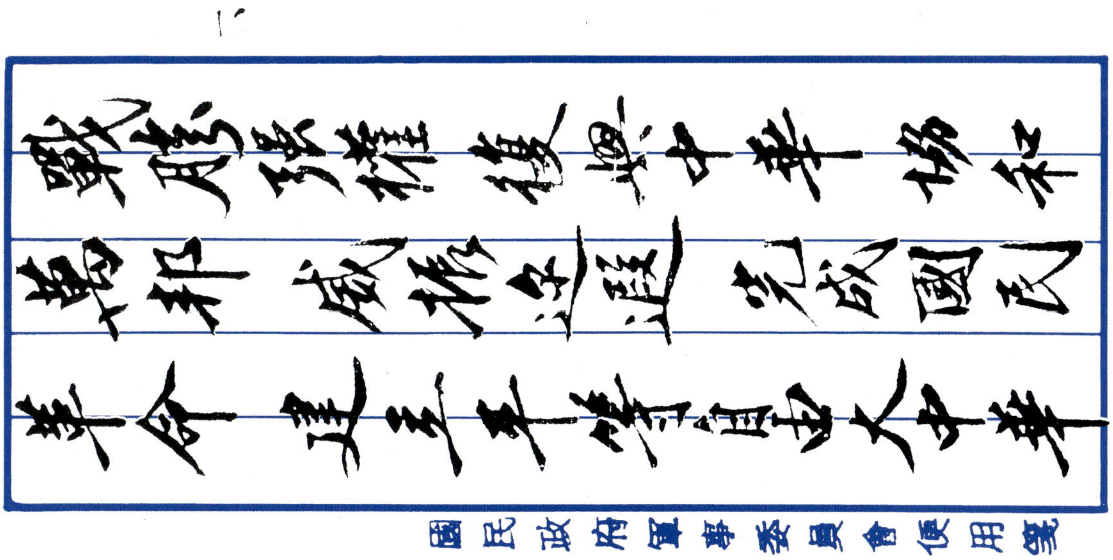

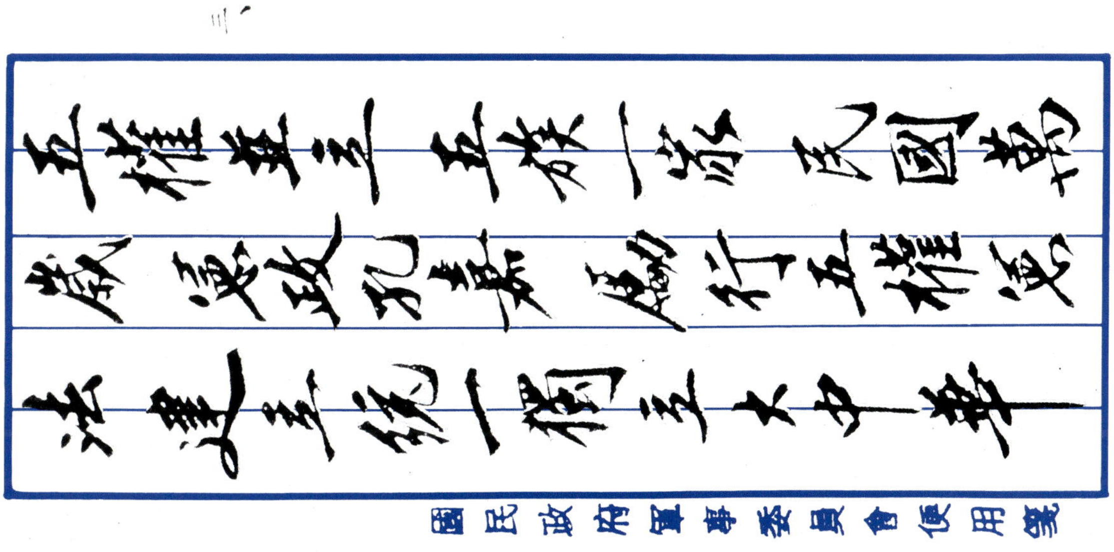

國民政府軍事委員會便用箋

國民政府軍事委員會便用箋

國民政府軍事委員會便用箋

蒋介石在抗战胜利后，填写了“大中华歌”词，以志纪念盛典。

抗战胜利前，蒋介石为我国最大抗日烈士陵园题匾，所书“烈”字少一点，据说寓意烈士少一点（上左图。）右图是蒋介石为纪念在 1939 年昆仑关战役中牺牲的将士所题。

抗战胜利，蒋介石为抗日烈士陵园（湖南衡山）题匾，为生者题词“奋斗”。

为悼念马来西亚地区华侨抗日烈士，蒋介石于战后书写此碑，屹立于今之马来西亚的麻六甲市郊至今。

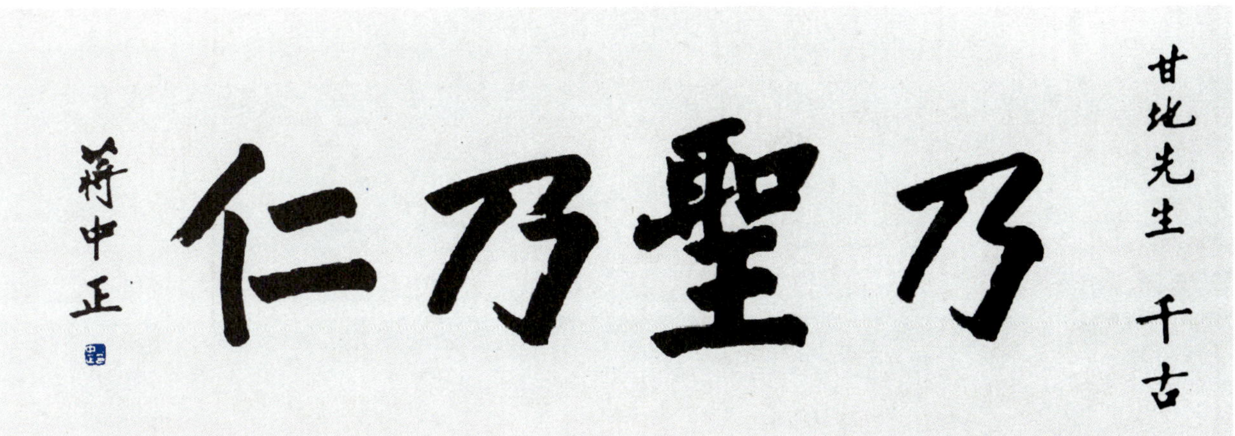

1948 年 1 月，印度的国父甘地遇刺身亡，这是蒋氏亲书的悼念及表彰的匾额。

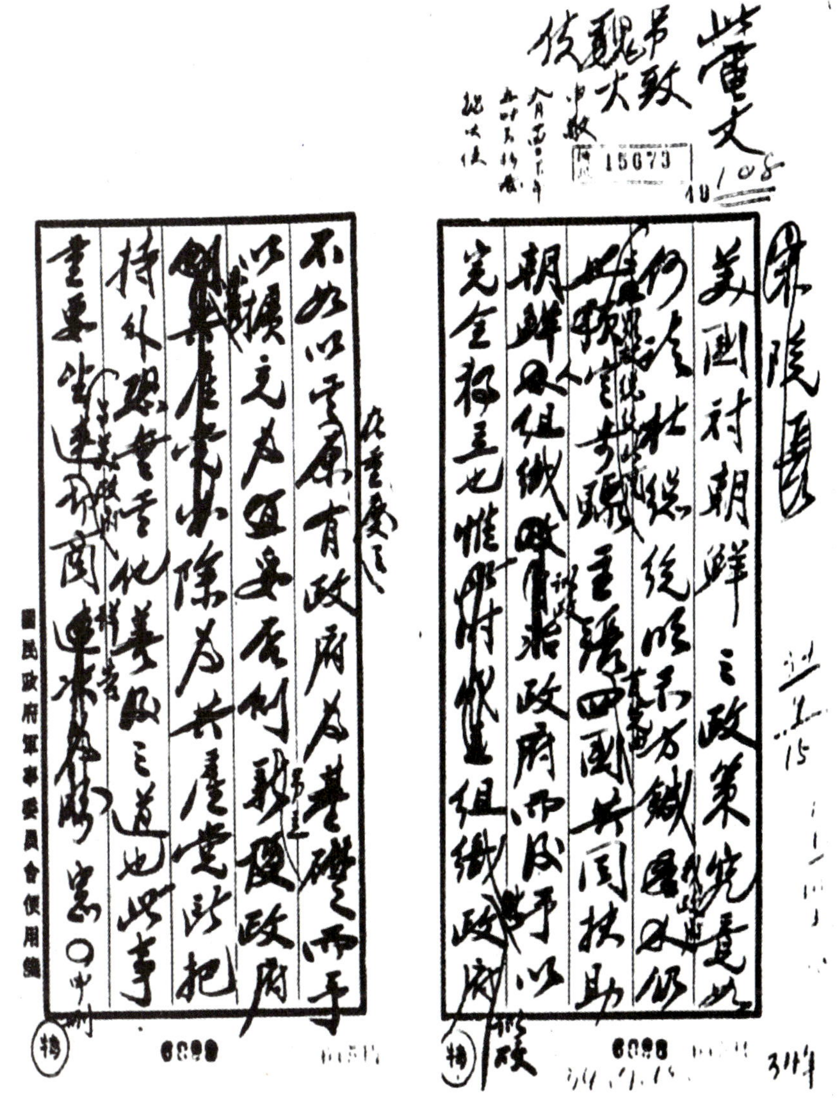

抗战胜利后，蒋介石致电驻美大使魏道明，指示其与美国政府磋商对朝鲜独立之政策。

八、败退台湾·重新掌权

妙高臺

中正題

1949 年初，蒋介石战败被迫“引退”，在家乡“妙高台”云游。这是他早年为此地的题字。

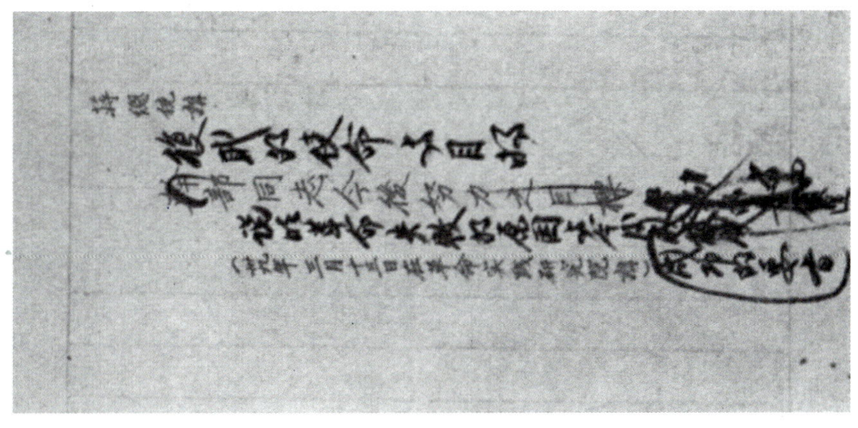

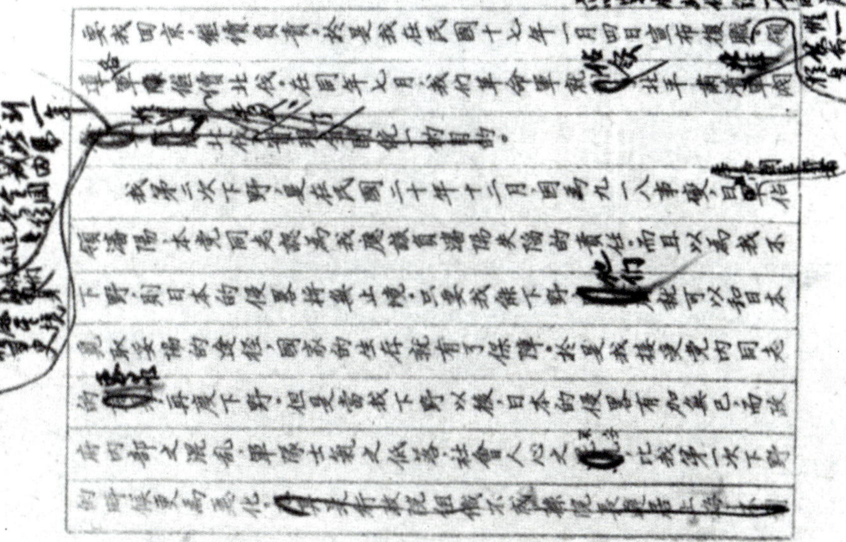

1950 年 3 月，蒋介石在台湾“复职”，再次出任“总统”。此图片是他在“复职”会上的讲稿《复职的使命与目的》的开头部分。

中華民國四十三年十一月

匡復中華的起點

重建民國的基地

建黨六十年紀念 蔣中正題

1954 年 11 月 12 日，是孙中山先生诞辰，及中国国民党建党 60 周年纪念，这是蒋介石为纪念碑刻石题词。

（一）

1954 年 11 月，蒋介石手书《国父建党 60 周年纪念词》，此为其中一部分。（共 2 页）

的革命戰爭、未有不達到其最後勝利的地步，這是古今中外革命歷史上顛撲不變的鐵則，要我們國父革命、不屈不撓激揚繼續克底於成的傳統精神以赴

（二）

誓約

中正遵奉總理遺教貫徹本黨國民革命任務實現三民主義完成五權憲法誓願犧牲一己之身命自由權利實踐革命民主政黨組織統率全黨同志光復大陸消滅國賊共匪拯救苦難同胞復興中華民國務使政治修明民生樂利鞏固國家獨立民族平等之基礎以達成世界和平之目的特誠致矢誓如左

一、遵奉總理遺教

二、實現三民主義遵行五權憲法

三、服從命令

四、盡忠職守

五、嚴守黨紀

六、誓共生死

從茲永守此約至死不渝如有貳心甘受極刑

中華民國五十二年二月二十五日

立誓人蔣中正

1963 年 1 月，国民党举办党员总登记，以“提振”党的质量。蒋介石办理了登记并手书“约誓”。

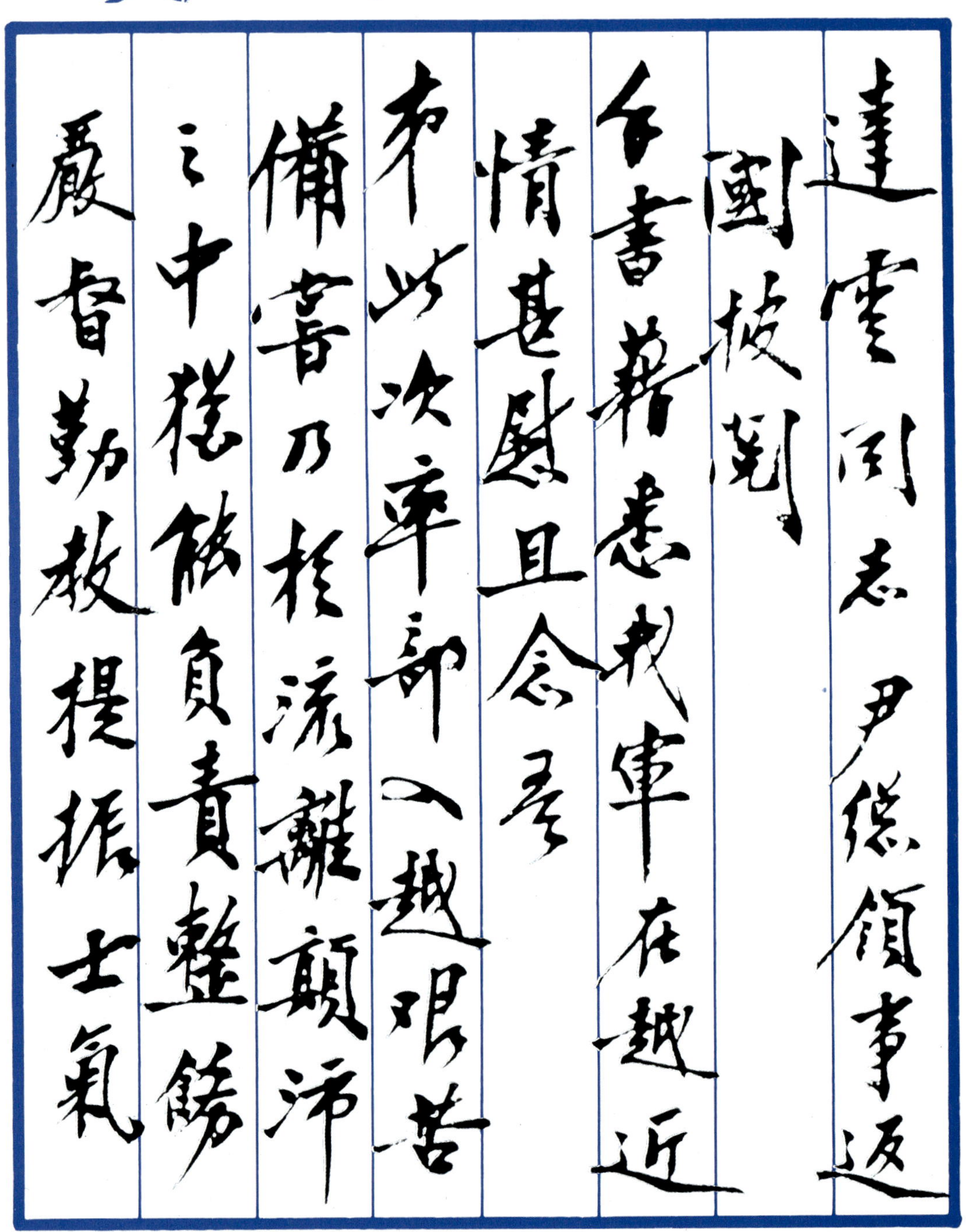

總統用箋

達雲同志尹總領事返
國披閱
手書藉悉我軍在越近
情甚慰且念吾
弟此次率部入越艱苦
備嘗乃於流離顛沛
之中猶能負責整飭
嚴督勤教提振士氣

（一）

蒋介石不甘心在大陆的失败，指使残军在我云南边境袭扰的证据。（共 2 页）

總統用箋

團結精神，甚深欣慰，
仍希益勵忠勤，循撫
部屬，努力自強，待機
報國，是所至盼。來書
請示諸事，已交主管機
關迅速辦理，併由蔚文
同志面達，不贅。順頌
勳祺
中正手啟 四月六日

（二）

忍辱負重
埋頭苦幹
勿忘勿助
光復大陸

沉着觀變
强國基地
壹志帥氣
信心彌堅

中華民國五十九年一月三十日 中正

今年要在世界局勢重大變化混亂之我國最險惡艱難中、積極奮鬥、打破這一難關、光復大陸、拯救同胞以湔雪恥辱、重建三民主義新中國。

中正
中華民國五十九年二月六日春節

蒋介石一直不甘失败，1970 年春节前后又鼓励下属：要“忍辱负重，沉着观变”；要打破难关，“光复大陆”。这一梦想是他的精神支柱。

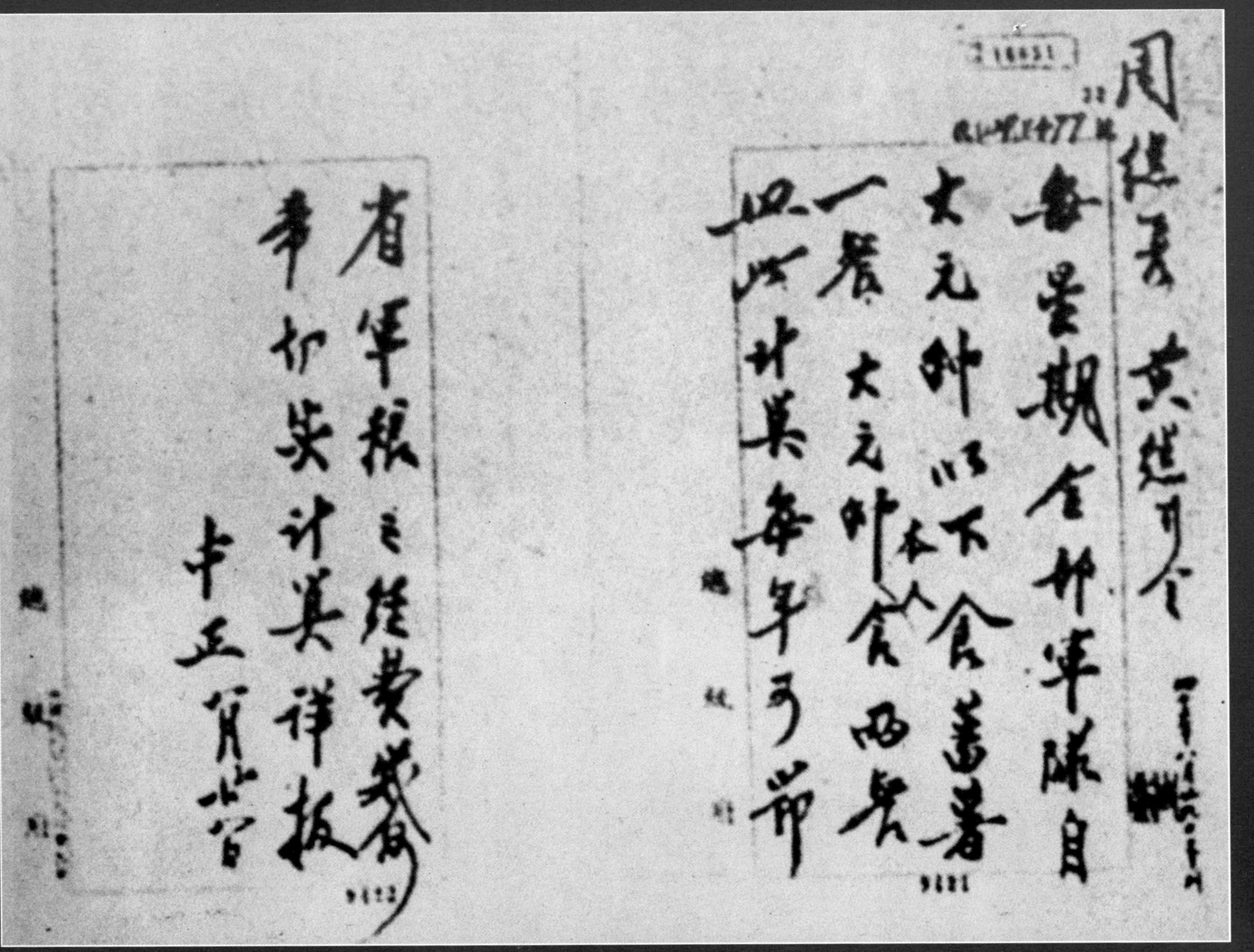

周总长 黄总司令
每星期全部军队自
大元帅以下食蕃薯
一餐 大元帅本人食两餐
以此计算每年可节
省军粮若干
希即从实计算详报
中正

50 年代，台湾经济困难，日子并不好过。于是蒋介石致函军队“总参谋长”周至柔和“联勤总司令”黄镇球提出：为节省粮食，军队每周吃白薯一餐，大元帅本人吃两餐。

適之先生千古
新文化中舊道德的楷模
舊倫理中新思想的師表
蔣中正敬輓

蒋介石挽胡适联。

蒋介石挽陈诚联。

一、发扬民族仁爱精神
二、复兴革命武德精神
三、激励慷慨奋斗精神
四、发挥合群互助精神
五、实践言行一致精神
六、鼓舞乐观进取精神
七、激发冒险创造精神
八、实进积极负责精神
九、提高科学求实精神
十、保国雪耻复仇精神
十一、服膺杀身殉国精神
十二、培育成功成仁精神

中正

严密管控，是蒋介石治军的方针。连军队文艺工作的总则，也是由蒋氏手订。

大家须知凡是一个革命军人，必须有其中心信仰，否则就不成其为革命军人了。而且其革命的行动，必须有一个中心目标和一个领导革命的中心领导组织。特别是我们身为总理革命信徒，更要

（一）

蒋介石手书《黄埔精神》，此为其中的一段。文中强调对军人进行“国民党”、“三民主义”、“反共抗俄”的教育，不可或缺。（共2页）

有一個中心信仰，就是總理的三民主義的信仰；還要有一個中心目標，就是當前反共抗俄的目標。而且必須要有一個中心領導的組織，這個組織就是總理所創立的中國國民黨。惟有這樣一個領導中心的組織，大家方能在這組織領導之下，共同努力，實現這個主義，達成這個目標。

（二）

總統訓示

蓄養節宣　懷固安重

立不敗之地　策必勝之謀

存戒懼之心　行冒險之實

中正

中華民國五十七年一月二十日

直到60年代后期,“反攻大陆、反攻复国”仍是蒋团结军队的重要口号,这是他的训示和题词。(共2页)

總統手訂

反攻作戰要領 一名為「陸軍新剿匪手本」（三）

民國五十六年 中正 九月六日

本冊修正之稿，仍應由專家就本冊詳加研討後，根據定稿再呈總統裁修為要。

總統府用牋

伯玉同志勛鑒 二日來匪砲稀微前方將士精神與安定必有助益 獲聞士氣旺盛此指揮者定更為欣慰 於對金門運輸以美方積極協助已定有具体計畫當在本周以內可以恢復從前數量 電化重要問題亦已有具体方案以期進行而不再有後顧之虞 順頌 戎祉 中正 九月十二日

1958 年“八二三”炮战期间，蒋介石给金门防卫司令胡琏打气的电文。

1958 年，蒋介石为马祖守军的题词。

1952 年，蒋介石为金门守军的题词。

九、教子·三民主义·程朱理学

主敬立極

民國三十八年初春方下野鄉居中適值經兒四十生辰乃書寓
理帥氣以勉其卑然自強無愧為蔣門之後今寄寓臺灣忽忽亦
已十年而國難寇仇恥辱重重之際又逢經兒五十初度甚感歲
月如馳復國有待不禁憂喜系之因書主敬立極用錫其壽夫敬
正也極中也十年以還我父子倏遭無端之譭歷受橫逆之來其
戚戚酸楚有非世人所能想象及之今後更在革命將成而未成
途中其艱險痛苦自將百倍於往昔乃特書此致勉以期益擴充
往日寓理帥氣修養工夫其意在不偏不激盈科漸進事事皆能
恐懼負重尤望能逆來順受一以大中至正無憂無懼處之以期
有成焉

己亥三月十八日

周泰書於日月潭

1959年蒋介石鼓励蒋经国的题句。

（一）

1967 年，蒋介石在国民党党务工作会议上，解释“三民主义”的原稿。（共 5 页）

所谓节制资本者，非所限
制资本家发达之意，节制之节，
实为调节之节，节制之制，乃为
管制之制，此即政府以调节与管制方法，
来发展于国内公私共资本，来实此

为保障平均地权，节制资本，使社
会均富，而共负富强之责，以
实行民生主义，亦所谓社会
平等之社会主义，而决然与共
产党假借社会主义而实施其极权
专制之共产主义也。

（二）

至于民族主义与民权主义则
在总理政纲之三民主义中已经
言之甚详，而余在民生主义之
程序中亦有解释，故不待赘述
惟民权主义与民主主义现在

学者时有不同之解释，故于此要
加以说明。我有时说所谓民权
者即人民之意识，此乃知民权
者社会民众之秩序之责
任之组织之法律规范，乃为民众自

（三）

而以負責守法治理于國社會而使
設黨組織法紀組織之秩序之謂
個人自由之民主也此乃民權主義
之所以優於民主主義而民權與民
主不同之所在也故吾民權即吾民主主義（三）

代表共和政
有之一實
之實務
組理我故
全之自由
考選及檢
者之資歷
民權目實例之一
而民權實為民主之基本

中華民國　年　月　日

民生主義之工作重在社會的民生
建設故民生主義乃為社會主義之
張本也黨務工作的重点必須着
重於社會之建設工作故建設社會
實為黨務工作之中心但社會建設工

（四）

作為最廣泛而最複雜最繁重之工作，此即所謂百姓者百心也。人人各有其個不同之心理與不同之需求，為使之不同心理而歸於共同，不同之需求而歸於合一，黨所謂無偏無私無黨，王道蕩蕩之義，乃指黨務工作對社會人民無偏見無私心，一秉於主義為根據，而實現其無私之政策，建設人民之福利，而推行民生主義之社會政策之計畫也。

（五）

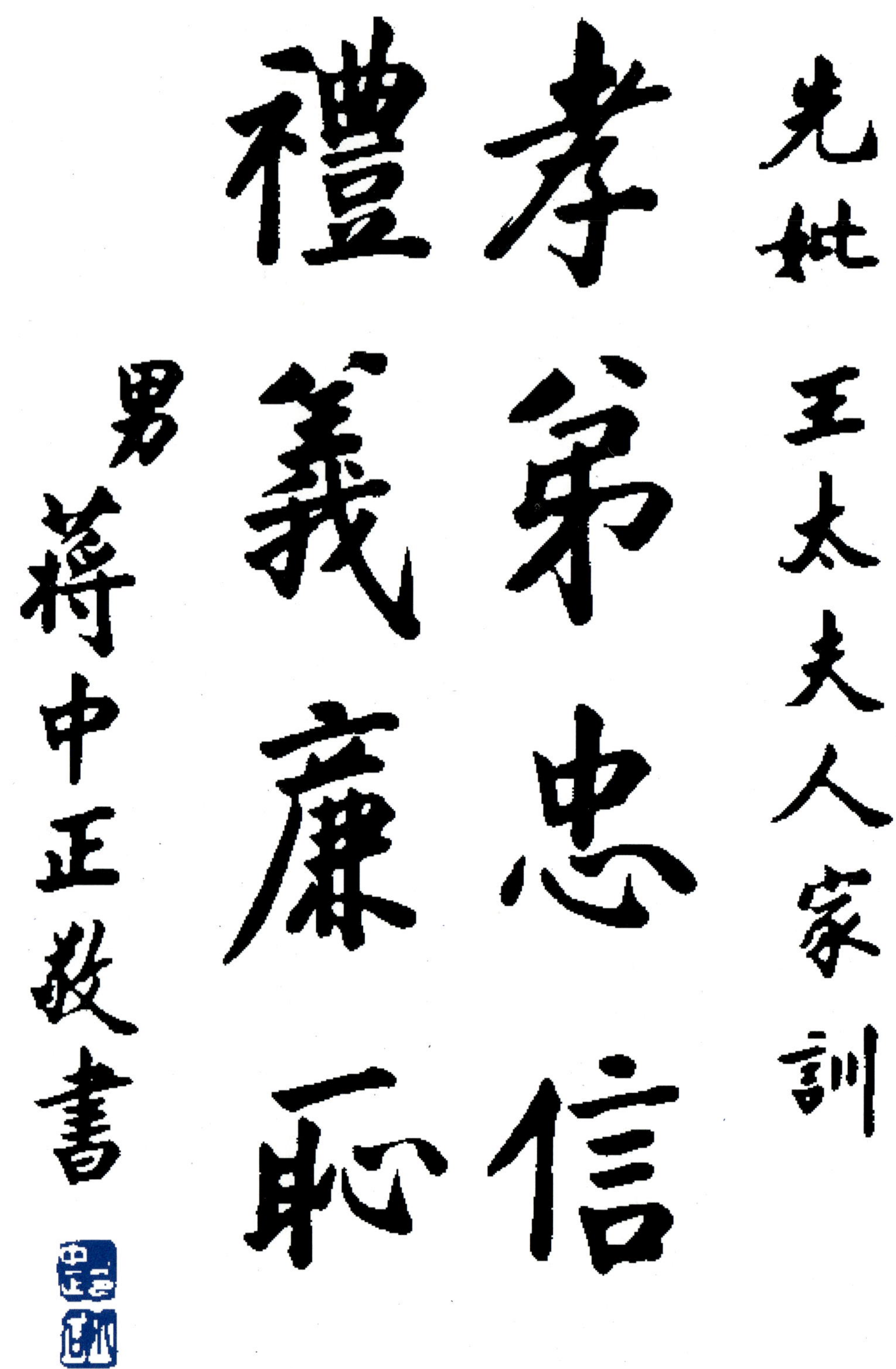

蒋介石早年所书的“家训”。

1960 年前后，蒋介石经过台北东南的桃园县大溪时，看中此地山水类似其故乡，于是在此建了一个小四合院，定名“慈湖”纪念母亲。

蒋介石的母亲王采玉。

精一執中

余三十歲生辰　總理親題教子有方一額以贈　先慈嘉慰其守節撫孤劬勞報國之忱而又授余靜敬澹一四字以為訓勉至今雖已事隔五十餘年而始終惕勵不敢或忽今歲為經兒六十初度猶憶當其四十歲時余正下野鄉居慈菴乃題寫理鈔氣以勉之及其五十之年父子同在日月潭避暑又以主敬立極勉之使其能領會我民族傳統之大道與實踐之門徑有所自焉時光流轉忽忽又且十年在此十年期間余對於我國中道哲學之研究自覺有進一步之心得乃以精一執中之語以授之為其六十生辰紀念並期其能身體力行有所傳承也夫人心惟危道心惟微惟精惟一允執厥中者乃我國先聖禹湯文武周公孔子以來道統之正傳朱子序中庸章句曰蓋心之虛靈知覺一而已矣而以為有人心道心之異者則以其或生於形氣之私或原於性命之正而所以為知覺者不同是以或危殆而不安或微妙而難見爾然人莫不有是形故雖上智不能無人心亦莫不有是性故雖下愚不能無道心二者雜於方寸之間而不知所以治之則危者愈危微者愈微而天理之公卒無以勝乎人欲之私矣精則察夫二者之間而不雜也一則守其本心之正而不離也從事於斯無稍間斷必使道心常為一身之主而人心每聽命焉則危者安微者著而動靜云為自無過不及之差矣余以為朱子此說乃闡述道統危微精一中之正解尤以動靜云為自無過不及之差一語以闡明中字之義誠為開示蘊奧明且盡者矣故余每晨默誦此篇切己反省未嘗有所間斷今於經兒六十生辰特手題此四字以訓之期其對我國道統深切自勉而毋或忽忽則庶幾乎

中華民國五十八年己酉三月十八日

中正親題於臺北

1969 年，蒋介石题写这幅主轴，既为纪念生日，又为了庭训经国。“精一执中”既是朱熹哲学的观念，又是孔子“吾道一以贯之”的体现。

1937 年春，蒋介石政府承认中国共产党为合法，苏联旋即同意蒋经国离苏回国。此后，蒋介石令他在家乡“读书与研究农村”，以消除在苏所受的“影响”。这是他 1937 年 6 月 4 日给蒋经国的家信手迹。

寓理帥氣

中正題

每日晚課默誦孟子養氣章十五年來未曾或間自覺於此略有領悟又嘗玩索存心養性之性字自得四句曰無聲無臭惟虛惟微至善至中寓理帥氣為之自箴而以寓理之寓字體認深切引為自快但未敢示人今以經兒四十生辰特書此寓理帥氣以代私祝并期其能切己體察卓然自强而不負所望耳

中華民國三十六年四月十五日跋

中正補題於台北蔣林 四十一年四月吉日

蒋介石一生都偏爱程朱理学。抗日战争中，他让蒋经国在江西赣州基层工作;战后，进入中央政府。不论何时，蒋都坚持用程朱理学教育后代。后二页是 1947 年给蒋经国的题词，原“寓理帅气”题匾存浙江溪口蒋氏旧居中。(共 3 页)

國民政府用牋

此語出草廬學案余平生最愛讀
者「至本」二字原文本為「知言」為余所修正

窮理至本則知止
集義養氣則有定

中華民國三十六年一月二十二日春節
書此以示經兒願玩索之 中正

中華民國 年 月 日

國民政府用牋

錄程若庸語以示經兒

主敬以立其本

窮理以致其知

反躬以踐其實

中華民國三十六年一月　中正

中華民國　年　月　日

總統府用牋

經兒：明日為你五十晉九誕辰，依年即為花甲之年，慶你公忙，未能同在一處相聚，時同懷念。近日在潭上研究陸象山（九淵）與朱晦菴（熹）二先生學術同異之點，尤其對其「無極而太極」之說不同之意見，尚未能獲得結

（一）

1968 年，蒋经国 59 岁，其父向他推荐《宋元学案》之导读论文，使其了解中国之儒学，并简介陆（象山）、程（明道）、朱（熹）学术之概要。（共 7 页）

總統府用箋

論，故不敢下斷語，然以現在太空探測所得之經驗解之，則太空乃為無極之說，近似如我國古先聖哲對宇宙之理、早已發明於先矣。今日又重閱宋元學案一書，此為我國儒學正傳，余早歲曾用心窮究，以其書之

（二）

總統府用牋

内容太繁、恐妨礙、公務、致未令你研閱。今觀正中書局印行朱子之首、有重編宋元學案導言、共為十三則約二十五頁如能先將此閱讀研考、則宋代以來之儒學系統、了解其大概此乃為研究中國文化來源之不可缺者也、但此書

（三）

總統府用牋

俾供中國哲學研究、存心養性、盡性知命之用、雖於格致治平有益、但研究實用科學之急要耳。惟之此書為程朱陸王二派對理學異同之研究、最為扼要、而其中不出於範圍以天地萬物一體之仁而已。余所重者、王陽明知行合一

（四）

總統府用牋

之說即出於陸象山簡易之法、教人以求放心為始事，此心有主，然後可以應天地萬物之變，所謂先立乎其大者也。至於朱晦菴則尚程頤道之程伊川（二程）之窮理致知之說，則象山視為支離錯雜、更使學者之於道要而難解。但

（五）

總統府用牋

究其二者結果、均不外窮理
以盡性。惟其止能盡人之
性、而皆不重盡物之性。如其當
時以講求盡人之性者、并研究
其盡物之性、則我國五百年
前已能發明今日之科學、
則吾國王道之行、自不致有
今日人類之悲運、而大陸同

（六）

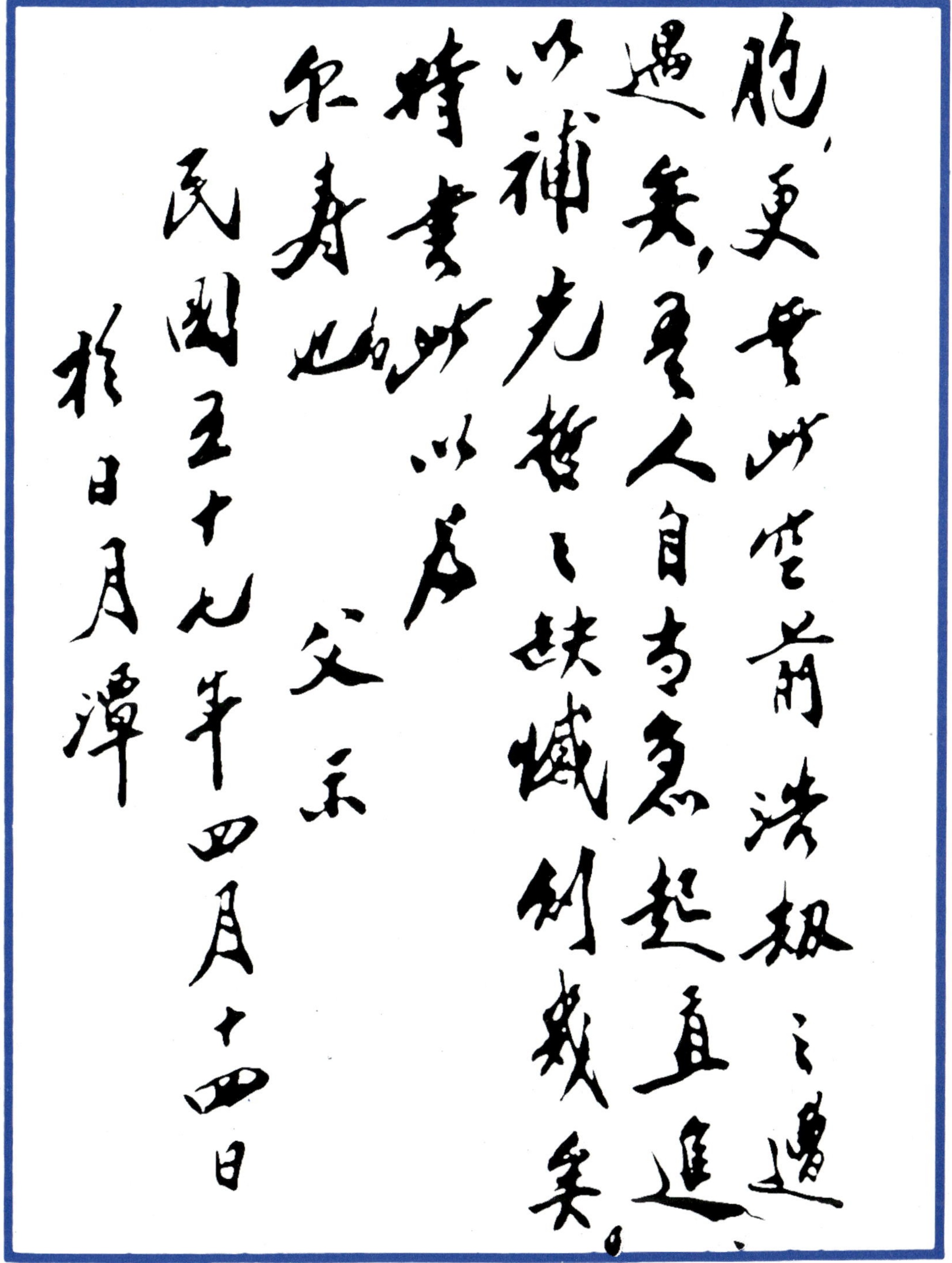

總統府用牋

胞，更要此空前浩劫之遭遇矣，吾人自當急起直追，以補先哲之缺憾則幾矣。特書此以示爾壽也

父示

民國五十九年四月十四日

於日月潭

（七）

1966 年蒋介石为其俄籍儿媳芳娘（Fenna）题词贺寿。

蒋经国、蒋方良（芳娘）夫妇 50 年代与子女们的合影。

為緯兒五十生日作書勉之
恕人責己助人求己不求人
知埋頭自修乃處世立業之
要道也
中正於桃園慈湖
中華民國五十五年十月二十二日

1966 年 10 月蒋介石为次子纬国 50 岁生日，亲书嘉勉。

蒋纬国的书桌上摆放着其父亲题写“特赐纬儿”的照片。

國民革命軍總司令部用牋

緯兒識之

努力讀書

為克家子

父示

30 年代前后，蒋介石督促蒋纬国努力读书的训示。

少年纬国与其父（右）及吴忠信为祖母扫墓的留影。

自反錄序

自反而縮于自反而
不縮于追溯前事輒
爲神馳翻閱舊稿更
增愧皇今茲所存不
及什一繼是以往事
務愈繁散佚更多乃
托勉屬毛先生爲我
編次付印以爲朝夕
自反之資亦所以自
志其迂陋短拙不敢
自文其過自暴其氣
以忝所生云爾

中華民國二十年
五月五日

蔣中正自序於首
都軍校東舍

1931 年春，蒋介石将其文稿托人编辑，命名为《自反录》，这是他自题之序言。

若謂戰為容易因屢挫人之誤但
勁敵曾來亦未嘗不敗苻堅六十萬
晉謝玄以八萬之兵敗之兀朮拐子馬
岳飛以五百人敗之漢武帝令衛
青霍去病掃空王庭明太祖令
徐達常遇春盡驅敵人於沙漠俾
復我中華此亦豈敵必不可戰勝乎

戚繼光先生語

中正手錄

蒋介石手书明代著名抗倭将领戚继光之语。

共產國際之組織機構乃為其奴役
人類統制世界之總[illegible]令台，故對共產
黨鬥爭思想必須全球各國共產黨
共同一致作[illegible]個別鬥爭予以澈底消滅
不當[illegible]組織做的人類乃有和平安寧

之自由世界應澈底認識共產組織
為人類惟一之公敵，因此必須同仇
敵愾，共同一致，不分彼此，更不可以鄰
為壑，或隔岸觀火，坐視成敗，徒使
共黨利用以貽其本身後患

（一）

1956 年底，蒋介石将其关于对苏联的看法，著为一本书：《苏俄在中国》。这是他对该书的介绍，从此可以看到他作为反共首领，极其顽固的花岗岩头脑。（共 4 页）

比如现在那样俄共暴力侵略无止境的扩张，而自由世界亦无止境的退避，只求避免战争，而要求避免战争的加深，更要清除战争的行动之根。避免战争是原

我今日探讨俄共的战争思想，首先要说明的一点，就是我们根据卅年来与共党实际作战的经验，暨俄共自一九一八年内战起，以至第二次世界大战止的战史，来研究其战争之根源，而并不依据于苏俄之所谓永久

（二）

性的作战因素五个原则，即：（甲）果因方的安全性，（乙）军队的士气，（丙）作战的兵素质和数量，（丁）军队的装备，（戊）指挥官的组织能力，来作战基础的。所以我们就要先注到当时的思想研讨，关于实再进而分析现代的战争思想和战争方式的演变。至于中共的战争思想，不过是俄共的传统，没有什么值得加以分析的必要。

（三）

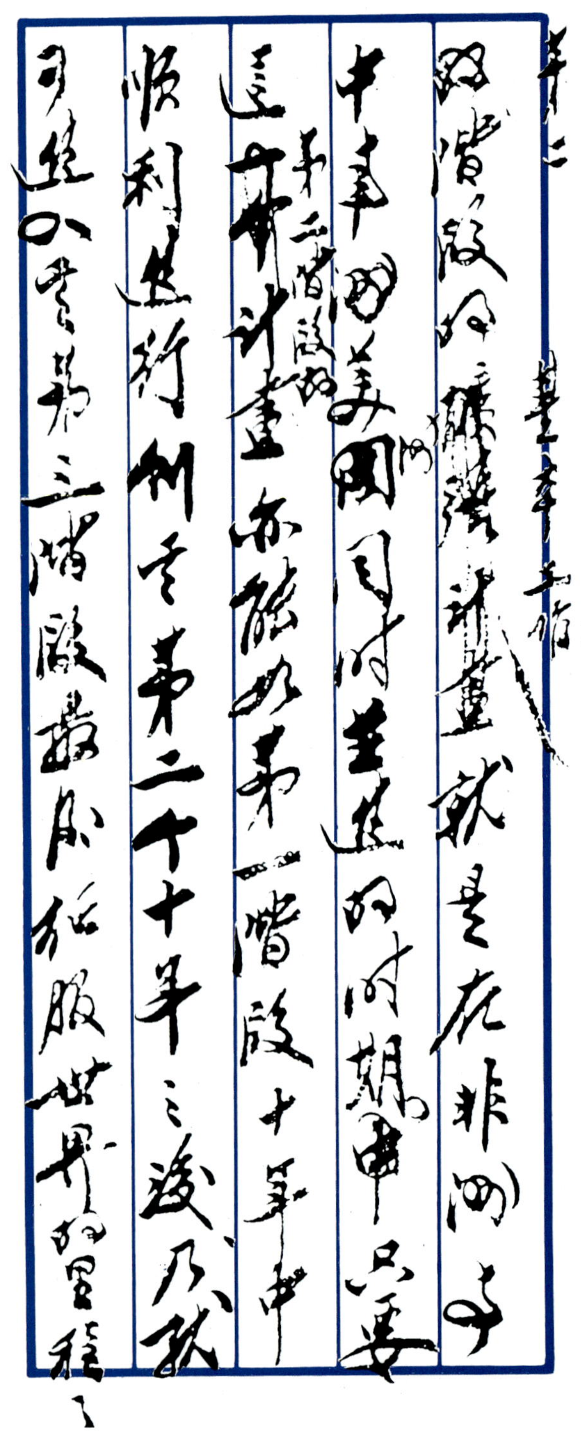

（四）

歲月如矢革命未成今年已
是我七十初度今日又是我夫
婦結婚三十年紀念 我夫婦
於此共同檢討已往之工作其
間最感惶恐而不能安於心者
就是對我二位
先慈報國救民之遺訓未能實
現其一二迨今大陸沉淪收復
有待人民呼援日益迫切其將
何以慰國人喁喁之望而報慈
親鞠育之恩茲將所著蘇俄
在中國之手稿首獻於二位
先慈蔣母王宋母倪太夫人靈前自矢
其不敢有負遺訓勉為毋忝
所生而已 中正敬誌
中華民國四十五年十二月一日

1956年12月，蒋氏将其所著《苏俄在中国》手稿，呈献于他们的母亲的灵前，以示“不负遗训”。

蒋介石晚年自励的题词。

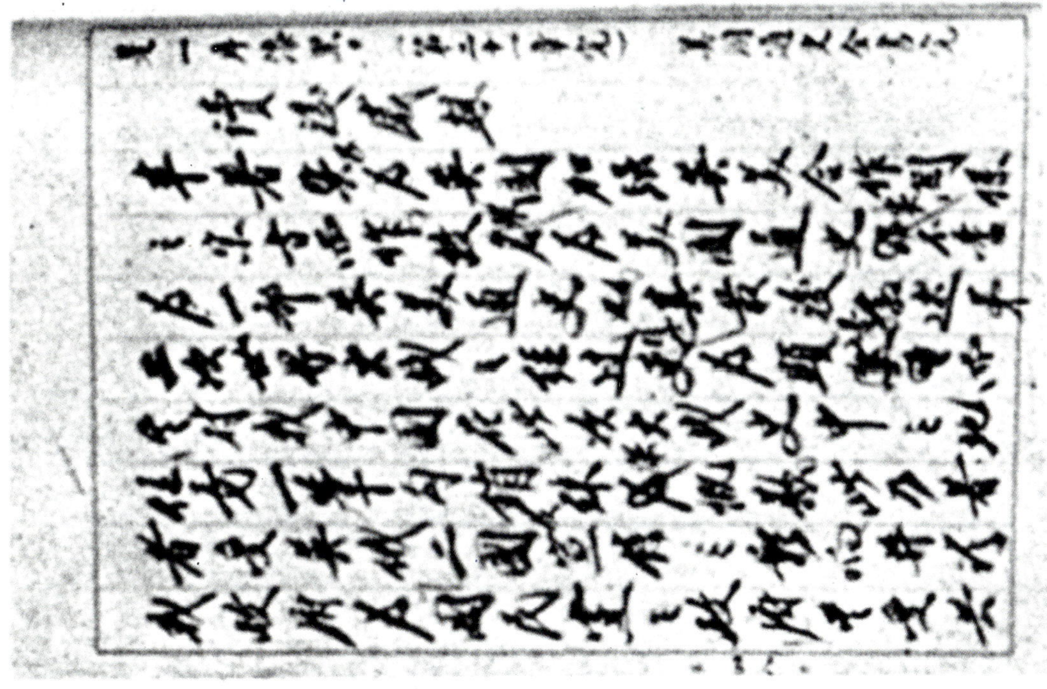

蒋介石1960年11月26日，在高雄读美国通史后的读后感想。

十、题字·读书

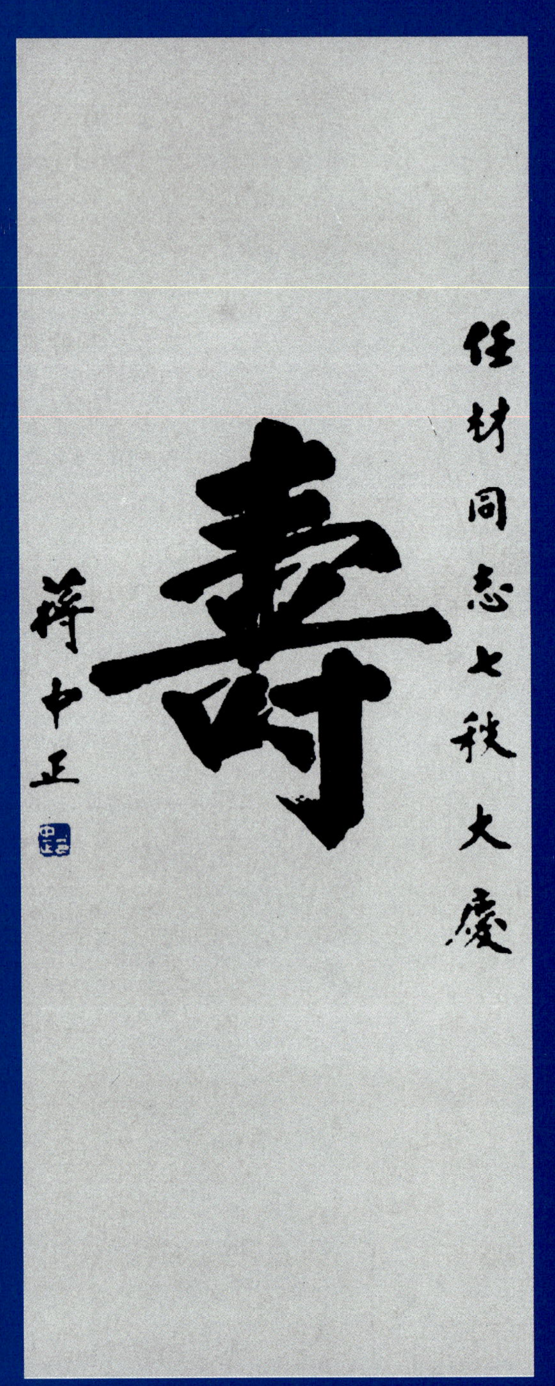

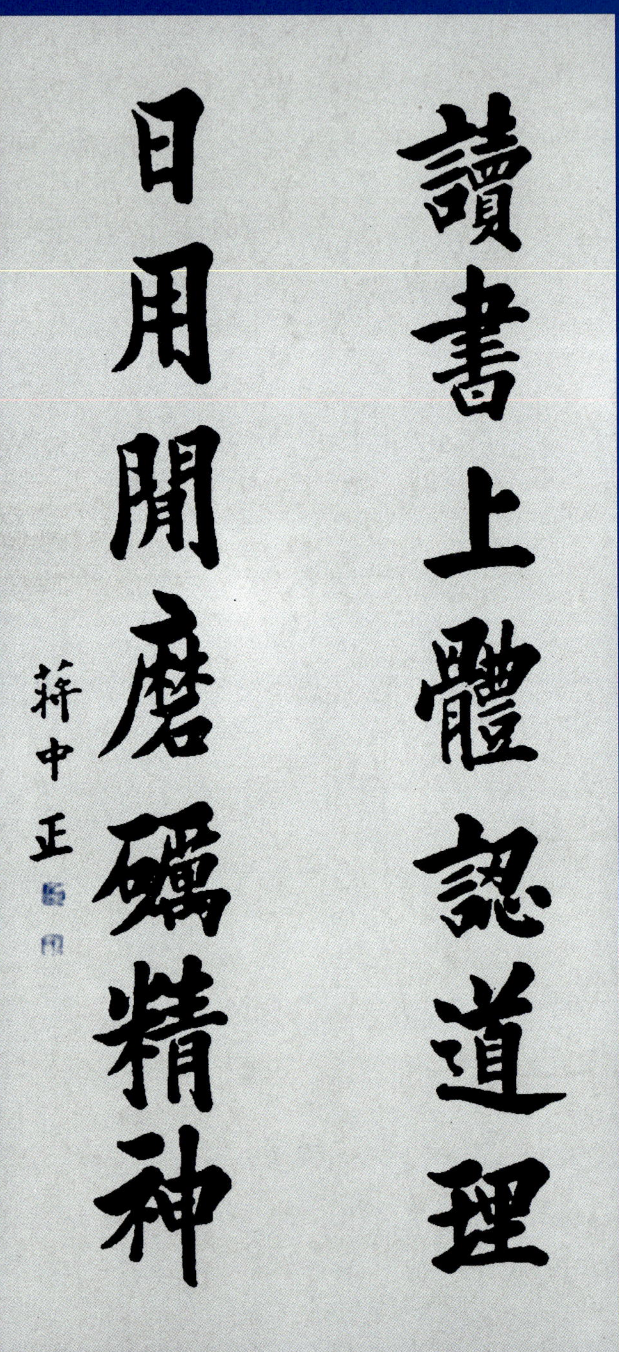

蒋介石晚年给他人的题词。

（一）

蒋介石晚年所著《革命教育的基础》的手稿。（共 5 页）

這種疑心理的生成，實在是由於不能主動精神，那便被動的心理……

而且一切進退取退乃至於改變偉嚴的心理皆由此而出。[illegible]

[illegible]……在社會上就有[illegible]

生風聲鶴唳的現象，在戰場上就有草木皆兵的敗象。

推而至於個人，有了疑心就[illegible]有了疑生就了

推致亡國滅種之禍，所以我說疑心為百累之首。這里我們革命黨員[illegible]

我們革命黨員如何能克治這十百累累首的疑心之

那就要先問疑的是反面是什么，疑的是反面就是信

的信字，惟有這十信心與致意方能排除這十百累

累首的疑心，更就是說我們從此信仰……一切不發[illegible]

倒無疑，惟有這不發生無疑乃能消除[illegible]

總統府

（二）

不然的疑心。这大家须知道，认了信就是阳明的致良知的学要理。有一天陆澄问阳明曰：有人夜怕鬼，奈何？阳明曰：素行合于神明，何怕之有。又有一学生问阳明说：正直之鬼不须怕，恐邪鬼不管人善恶，故未免要怕。阳明曰：岂有邪鬼能迷正人乎？只此一怕，即是心邪，故有来迷

总统府

之如何，而后人无丝毫疑心，那就要使内心澈底的白，后世人毫无[illegible]，如何能使内心澈底的白毫无疑滞之那只有致良知了。阳明说：尔那一点良知，是尔自家的准则，尔意念着处，他是便知是，非便知非，更瞒他一些不得……此便是格物的真诀，致知的实功。这十年来[illegible]大公[illegible]本心[illegible]天理[illegible]这致良知的哲学，是我们革命精神[illegible]革命[illegible]根据[illegible]金丹[illegible]方

总统府

（三）

三者然鬼迷也。以自迷于人物色即是色鬼迷
于货即是货鬼迷，鬼迷者不当怨，若是怨鬼迷根性
不当根是情鬼迷也。他这所谓迷[illegible]指疑而言
亦就是说明这种惧怕心理，都是从自己方寸之间
的疑生心而生暗鬼而已。如何能使人不鬼迷，亦即

总统府

我们革命军如果不能革命成份，不要[illegible]除这
自己内中的私心、偏心、嫉心，而怀这疑心，指中存心以扰鬼作祟
则不能了。否则不有用这个金丹妙方，方能将一切[illegible]
拔本塞源，来完成我们反共抗俄复国建国的革命
的任务。但是[illegible]怀疑这件事，并不是坏事

总统府

（四）

而且一个人对事不能不有怀疑的精神，否则对于可疑的事就无发展明白的时候，那岂不是糊糊涂涂不明不白的混过一世么？这样做事固无由成功，就是做人亦无意义了。所以我以为怀疑是必须的，不是必有的。不过对于每遇一件怀疑的事，必须至剥除他发展的解剖明白，不可

总 统 府

因为他留一点余地，以待将来，否则这种怀疑，延误时间，游移不决，那就会越久越深，越疑越迷，越陷到了最后就为猜忌上下，终致互相倾陷，倾轧，害身亡国的情祸。所以我认为疑虑，总之有而怀疑乃是破疑的动力，只有一有怀疑就要研究不留余地的根究到底是何是非

总 统 府

（五）

劉蕺山曰：功至以格天地贊化育，尚矣。其或際之屯也，亦無所逃焉。道至以守身而令終，幸矣。其或瀕之辱，亦惟所命焉。凡以善承天心之仁愛，而死生以與所賦焉，斯已矣。而此之謂立命之學。至此，而君子真能通天地萬物以為一體矣。此求仁之極則也。余於蕺山與黎洲之師徒，願終身私淑而繼其緒統矣。

中正 四十二年二月廿七日於日月潭 寄經兒

1953年，蒋介石以刘蕺山的“天人合一”的最高认识的境界，勉励蒋经国。

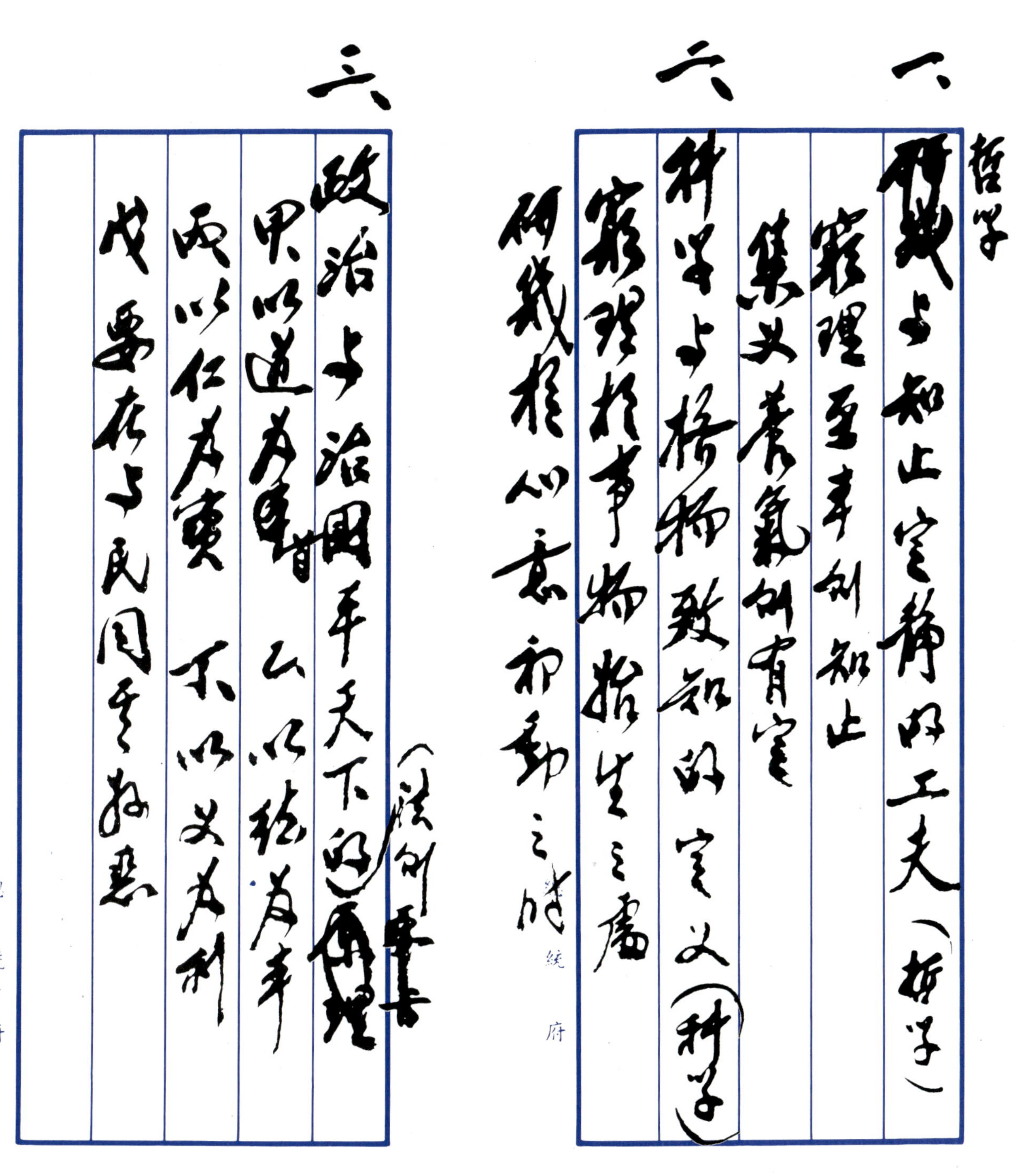
一、哲学
格致与知止定静的工夫（哲学）
穷理至本则知止
集义养气则有定

二、科学与格物致知的定义（科学）
穷理于事物始生之处
研几于心意初动之时

三、政治与治国平天下的原理（政治哲学）
思以道为体 以德为本
而以仁为实 不以义为利
必要在与民同其好恶

蒋介石手书《大学之道》篇头的纲目。

蒋介石在台湾期间，所书的一副对联。

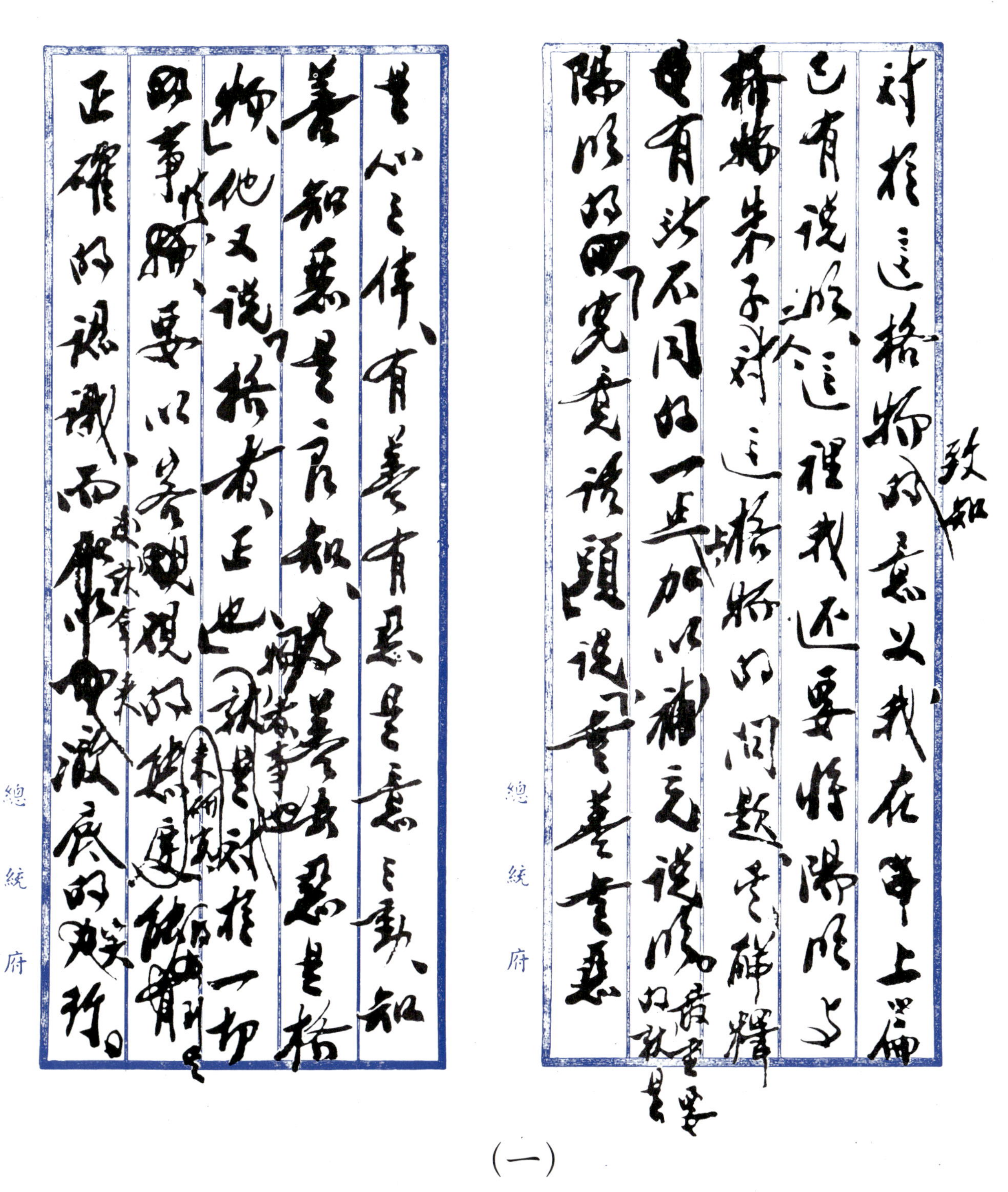

对于这格物致知的意义，我在事上磨练已有说明，这里我还要将阳明与朱子对于这格物的问题，所解释的有些不同的一点，加以补充说明。阳明的四句教，第一头说"无善无恶是心之体，有善有恶是意之动，知善知恶是良知，为善去恶是格物"。他又说"格者，正也"，就是对于一切事物，要以善恶观点的态度，正确的认识而彻底的践行。

总统府

(一)

1962年，蒋介石对王阳明、朱熹的格致之学进行阐述。此为手著《大学之道》原稿。(共2页)

至格物的宗旨，要在致良知，就是要人善去恶，所以说格物并说明以上意的要用本质，所以解释至格物致知在诚意正心的道理，而不道他对格物的意义，定

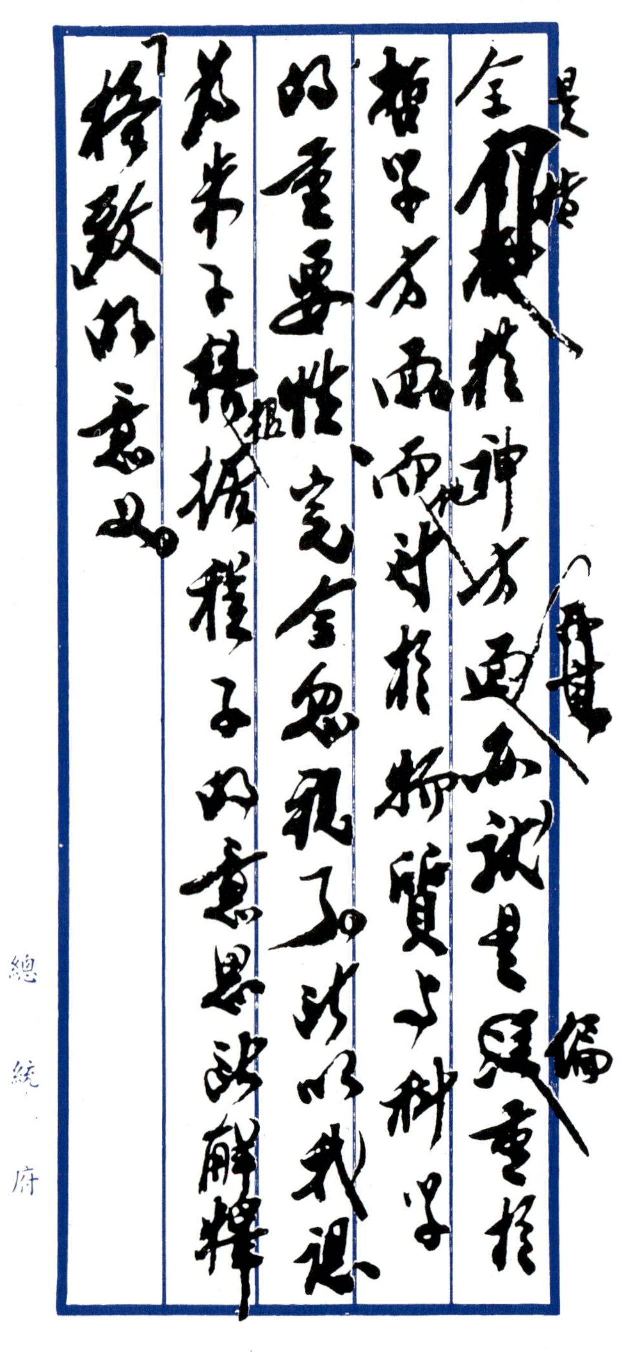

是全精神方面，就是偏重于哲学方面，而对于物质与科学的重要性完全忽视了，所以我说为朱子格物穷理的意思所解释格致的意义。

（二）

天命，就是宇宙自然推演無盡之生命，我故曰生命的意義在創造宇宙繼起之生命，亦就是這個道理。這所謂宇宙自然無窮之生命，乃是天然賦予人類萬物的，而決非任何人力所能作為，亦非任何科學所能解釋的。故這天命之命字作

總統府

賦予之意來解釋，因之所謂天命，就是本体字，就是天性，而且對於宇宙萬物的功用言，乃是自然運行的天理。所以朱子注解是「命，猶令也；性，即理也。天以陰陽五行化生萬物，氣以成形，而理亦賦焉，猶命令也。於是人物之生，

總統府

蒋介石手著《中庸要旨》原稿。

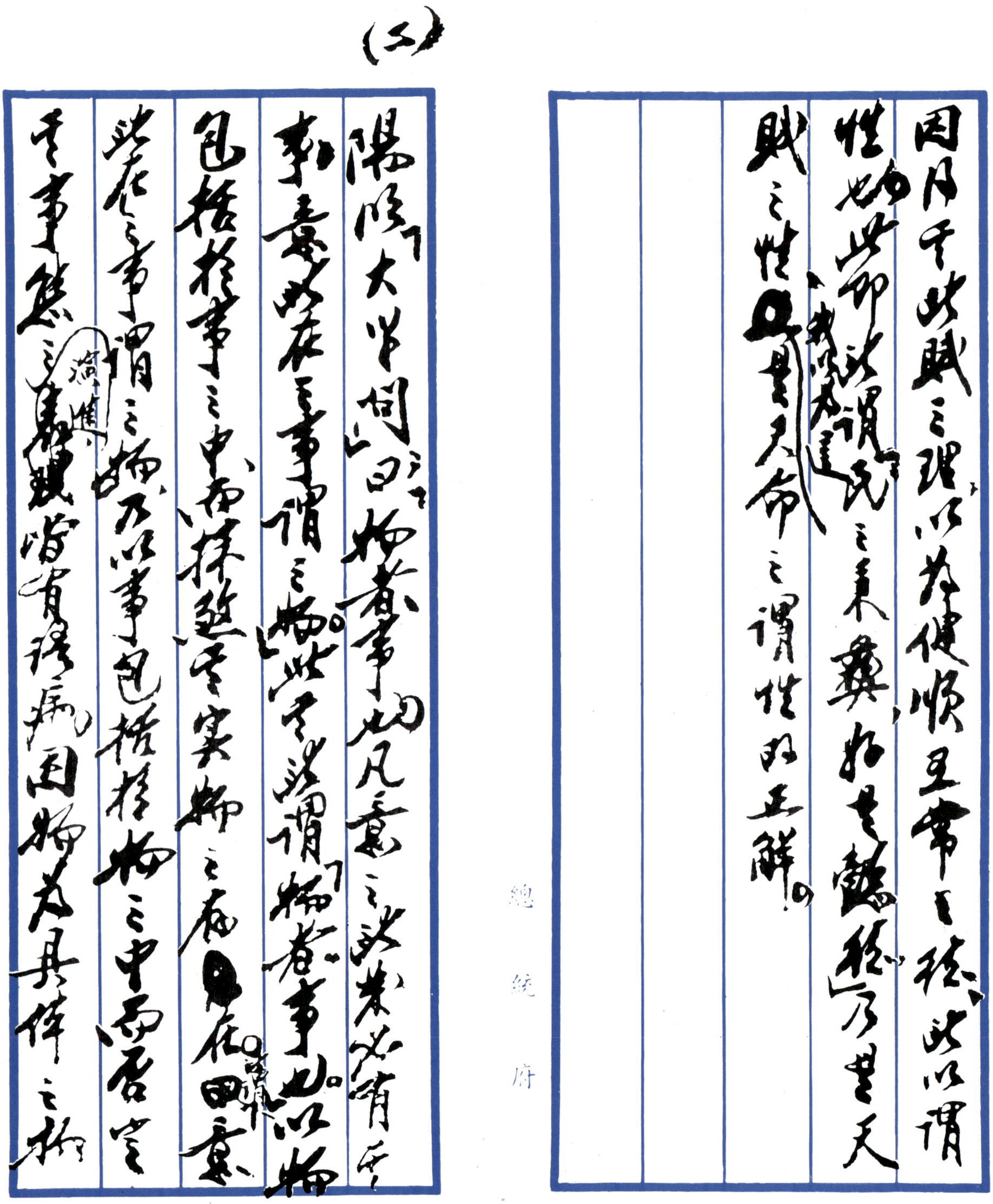

(二)

因各得其所賦之理，以為健順五常之德，此所謂性也，此即詩所謂民之秉彝，好是懿德，乃其天賦之性，即其天命之謂性的正解。

陽明大學問曰：物者事也，凡意之所發必有其事，意所在之事謂之物，此即所謂物者事也，以物包括於事之中，而抹煞了實物之存在，因意所在之事謂之物，乃以事包括於物之中而言

[illegible]

總統府

總統府

（一）

左图及后两页为蒋介石读王阳明《大学问》后几点意见的片段。(共3页)

所事为抽象之事居多欤，以事之[illegible]格物有相[illegible]者，以谓物事或事物，以物与事并称，固无不可。若以物与事分而析之，则物有具体的物质实体之称，而事在有抽象的意义，[illegible]一[illegible]。如果依照[illegible]说之，吾意之其事之谓，即以修身、齐家、治国、平天下为例，其中修、齐、治、平皆称事，而身、家、国、天下皆为物，是则物自为物，事自为事，不能混为一谈者，曰格物者事也，那就要[illegible]物是即收将物包括于事之中，自然[illegible]但将其事中之物一概抹煞，而只有其事而

總統府

總統府

（二）

無物，或將是物中之事，指為有是物而無

事者甚，則格有〔是格無物者，〕物而無格，或有格而無物，

〔或以物為格，或以格為物，〕豈自矛盾乎？而且於大學原文物有本末，

事有終始之道，以物與事分明為二者並

存之意亦失之矣，我故曰格物者事也，則可。

總統府

僅曰物者事也，則不可，如是曰物者事物也，

則無不可，但曰事者物也，即或謂意之存之

事謂之物，亦不可也。

七月十四日

總統府

（三）

辛亥春夫人寫蘭都二十有四頁輯刊成冊皆為其得心應手之作誠大滌手有所未及蓋寫蘭之難在乎氣韻溫穆筆墨渾厚前賢能兼擅此長者未易多得余乃以此而怡悅其清芬並以此為夫人壽

中正題

壬子歲首夫人寫竹徒去春刊出之蘭冊皆二十有四頁其清妙相同夫竹性直節高而鳳且非竹不食令纖手成竹集冊正待有鳳來儀亦

中正題

宋美龄在抗战后，特别是到台湾后致力于山水林木花卉的国画，并约请了张大千等名师指点。本页及后页，是蒋氏为夫人画册的题词。（共2页）

癸丑春夫人繼蘭竹二冊之後輯
刊其所寫山水二十有四頁雖清
逸處落筆草草而靈氣浮動沉厚
處則筆墨蒼渾氣象宏闊是乃取
徑山水發其內蘊故機抒獨運走
造化於毫端也
中正題

近三年來夫人所寫蘭竹山水
相繼成冊甲寅春再選印花卉
二十四頁所喜筆墨沉酣敷色
古艷質象渾朴自然此猶之璞
玉渾全光華內斂神韻自高非
盡力學所可至也
中正題於蒔林

國民政府軍事委員會用牋

經熊同志：七九及卅日

今朝同時誦悉來手教，

讀到桂後第一章第時，

又見修道之切，本擬詳

覆，繼因俗務紛繁，稽

（一）

1943年，吴经熊博士奉蒋介石翻译《圣经》及部分圣诗。后经蒋氏改定后出版。这是蒋介石与吴氏关于翻译讨论的信函。（共5页）

國民政府軍事委員會用牋

延至今時因數月無向
往之念未之或忘諸家
課究不精為呈下事
業屢未為中日價素頗
自幸也惟中不戰外[illegible]

（二）

國民政府軍事委員會用牋

文字不能為上下貫串乃為畢生之遺憾但深信足下之譯文必從來之任何譯本之為精進乃可斷言甚望努力

（三）

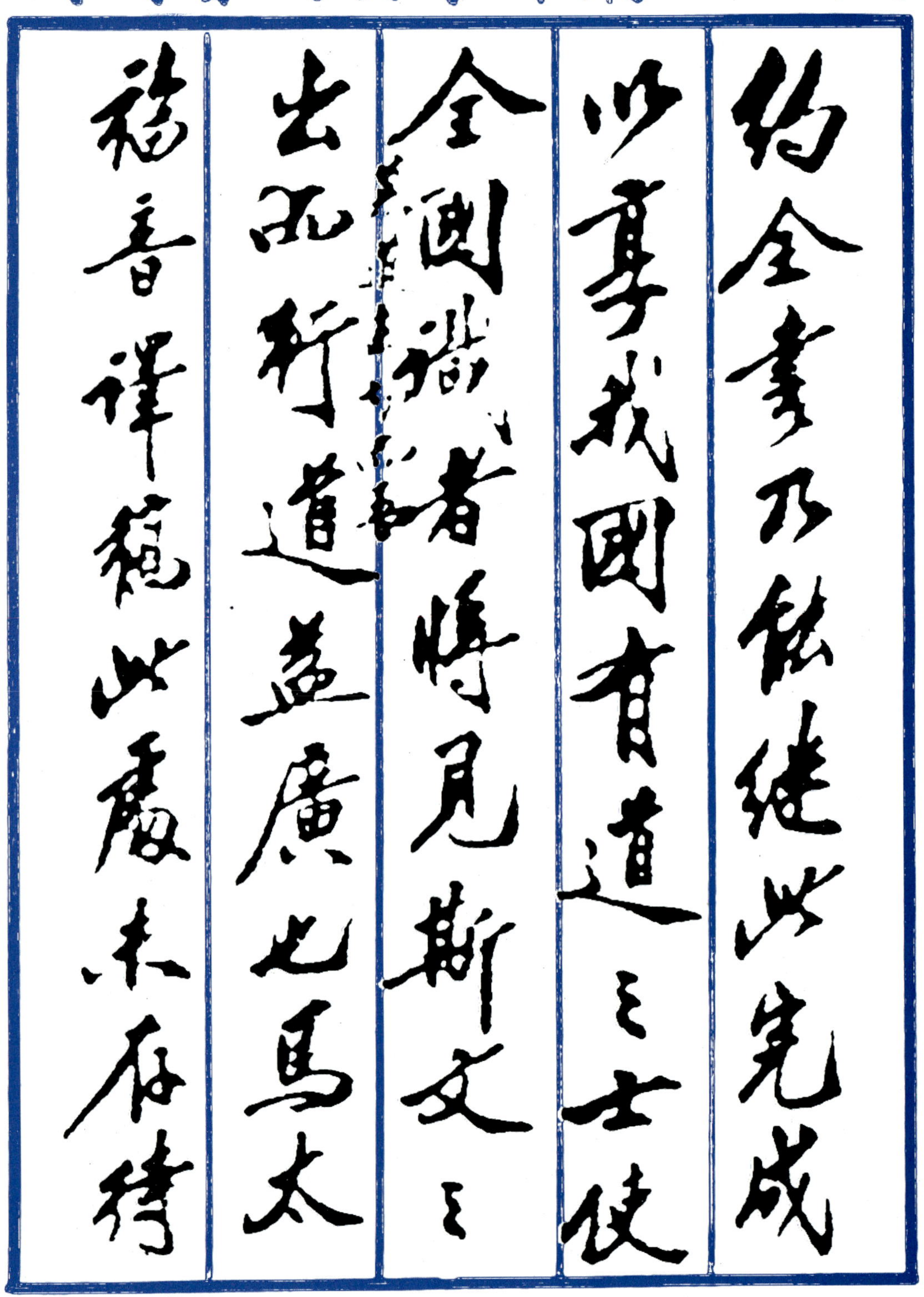
國民政府軍事委員會用箋

約全書乃能繼此完成
以享我國有道之士使
全國讀者將見斯文之
出而行道益廣也焉太
稿吾譯稿此處未存待

（四）

國民政府軍事委員會用牋

下月回滬中旬應機東
獲後再行參拜
尊人先生前請代候
順頌
道祉　　中正手啟　廿二年一月十五日

（五）

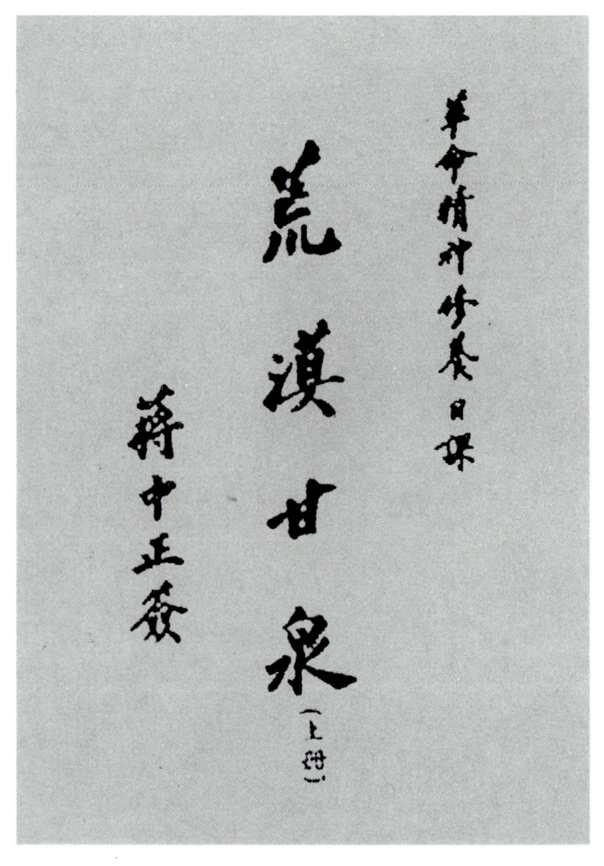

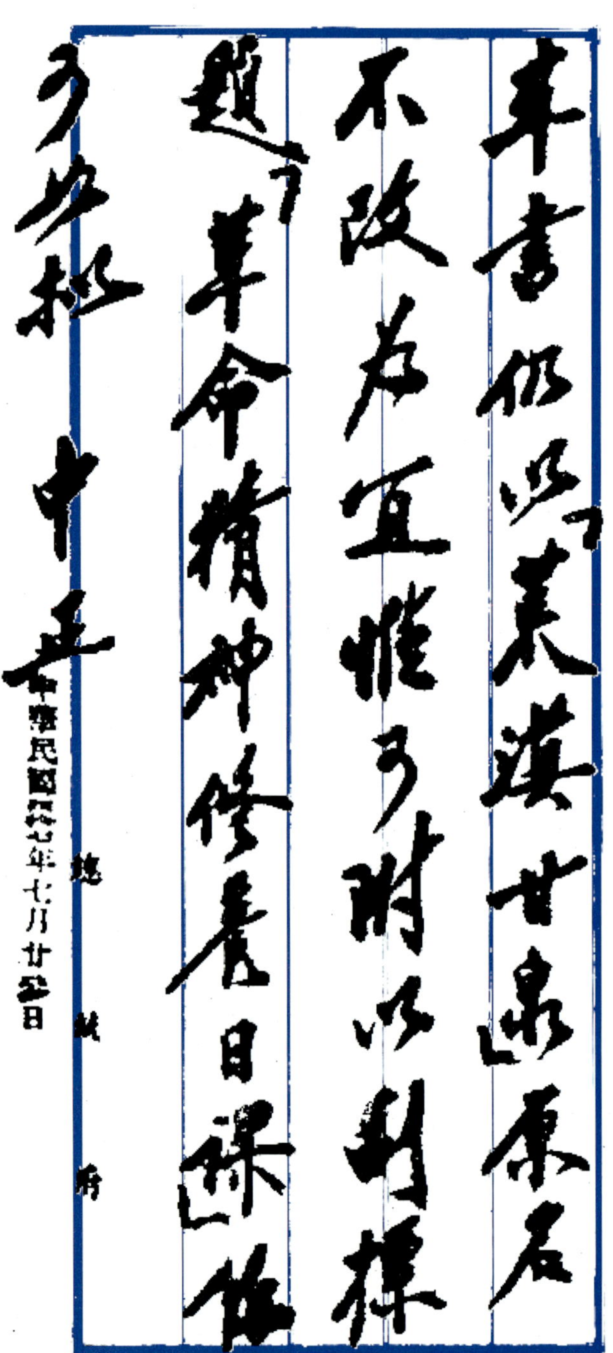
本書仍以「荒漠甘泉」原名不改為宜，惟可附以副標題「革命精神修養日課」似可也。極
中正
總統府
中華民國四十七年七月廿五日

蒋介石审读《荒漠甘原》（基督教名著）译稿后的意见。

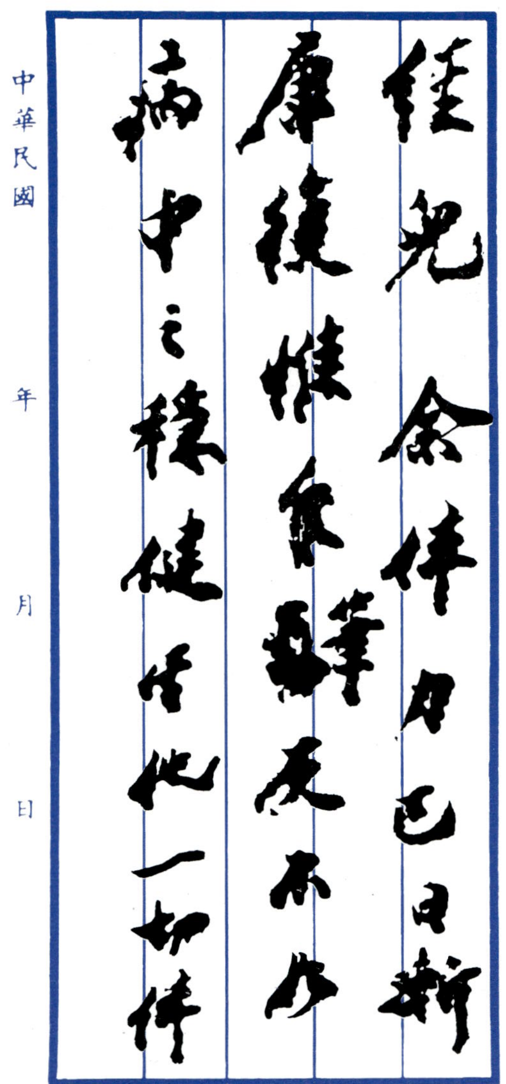

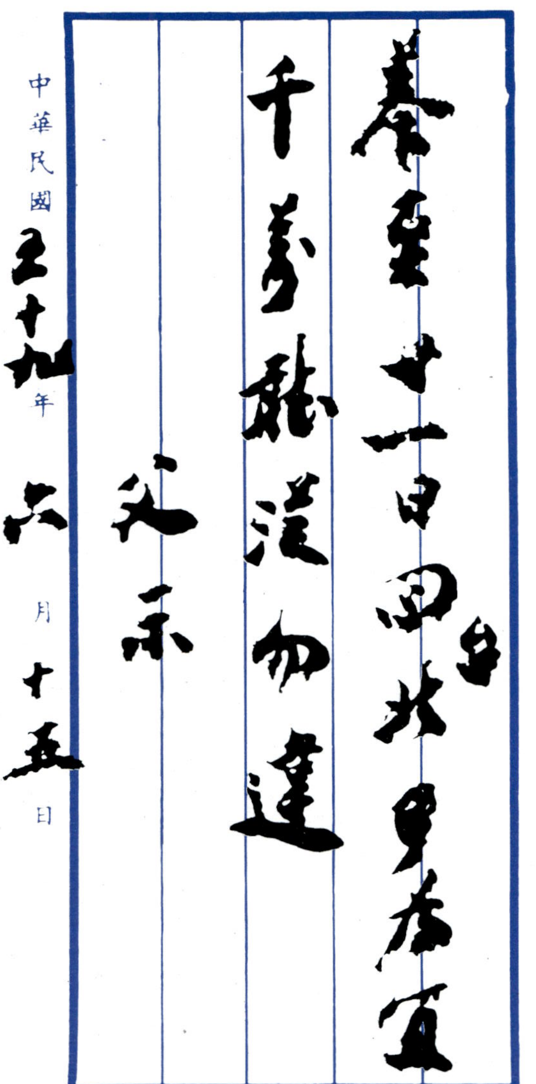

1970年6月，蒋氏驰书金门，嘱蒋经国应多留一周，“千万听从勿违”。

1975 年 4 月 5 日，蒋介石在风雨中过世。4 月 1 日，蒋经国公布了其父于病中手书的这副最后遗墨。

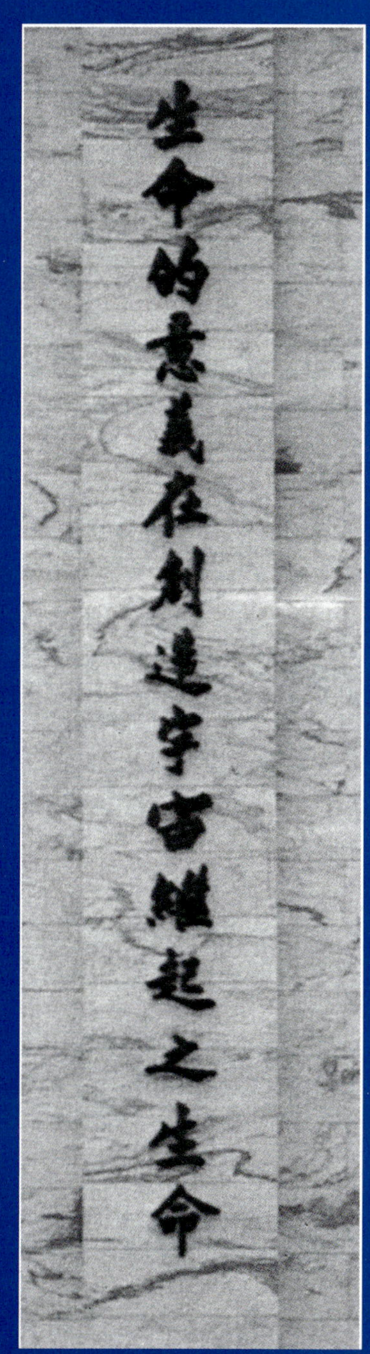

生活的目的在增進
人類全體之生活
宇宙繼起之生命
生命的意義在創造
蔣中正

蒋经国将其父生前写的一副关于生活和生命的对联，刻在台北中正纪念堂内。

蒋介石为夫人宋美龄的画作题词。

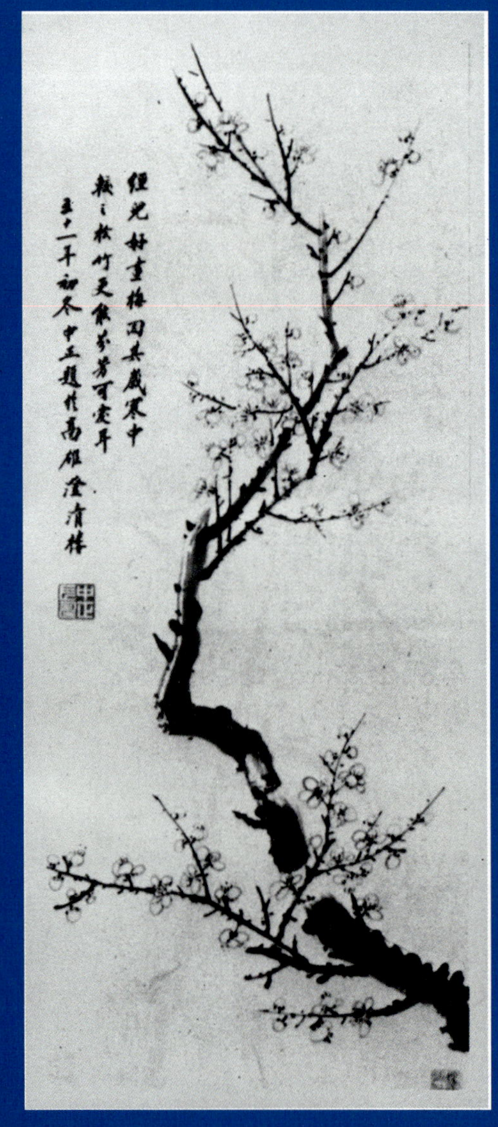

蒋介石为蒋经国画作题词。

||| 附录1：题赠照片 |||

抗战后期，同盟国领袖之间的交换照片。

蒋介石经常到处送他的或他和宋美龄的照片，抗日战争时，他还将照片赠国际友人。

三畏同志
蔣中正
四十年十月

潤銀同志
蔣中正
民國四十年十月

時益同志
蔣中正
六十三年十一月廿四日

陳詞同志
蔣中正
民國五十三年五月一日

抗战中蒋氏夫妇赠外国友人合照。

蒋介石早年的题字照片。

北伐前（上）及北伐时赠盟兄张静江（仁杰）及夫人。

附录2：蒋家四成员的墨迹

先妣王太夫人百岁诞辰纪念文

中正谨述

美龄敬书

宋美龄自1917年留学返回国之后，努力补习国学。练习写字、绘画，晚年均达较高水平。这是她用行书写就的26页纪念蒋介石母亲的文书中的开头两页。

行政院國軍退除役官兵就業輔導委員會

少谷先生賜鑒二月七日台四十七院
函字第70號
瑶函敬悉查本會關于新聞發佈
向來力求切實慎重對各種新聞
紙類有關本會業務之報導亦隨
時注意檢討均遵照本黨現階段
對于新聞事業之指導原則施行承
示各節自當照辦茲指定趙南溟君

(47)機信字第106號

丁四(272×192) 47. 1. 10.000

行政院國軍退除役官兵就業輔導委員會

負責處理本會有關新聞報導案
件敬函奉復祈
賜詧照為荷耑頌
勳綏
弟 蔣經國 敬啓 二月十三日

丁四(272×192) 47. 1. 10.000

蒋纬国的书信。

滚滚长江东逝水浪花淘尽英雄是非成败转头空青山依旧在几度夕阳红白发渔樵江渚上惯看秋月春风一壶浊酒喜相逢古今多少事都付笑谈中

録羅貫中西江月

二〇〇八年六月

蒋孝严

蒋经国之子蒋孝严的文墨。

107
台北市永春街131巷一號
張載宇將軍 惠啟
台北市郵政信箱第八七四〇號
蔣緘
115

載宇將軍學長惠鑒：

青年節 瑯函及附件均敬悉。兄台闡揚領袖思想，不遺餘力；治學嚴謹，立論不群，殊深欽敬。又聞將於今夏退休，已向蔣秘書長彥士陳述心願，弟當相機進言，竭盡棉薄。有所 賜教，至表歡迎，請洽弟 辦公室預約安期，屆時必恭候 大駕也。專申謝悃，祗頌

道安

弟 蔣緯國 敬上 民七十三年四月五日

緯國用箋

蒋纬国的信函。